JOÃO ANTUNES LOPES
Licenciado em Filologia Românica

DICIONÁRIO DE VERBOS CONJUGADOS

4.ª EDIÇÃO
revista e aumentada

CB051090

LIVRARIA ALMEDINA
COIMBRA - 1995

TÍTULO:	DICIONÁRIO DE VERBOS CONJUGADOS
AUTOR:	JOÃO AUNTUNES LOPES
EDITOR:	LIVRARIA ALMEDINA – COIMBRA
DISTRIBUIDORES:	LIVRARIA ALMEDINA ARCO DE ALMEDINA, 15 TELEF. (039) 26980 FAX (039) 22507 3000 COIMBRA – PORTUGAL LIVRARIA ALMEDINA – PORTO R. DE CEUTA, 79 TELEF. (02) 319783 4050 PORTO – PORTUGAL EDIÇÕES GLOBO, LDA. R. S. FILIPE NERY, 37-A (AO RATO) TELEF. (01) 3857619 1250 LISBOA – PORTUGAL
EXECUÇÃO GRÁFICA:	G.C. – GRÁFICA DE COIMBRA, LDA.
TIRAGEM:	2 500 EX.
DEPÓSITO LEGAL:	91 683/95

PREFÁCIO

Paulatinamente aumentado — pelo remanescente contínuo de neologismos e estrangeirismos prestigiosos sobre arcaísmos e plebeísmos desprestigiados —, o corpus vocabular português é tão abundante na sua substância como rico na sua flexão. Abarcar uma e outra pode conseguir-se através do exercício comunicativo, da actividade metódica, ou simplesmente da prática utilitária — por via oral, gráfica e electrónica. No entanto, as consideradas fugas à norma surgem muitas vezes, com impertinência, na flexão dos nomes e embaraçam vezes sem conta no uso das formas dos verbos. É hoje difícil imaginar um operador que não tenha ao seu alcance um manual de apoio — talvez mais para os segundos do que para os primeiros. Daí o interesse de quase todas as grandes editoras por dicionários de verbos, nas suas múltiplas vertentes [1].

Será de situar na mira de tal imperativo a sugestão de Lello & Irmão, Editores, à feitura deste trabalho, cujo alcance e valor despretensiosos estão patentes nas três edições, em tão curto espaço de tempo, esgotadas. Surge revisto e aumentado, na tentativa de apoiar, encaminhar, desanuviar dúvidas e lacunas que só não terão sido alguma vez sentidas pelos que das ciências humanas e da expressão oral ou escrita não curam.

Aliás, mesmo a estes não terão escasseado as hesitações, as pausas de ponderação ou de contorno da dúvida, no emprego de determinada flexão menos pródiga ou mais rebelde a homogeneidades analógicas. Àqueles não escapa ainda a consciência de que, sendo a ortografia e a prosódia aspectos melindrosos dos códigos linguísticos, é frequentemente por uma ou outra que o falante é julgado, admirado ou depreciado.

---

1 "Dicionário Prático de Regência Verbal" de Pedro Celso Luft, São Paulo, Ática, 1987, "Dicionário Gramatical de Verbos do Português Contemporâneo do Brasil", por Francisco da Silva Borba, São Paulo, Unesp, 2.ª ed., 1991, "Dicionário Prático de Verbos Seguidos de Preposição" de Helena Ventura e Manuela Caseiro, Lisboa, Fim do Século, 1992, "Dicionário Sintáctico de Verbos Portugueses" de Winfried Busse, Coimbra, Almedina, 1994, "Dicionário de Verbos Conjugados" de João Antunes Lopes, Coimbra, Almedina, 4.ª ed, 1995, etc.

Daí a necessidade de projectar a competência linguística no sentido da perspectiva tida por normal na comunidade, contornando ou dominando variantes espúrias que podem, acaso, representar índices sintomáticos dum estádio imaturo ou duma globalização por atingir. E, se dominar todos os meandros do sistema linguístico é uma pretensão ambiciosa, não pode, no entanto, deixar de ser um objectivo que o falante – e o escritor – tem de colocar no horizonte da sua importante mas exigente condição de ser humano e membro da sociedade, certo dos escolhos do caminho. Com efeito, sendo as excentricidades uma constante em qualquer classe categorial – sirva de exemplo o contraste fónico entre os pares **tremoço-tremoços** ([o]-[ɔ])e **moço-moços** ([o]-[o]) –, no que respeita aos verbos, a «irregularidade» pode situar-se não só no morfema flexional – **ledes-meteis** – mas também no radical do lexema – **acodes-aludes**, **pego-chego** ([ɛ]-[e]). Esta é, talvez, a que dá lugar a padronizações mais relevantes, se não mesmo a formas opinativas de impossível confirmação prática, por divergentes ou contraditórias: do verbo **colorir** diz R. Sá Nogueira e M. Santos Alves que possui «conjugação completa»; Celso Cunha concede-lhe as formas em que se mantenha o **i** ou em que este seja substituído por **e**; apenas lhe atribuem as formas em que se mantém o **i** temático Francisco Torrinha, A. Gomes Ferreira e J. M. Nunes de Figueiredo, J. Pereira Tavares, F. J. Cardoso Júnior; F. Rebelo Gonçalves, no *Vocabulório da Língua Portuguesa*, faz preceder de um asterisco as formas em que não oparece o **i**, o que equivale a dizer que as considera teóricas; Camilo Castelo Branco, Cecília Meireles, J. C. Wanderley escreveram, respectivamente: «... maneiras que disfarçam e *colorem* as concessões» [1], «O colar de Carolina / *colore* o colo de cal, / torna colorada a menina» [2], "A tua vida não está apenas alimentada pelas sugestões das tintas que *colorem* a tua paleta" [3]. Seria destemido conceder toda a autoridade a uns e negá-la por inteiro a outros. A língua é um corpo vivo em permanente mudança, em constante dispersão, com uma lógica medular sensível a intenções fónicas e rítmicas, impressivas e estéticas – dentro de limites que a actividade interindividual não enjeita, ao menos no recesso da consciência. Então, o juízo projectar-se-á na tolerância ou na rejeição, patente no uso comunitário, onde vai entrosar a norma.

Se todas as línguas possuem múltiplas variáveis, a nossa é extraordinariamente magnânima em cambiantes fónicos, mórficos e ortográficos, criadores de situações dúbias que apenas inquéritos linguísticos poderão situar e confron-

---

[1] Cf J. Pereira Tavares, *Gramática Portuguesa,* 1962, p. 141.

[2] In *Ou isto ou aquilo.*

[3] In *O Homem que Perdeu a Alma*, 1960.

tos de estudos de gramáticos abalizados poderão esclarecer. Nessa mira, elegeram-se aqui os verbos, na sua relevância e complexidade, sem regateio de esforços para descortinar a forma considerada corrente e normal. Espera-se que o número dos que se apresentam conjugados mais os milhares que se registam e as considerações sobre a gramática que lhes respeita contribuam para diluir dúvidas e dar mais segurança à difícil actividade da comunicação linguística. Enquanto as descrições distribucionais e sintácticas visam os que consagram determinado interesse à análise estrutural e semântica, as conjugações foram impostas pelo propósito de remover incertezas de carácter formal, escrito ou prosódico, com uma consulta tida por eficiente e fácil.

Assim, a consulta efectua-se procurando a forma desejada na conjugação em causa – partindo-se do princípio que os verbos conjugados se dispõem alfabeticamente –; na sua ausência, recorrer-se-á à lista geral, alfabética, onde se encontra o número dum verbo com idênticas características fónicas e gráficas nos lexemas e os mesmos morfemas de conjugação.

Parafraseando Sebastião da Gama, dir-se-á que este livro não é «para se estudar, para se ficar a saber, como antigamente, "piscinas" de Gramática: é um livro para se consultar quando se tenham dúvidas, para folhear de quando em quando, alegremente e com muito proveito. O objectivo dele não é impingir "flexões": é facilitar a cada um o bem dizer e o bem escrever» [4].

Na primeira edição, além do agradecimento a quantos tinham colaborado com pareceres e indicações para a tomada de uma opção, manifestava-se também a abertura a críticas sinceras que de algum modo pudessem contribuir para corrigir, completar e enriquecer uma reedição que se confessava desejada e indiscutivelmente útil. Satisfeita essa aspiração, realizadas várias correcções e feitos vários aditamentos, não nos atrevemos a dizer que se atingiu a perfeição no essencial e no secundário. Continuamos de atalaia e de serviço — sofregamente interessados e atentos.

O AUTOR

[4] Cf. *Diário*, 5.a ed., 1975, p. 191.

INTRODUÇÃO

O VERBO

CONSIDERAÇÕES PRELIMINARES

UNIDADE linguística de comunicação, a frase foi concebida através de séculos, passando por Aristóteles e Apolónio Díscolo, como uma sequência bipolar, substancialmente próxima da proposição lógica. O mais significativo desvio desta vetusta concepção surgiu com o estruturalismo bloomfieldiano, cujo eco retine na linguística moderna. Poder-se-á dizer que é a substituição dum conceito apenas lógico-semântico por uma caracterização da estrutura distribucional dos elementos.

Numa perspectiva constitucional, a frase simples é uma organização de blocos inter-relacionados, nunca identificáveis com unidades a que se possa chamar frases, mas claramente demarcáveis pelo adensamento da sua estrutura em torno de núcleos dominantes. Com efeito, sentimos intuitivamente que as relações entre os elementos da frase não são as mesmas entre todos eles. Por exemplo, na frase *«O caçador estima os cães»*, as relações entre *o* e *caçador*, *o* e *estima*, *estima* e *os* ou *estima* e *cães* não são as mesmas. Por outro lado, a possibilidade da substituição de *estima os cães* por *leva a espingarda* ou por *desapareceu* emerge da nossa competência linguística, com consciência da gramaticalidade dos novos conjuntos frásticos e do processamento da ordenação em dois conjuntos básicos.

Clara se nos torna, assim, a análise desta frase em dois constituintes – **constituintes imediatos** –, de verificação tão fácil como natural – usemos nós processos transformacionais ou não. Todavia, não obstante a sua individualidade estrutural, estes blocos mantêm entre si relações de dependência na integração da frase. Na verdade, alterando o primeiro constituinte de o *caçador* para *os caçadores*, é forçosa a alteração do segundo de *estima os cães* para *estimam os cães*. As relações de dependência entre tais constituintes obrigatórios são tão sensíveis na competência do falante comum da língua materna, como, com outra força de razão, no artista literário:

Os meninos resolvem o problema. / *O menino resolve o problema.*

«Todas as cartas de amor são ridículas.» (Fernando Pessoa)

«Santarém é um livro de pedra.» (Almeida Garrett)

Chama-se *nome* o núcleo do primeiro bloco – que, por isso, se designa *sintagma nominal* – e *verbo* o do segundo – que se denomina *sintagma verbal*. Dizemos que *caçador* é um nome e que *estima* é um verbo. Este elemento estrutural da frase toma posição relativamente ao sintagma nominal (SN) e mantém com ele relações não só sintácticas mas também semânticas: além da concordância em número e pessoa são igualmente condicionantes as exigências de natureza significativa.

Relevância do verbo na estrutura da frase

A estrutura do sintagma verbal (SV) é determinada pela natureza do verbo (V) e dos elementos que, eventualmente, o possam acompanhar. Ora, dependendo da natureza do verbo o SV e da constituição do SV a natureza da frase, sobressai de imediato a relevância do verbo como fulcro da frase, cuja construção não admite, portanto, qualquer um. Por isso, para se atingir a classificação do verbo é imperioso encarar a estrutura da frase, sem se esquecer que verbos semanticamente idênticos podem ter propriedades sintácticas diferentes. Quer dizer, é da função dos elementos contextuais que se parte para uma classificação dos verbos, distinguindo, por um lado, os que não têm qualquer complemento, e, por outro, a natureza do complemento dos que o possuem.

Mas, um aspecto importante a salientar é a distinção entre sintagmas dependentes do verbo de sintagmas complementares da estrutura da frase, isto é, de sintagmas constituintes imediatos da frase – sintagmas preposicionais (SP) da frase. Embora não nos demoremos nas características mais sensíveis destes SP – mobilidade, facultatividade (possibilidade de apagamento), impossibilidade de apassivação e de pronominalização, questionabilidade com o verbo *fazer* ou com o verbo *acontecer* (*O menino brinca no jardim.* – Que é que o menino faz no jardim?) –, compreendemos a importância dessa distinção para se caracterizar o verbo.

Caracterização dos verbos

Feita esta delimitação, o verbo surgir-nos-á ou como elemento fundamental e único do SV ou como elemento fundamental mas complementado por outros elementos estruturais. No primeiro caso, teremos verbos *plenos*, cujo processo sintagmático se consubstancia neles (SV → V). Os que se organizam com outros elementos podem ter comportamentos diferentes: ou agregam directamente um SN (ou equivalente) ou um ou vários sintagmas preposicionais, sem excluir, necessariamente, aquele. Já considerámos uma frase em que o verbo era acompanhado por um SN (*O caçador estima os cães*); mas, na frase que obtivemos por comutação (*O caçador desapareceu*), o verbo constitui por si só o SV. Esta subclasse de verbos distingue-se dos verbos *ser, estar, ficar, parecer*, etc., forçosamente seguidos de um sintagma (nominal, adjectival ou preposicional) que estabeleça ligação com o SN da frase, caracterizando-o. São estes os chamados *verbos copulativos* (verbos de significação indefinida).

Posto isto, com alguns exemplos e considerando as funções desempenhadas por esses constituintes dos SV, poderemos sintetizar:

1. **Verbos copulativos** – com predicativo.

   1.1. *A montanha é agreste.* (SV → Cop. + SA)

   1.2. *O caçador é um desportista.* (SV → Cop. + SN)

   1.3. *A espingarda é de aço.* (SV → Cop. + SP)

2. **Verbos não copulativos (significativos).**

   2.1. **Sem complemento.**

   2.1.1. **Intransitivos:**
   O caçador desapareceu. (SV → V)

   2.1.2. **Sem complemente nem SN de frase** – defectivos climáticos: *Chove.* (Σ → SV) (SV → V)

   2.2. **Com complemento.**

   2.2.1. **Com complemento directo** – verbos transitivos directos:
   O caçador estima os cães. (SV → V + SN)
   A menina deu as flores à mãe. (SV → V + SN + SP)
   Os colegas elegeram o Pedro presidente. (SV → V + SN + + SN)

2.2.2. **Com complemento preposicionado:**

– Transitivos indirectos:

O caçador gosta dos cães. (SV → V + SP)

– Intransitivos (circunstanciais):

O operário foi para a fábrica. (SV → V + SP)

Despretensiosamente, poderíamos traçar o seguinte organigrama:

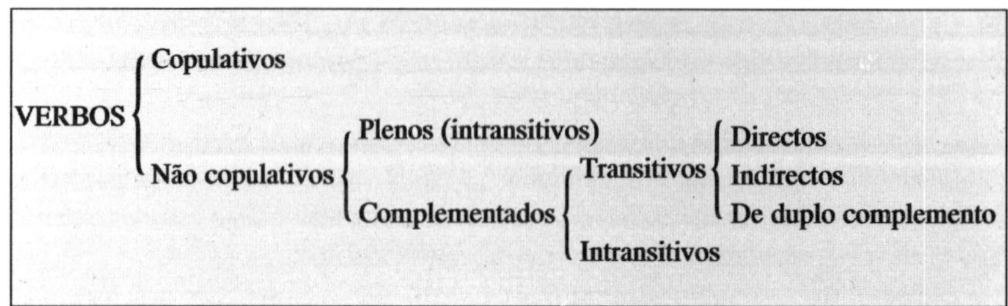

VERBOS
Copulativos
Não copulativos
Plenos (intransitivos)
Complementados
Transitivos
Intransitivos
Directos
Indirectos
De duplo complemento

Se tomarmos em conta as referidas exigências de natureza semântica, distinguir-se-ão os verbos que apenas admitem no SN de frase – sujeito – nomes que designam seres animados ou animados humanos dos que pressupõem sujeitos não animados, e os que só podem ter complementos que indicam seres animados ou mesmo humanos dos que admitem complementos referentes a seres não animados. Vejamos um exemplo para cada uma destas subclasses:

«*A violeta* **vivia** *de pés plantados na terra, junto ao tronco de um velho plátano. Ali* **nascera** *por acaso...*» (Ricardo Alberty)

«**Casam-se** *para a semana... – ia esclarecendo a Teodósia.*» (Miguel Torga)

«*A velha igreja / Entre as árvores* **alveja,** */ Alegre e rumorosa.*» (Teixeira de Pascoaes)

«*Demais a companhia do leão tranquilizava-***a**» (a macaca). (Henrique Galvão)

«*Mas o povo, com falsas e ferozes / Razões, à morte crua* **o** *persuade.*» (Luís de Camões)

«*Era uma vez um candeeiro de pé. À noite a mãe acendia-***o***. Clic!*» (Ester de Lemos)

Além destas características sintácticas e semânticas, os verbos possuem potencialidades flexivas extraordinariamente significativas. Por meio de auxiliares e/ou morfemas gramaticais, exprimem relações modais, aspectuais, temporais, pessoais e quantitativas.

1. Modos e tempos

Com efeito, flexionam-se em função do tipo de frase e segundo o que exprimem é encarado como real, possível, desejável, hipotético, condicionado, imperioso, sugerido ou simplesmente referido. Estas diversas maneiras de conceberem o que enunciam constituem os modos. Distinguem-se, em português, cinco modos: *indicativo, imperativo, conjuntivo, condicional*[1] e *infinitivo pessoal.*

Os tempos situam a enunciação verbal relativamente ao agora, ao antes ou ao depois, com matizes mais ou menos subtis: o *presente*, o *pretérito* (*imperfeito, perfeito* e *mais-que-perfeito*) e o *futuro* (*imperfeito* e *perfeito*). Alguns tempos e formas, por se constituírem pela associação do particípio a formas do verbo ter (ou *haver*), chamam-se *compostos* – em contraste com os que não têm esse auxílio, os *tempos simples.* A propriedade que o verbo possui de tomar formas diversas para indicar a atitude do emissor em relação ao enunciado associa-se à situação do processo verbal no momento da sua ocorrência. Podemos, por isso, distribuir os tempos pelos modos da seguinte forma:

---

[1] O condicional pode implicar uma condição associada a uma probabilidade ou um tempo futuro relativamente a um momento pretérito.

Cremos que o facto de as formas do «condicional» poderem aparecer não apenas condicionadas mas também na expressão da possibilidade e da incerteza contribuiu para que alguns autores, principalmente brasileiros, as aproximassem do futuro e as designassem **futuro do pretérito**, *simples* ou *composto.* Exemplo:

«– Que mulher *haveria* aí que lhe recusasse a sua mão de esposa?

– A que o não amasse.

– Algumas, mesmo não o amando, *teriam aceitado.*»

(Campos Monteiro, *Miss Esfinge*)

MODOS	TEMPOS
INDICATIVO	Presente **estimo** Pretérito: imperfeito: **estimava**; perfeito simples: **estimei**; mais-que-perfeito simples: **estimara** Futuro: imperfeito: **estimarei**; perfeito: **terei estimado**
CONJUNTIVO	Presente: **estime** Pretérito: imperfeito: **estimasse**; perfeito (composto): **tenha estimado**; mais-que-perfeito (composto): **tivesse estimado** Futuro: imperfeito: **estimar**; perfeito: **tiver estimado**
IMPERATIVO	Presente: **estima**
CONDICIONAL	Presente: **estimaria** Pretérito (composto): **teria estimado**
INFINITIVO PESSOAL	Presente: **estimar** Pretérito (composto): **ter estimado**

A associação do tempo ao verbo, radicada em Aristóteles, prolonga-se através dos séculos na ideia de sucessividade e vem reflectir-se na noção de «processo» que Antoine Meillet assume para definir o verbo.

2. As pessoas e os números

As *pessoas* referem-se ao emissor, ao receptor, ou a um referente (o de que se fala), em princípio, representados por *eu, tu, ele (ela), nós, vós, eles (elas)*. Mas nem todas as formas contêm este acidente; assim acontece com as que ocorrem como constituintes do SN, ou com uma função idêntica à do advérbio: as *formas nominais (infinitivo impessoal e particípio)* e a *forma adverbial (gerúndio)*. O *número* manifesta a relação com uma ou várias pessoas gramaticais – referencia um *singular* ou um *plural.* Assim, o número refere a pessoa ou as pessoas que falam, a ou as que recebem a mensagem e aquela ou aquelas de quem se fala – 1.ª, 2.ª, 3.ª singular ou plural.

Pessoa / Número	1.ª	2.ª	3.ª
SINGULAR	**estimo**	**estimas**	**estima**
PLURAL	**estimamos**	**estimais**	**estimam**

3. Aspecto

À representação que o falante tem do processo verbal na sua iniciação, desenvolvimento, duração e fim, dá-se o nome de aspecto – acidente expresso por meio de elementos mórficos e formas perifrásticas diversas. Com efeito, esta manifestação do ponto de vista do emissor sobre a acção pode ver-se representada não só nas formas verbais do *perfeito* e do *imperfeito*, mas também em determinados valores contextuais. O significado de certos verbos de cariz perifrástico pode transmitir ao contexto um sentido incoativo, permansivo ou conclusivo. Em pares de oposições, poderemos salientar:

a) **Aspecto incoativo** e **aspecto conclusivo** — a referir o início do processo ou o seu termo. Por exemplo:

   O artista *começou a pintar* o quadro. / O artista *acabou de pintar* o quadro.

b) **Aspecto pontual** e **aspecto durativo** — o restringir ou o olongar a duração temporal. Por exemplo:

   Acabo de pintar o desenho. / *Continuo a pintar* o desenho.

c) **Aspecto contínuo** e **aspecto descontínuo** — a evidenciar o desenvolvimento do processo verbal. Por exemplo:

   Vou pintando o quadro. / *Voltei a pintar* o quadro.

d) **Aspecto durativo perifrástico** ou **de forma verbal simples** — a designar uma continuidade de significação pessoal subtil. Por exemplo:

   Estou a pintar o quadro. / *Pinto* o quadro.

As formas perifrásticas apresentam sempre um alto valor aspectual que o contexto evidencia e realça.

4. Voz

Alguns verbos são ainda susceptíveis de apassivação. A *voz* encara o SN da frase da estrutura de superfície como actuante ou como paciente —*voz activa* ou *voz passiva*, sendo esta auxiliada pelo verbo *ser* ou por uma *palavra apassivante*. O SN ou sujeito actuante – *voz activa* – pode aparecer, numa frase transformada, na situação de complemento do SV – *agente da passiva* –, o que significa que o sujeito desta frase sofre a acção expressa pelo verbo – *voz passiva*. O auxiliar *ser* é acompanhado pelo verbo na forma de *particípio*. Exemplo:

Um romancista escreveu aquela obra. → *Aquela obra foi escrita por um romancista.*

$$SN_1 + V + SN_2 + {}^*(SP) \xrightarrow{T\,p} SN_2 + ser\ Tp + V\,p\,p + por\ SN_1 + {}^*(SP)$$

Quando for usada a palavra apassivante *se*, ter-se-á uma forma verbal de 3.ª pessoa, singular ou plural, e ausência de agente. Assim:

Descobriu-se uma obra seiscentista desconhecida.
Descobriram-se alguns pergaminhos importantes.

ESTRUTURA DA FORMA VERBAL

Sob o ponto de vista descritivo, sobressaem nos verbos, para além das significações e distribuição estrutural, as diversas formas; daí a imposição de conjugações verbais pelas características das línguas e a variedade de perspectivas a considerar nessas formas.

Radical e tema, característica e desinência

Radical do verbo é a parte que encerra a ideia geral de significação e que se encontra retirando o *-r* do infinitivo mais a vogal que o precede *(-a, -e, -i)*, ou seja, retirando *-ar, -er, -ir*. Por exemplo:

estim- (de *estimar*) *am-* (de *amar*) *tem-* (de *temer*) *divid-* (de *dividir*)

A essa vogal que precede o *-r* do infinitivo dá-se o nome de *vogal temática (-a, -e, -i) estim-***a**-, *tem-***e**-, *divid-***i**.

O *tema* é constituído pelo radical mais a vogal temática. Assim: *estima-, teme-, dividi-, canta-, vende-.*

Aos elementos que se juntam a um radical para constituir as formas do verbo daremos o nome de *terminação.* Por vezes, é constituída apenas pela vogal temática; outras vezes, é constituída por um *sufixo característico* do tempo, ou por aquela mais uma desinência indicativa da pessoa e do número.

*estim***a** *estim***ava** cant**avas**

*tem***e** *vend***ia** *vend***emos**

*gost***a** *tem***íamos** *tem***êssemos**

Formas rizotónicas e formas arrizotónicas

Dizem-se *rizotónicas* as formas cujo acento tónico recai sobre o radical. Por exemplo:

estimo *estimas* *estima*

temes *temo* *dividem*

Arrizotónicas são aquelas cujo acento recai na terminação. Assim:

estimamos *estimáveis* *temeram*

dividis *dividíeis* *temerão*

Conjugação

O conjunto sistemático de todas as flexões — de modo, de tempo, de pessoa, de número, de voz — dum verbo constitui a sua conjugação. De acordo com as vogais temáticas, temos em português 3 conjugações:

A 1.ª conjugação é constituída pelos verbos cuja vogal temática é *-a*, isto é, cuja terminação do infinitivo é *-ar*:

cant-**a-r** *am*-**a-r** *estim*-**a-r**

A 2.ª conjugação compreende os verbos de vogal temática *-e*, ou seja, cuja terminação do infinitivo é *-er*:

tem-**e-r** *vend*-**e-r** *com*-**e-r**

A 3.ª conjugação engloba os verbos de vogal temática *-i*, ou seja, cuja terminação do infinitivo é *-ir*:

divid-**i**-**r** *part*-**i**-**r** *curt*-**i**-**r**

Compreender-se-á a inclusão do verbo pôr e seus compostos na 2.ª conjugação se se atender, fundamentalmente, à forma arcaica *poer*.

Em cada uma destas conjugações, os verbos não se flexionam todos do mesmo modo, não seguem todos o mesmo paradigma. Os que mantiverem o mesmo radical em todas as formas e seguirem, nas terminações, o modelo da sua conjugação dizem-se *regulares*. Chamam-se *irregulares* todos os outros.

Em qualquer uma das três conjugações, a maior parte dos verbos são regulares. Mas, como não poderemos deixar de salientar, é no domínio, oral e gráfico, das divergências que se patenteará a competência linguística do sujeito falante.

Mesmo sem apelar para o latim vulgar, e embora seja mais relevante para os verbos irregulares, a consciência de que as flexões de cada conjugação mantêm pólos de relação facilita a prática comunicativa.

E, na verdade, notamos essa polarização de tempos à volta do *presente do indicativo*, do *pretérito perfeito do indicativo* e do *infinitivo impessoal*.

Formação dos tempos simples

Podemos considerar derivados do *presente do indicativo*: o *pretérito imperfeito do indicativo*, o *presente do conjuntivo* e o *imperativo*.

a) O *imperfeito do indicativo* forma-se a partir do radical da 1.ª pessoa do presente do indicativo acrescido das terminações *-ava, -avas, -ava, -ávamos, -áveis, -avam,* na 1.ª conjugação e das terminações *-ia, -ias,-ia, -íamos, -íeis, -iam,* na 2.ª e 3.ª conjugações.

Assim, de *estim*-**o**, *tem*-**o**, *divid*-**o** temos os pretéritos imperfeitos *estim*-**ava**, *estim*-**avas**, *estim*-**ava**, *estim*-**ávamos**, *estim*-**áveis**, *estim*-**avam** e *tem*-**ia**, *tem*-**ias**, *tem*-**ia**, etc., e *divid*-**ia**, *divid*-**ias**, *divid*-**ia**, etc. – onde se salientam, além das vogais temáticas, os sufixos característicos do tempo e as desinências pessoais.

b) O presente do conjuntivo também se forma a partir do radical do presente do indicativo acrescido das terminações *-e, -es, -e, -emos, -eis, -em,* nos verbos da 1.ª conjugação e das terminações *-a, -as, -a, -amos, -ais, -am,* nos da 2.ª e 3.ª conjugações:

estim-e, estim-es, estim-e, estim-emos, etc., *tem-a, tem-as, tem-a, tem-amos, tem-ais,* etc, e *divid-a, divid-as, divid-a, divid-amos, divid-ais, divid-am*

c) O *imperativo* afirmativo corresponde às 2.as pessoas, singular e plural, do presente do indicativo sem os *-s* finais:

estima(s)	*teme(s)*	*divide(s)*
estimai(s)	*temei(s)*	*dividi(s)*

Do tema do **pretérito perfeito** provêm o *pretérito mais-que-perfeito,* o *pretérito imperfeito do conjuntivo* e o *futuro do conjuntivo* O **tema** do pretérito perfeito pode encontrar-se na 2.a pessoa do singular do pretérito perfeito suprimindo *-ste.*

a) O *mais-que-perfeito* forma-se a partir deste tema do pretérito perfeito com a junção das terminações *-ra, -ras, -ra, -ramos, -reis, -ram*:

estima-ra, estima-ras, estima-ra, etc., *teme-ra, teme-ras, teme-ra,* etc., *dividi-ra, dividi-ras, dividi-ra, dividí-ramos, dividí-reis, dividi-ram.*

b) O *pretérito imperfeito do conjuntivo* forma-se juntando ao mesmo tema as terminações *-sse, -sses, -sse, -ssemos, -sseis, -ssem*:

estima-sse, estima-sses, estima-sse, estimá-ssemos, estimá-sseis, estima-ssem; teme-sse, teme-sses, teme-sse, temê-ssemos, temê-sseis, teme-ssem; dividi-sse, dividi-sses, dividi-sse, dividí-ssemos, dividí-sseis, dividi-ssem.

c) *O futuro do conjuntivo* forma-se também do tema do pretérito perfeito com as terminações *-r, -res, -r, -rmos, -rdes, -rem*:

estima-r, estima-res, estima-r, estima-rmos, estima-rdes, estima-rem; teme-r, teme-res, teme-r, teme-rmos, teme-rdes, teme-rem; dividi-r, dividi-res, dividi-r, dividi-rmos, dividi-rdes, dividi-rem.

Do tema do **infinitivo impessoal** formam-se o *futuro do indicativo,* o *condicional,* o *infinitivo pessoal,* o *gerúndio* e o *particípio.*

a) *O futuro do indicativo* forma-se com a junção das terminações *-ei, -ás, -á, -emos, -eis,-ão*:

estimar-ei, estimar-ás, estimar-á, estimar-emos, estimar-eis, estimar-ão; temer-ei, temer-ás, temer-á, temer-emos, temer-eis, temer-ão; dividir-ei, dividir-ás, dividir-á, dividir-emos, dividir-eis, dividir-ão.

b) O *condicional* forma-se com as terminações *-ia, -ias, -ia, -íamos, -íeis, -iam*:

estimar-ia, estimar-ias, estimar-ia, estimar-íamos, estimar-íeis, estimar-iam; temer-ia, temer-ias, temer-ia, temer-íamos, temer-íeis, temer-iam; dividir-ia, dividir-ias, dividir-ia, dividir-íamos, dividir-íeis, dividir-iam.

As terminações da formação do *futuro* e do *condicional* correspondem às formas reduzidas, respectivamente, do presente e do pretérito imperfeito do indicativo do verbo *haver: estimar + hei* e *estimar + hia* (por *havia) ...*

c) O *infinitivo pessoal* forma-se com o acréscimo das desinências pessoais *-es* (2.ª pessoa do singular), *-mos, -des, -em*:

estimar, estimar-es, estimar, estimar-mos, estimar-des, estimar-em;
temer, temer-es, temer, temer-mos, temer-des, temer-em;
dividir, dividir-es, dividir, dividir-mos, dividir-des, dividir-em.

d) Também se podem considerar derivados do radical do infinitivo o *gerúndio* e o *particípio*, pela adição a esse radical das terminações *-ando, -endo* e *-indo,* para o primeiro e para cada uma das três conjugações, e *-ado, -ido* e *-ido*, para o particípio. Foi por influência da vogal temática da 3.ª conjugação que na 2.ª a terminação do particípio se tornou também *-ido.* Assim, temos:

estimando	*temendo*	*dividindo* – gerúndio
estimado	*temido*	*dividido* – particípio

O português tem ainda vestígios do particípio presente latino, em formas como: *amante* e *estudante, lente e vidente, pedinte e contribuinte.*

VERBOS AUXILIARES

Já atrás se fez referência aos verbos auxiliares dos *tempos compos*tos e da *voz passiva.* Não são, porém, os únicos verbos auxiliares em português. Com efeito, usam-se ainda os auxiliares da chamada *conjugação perifrástica.*

1. Na formação dos **tempos compostos** empregam-se os verbos *ter* e *haver* mais o particípio do verbo em conjugação.

Ex.: **Tenho estimado** *os meus livros.*
Talvez o meu amigo não **tivesse temido** *a jornada.*
Meu tio **havia dividido** *os bens antes de falecer.*

2. Na formação da **voz passiva** também entra o particípio do verbo principal com o auxiliar *ser.*

Ex.: *Os trabalhos* **foram executados** *pelo grupo.*

Deverá lembrar-se a possibilidade do auxiliar *estar*, numa passiva de estado, e do auxiliar *ficar*, na passiva de mudança de estado.

Assim: *O rapaz estava impressionado com o ambiente.*
O professor ficou aborrecido com a notícia.

Cf. C. Cunha e L. Cintra, *Nova Gramática do Português Contemporâneo*, Lisboa, 1986, pp. 393 e 396.

3. São muitos os auxiliares da *conjugação perifrástica*, a que adiante se aludirá.

* * *

Vamos observar num quadro, e em paralelo, as formas de três verbos regulares, na *voz activa* e na *voz passiva*, tomados como modelos das três conjugações, destacando os lexemas (morfemas lexicais) dos morfemas (morfemas gramaticais), mas não discriminando vogais temáticas, características e desinências.

VOZ			
			1.ª conjugação: ESTIMAR
Tempo	Pessoa	Número	MODO INDICATIVO
Presente	1.ª 2.ª 3.ª 1.ª 2.ª 3.ª	Sing. » » Plural » »	estim**o** estim**as** estim**a** estim**amos** estim**ais** estim**am**
Pret. imperfeito	1.ª 2.ª 3.ª 1.ª 2.ª 3.ª	Sing. » » Plural » »	estim**ava** estim**avas** estim**ava** estim**ávamos** estim**áveis** estim**avam**
Pret. perfeito simples	1.ª 2.ª 3.ª 1.ª 2.ª 3.ª	Sing. » » Plural » »	estim**ei** estim**aste** estim**ou** estim**ámos** estim**astes** estim**aram**
Pret. mais-que-perfeito simples	1.ª 2.ª 3.ª 1.ª 2.ª 3.ª	Sing. » » Plural » »	estim**ara** estim**aras** estim**ara** estim**áramos** estim**áreis** estim**aram**
Pretérito perfeito composto	1.ª 2.ª 3.ª 1.ª 2.ª 3.ª	Sing. » » Plural » »	tenho (hei) estimado tens (hás) estimado tem (há) estimado temos (havemos) estimado tendes (haveis) estimado têm (hão) estimado

ACTIVA

2.ª conjugação: TEMER	3.ª conjugação: DIVIDIR
temo temes teme tem**emos** tem**eis** tem**em**	divido divides divide divid**imos** divid**is** divid**em**
tem**ia** tem**ias** tem**ia** tem**íamos** tem**íeis** tem**iam**	divid**ia** divid**ias** divid**ia** divid**íamos** divid**íeis** divid**iam**
tem**i** tem**este** tem**eu** tem**emos** tem**estes** tem**eram**	divid**i** divid**iste** divid**iu** divid**imos** divid**istes** divid**iram**
tem**era** tem**eras** tem**era** tem**êramos** tem**êreis** tem**eram**	divid**ira** divid**iras** divid**ira** divid**íramos** divid**íreis** divid**iram**
tenho (hei) temido tens (hás) temido tem (há) temido temos (havemos) temido tendes (haveis) temido têm (hão) temido	tenho (hei) dividido tens (hás) dividido tem (há) dividido temos (havemos) dividido tendes (haveis) dividido têm (hão) dividido

VOZ

			1.ª conjugação: ESTIMAR
Tempo	Pessoa	Número	**MODO INDICATIVO**
Pret. mais-que--perfeito composto	1.ª	Sing.	tinha (havia) estimado
	2.ª	»	tinhas (havias) estimado
	3.ª	»	tinha (havia) estimado
	1.ª	Plural	tínhamos (havíamos) estimado
	2.ª	»	tínheis (havíeis) estimado
	3.ª	»	tinham (haviam) estimado
Futuro imperfeito	1.ª	Sing.	estim**arei**
	2.ª	»	estim**arás**
	3.ª	»	estim**ará**
	1.ª	Plural	estim**aremos**
	2.ª	»	estim**arei**
	3.ª	»	estim**arão**
Futuro perfeito	1.ª	Sing.	terei (haverei) estimado
	2.ª	»	terás (haverás) estimado
	3.ª	»	terá (haverá) estimado
	1.ª	Plural	teremos (haveremos) estimado
	2.ª	»	tereis (havereis) estimado
	3.ª	»	terão (haverão) estimado
			MODO CONDICIONAL
Presente	1.ª	Sing.	estim**aria**
	2.ª	»	estim**arias**
	3.ª	»	estim**aria**
	1.ª	Plural	estim**aríamos**
	2.ª	»	estim**aríeis**
	3.ª	»	estim**ariam**
Pretérito	1.ª	Sing.	teria (haveria) estimado
	2.ª	»	terias (haverias) estimado
	3.ª	»	teria (haveria) estimado
	1.ª	Plural	teríamos (haveríamos) estimado
	2.ª	»	teríeis (haveríeis) estimado
	3.ª	»	teriam (haveriam) estimado

ACTIVA (cont.)

2.ª conjugação: TEMER	3.ª conjugação: DIVIDIR
tinha (havia) temido tinhas (havias) temido tinha (havia) temido tínhamos (havíamos) temido tínheis (havíeis) temido tinham (haviam) temido	tinha (havia) dividido tinhas (havias) dividido tinha (havia) dividido tínhamos (havíamos) dividido tínheis (havíeis) dividido tinham (haviam) dividido
tem**erei** tem**erás** tem**erá** tem**eremos** tem**ereis** tem**erão**	divid**irei** divid**irás** divid**irá** divid**iremos** divid**ireis** divid**irão**
terei (haverei) temido terás (haverás) temido terá (haverá) temido teremos (haveremos) temido tereis (havereis) temido terão (haverão) temido	terei (haverei) dividido terás (haverás) dividido terá (haverá) dividido teremos (haveremos) dividido tereis (havereis) dividido terão (haverão) dividido
tem**eria** tem**erias** tem**eria** tem**eríamos** tem**eríeis** tem**eriam**	divid**iria** divid**irias** divid**iria** divid**iríamos** divid**iríeis** divid**iriam**
teria (haveria) temido terias (haverias) temido teria (haveria) temido teríamos (haveríamos) temido teríeis (haveríeis) temido teriam (haveriam) temido	teria (haveria) dividido terias (haverias) dividido teria (haveria) dividido teríamos (haveríamos) dividido teríeis (haveríeis) dividido teriam (haveriam) dividido

VOZ			
			1.ª conjugação: ESTIMAR
Tempo	Pessoa	Número	**MODO IMPERATIVO**
Presente	2.ª	Sing.	estim**a**
	2.ª	Plural	estim**ai**
			MODO CONJUNTIVO
Presente	1.ª	Sing.	estim**e**
	2.ª	»	estim**es**
	3.ª	»	estim**e**
	1.ª	Plural	estim**emos**
	2.ª	»	estim**eis**
	3.ª	»	estim**em**
Pret. imperfeito	1.ª	Sing.	estim**asse**
	2.ª	»	estim**asses**
	3.ª	»	estim**asse**
	1.ª	Plural	estim**ássemos**
	2.ª	»	estim**ásseis**
	3.ª	»	estim**assem**
Pret. perfeito composto	1.ª	Sing.	tenha (haja) estimado
	2.ª	»	tenhas (hajas) estimado
	3.ª	»	tenha (haja) estimado
	1.ª	Plural	tenhamos (hajamos) estimado
	2.ª	»	tenhais (hajais) estimado
	3.ª	»	tenham (hajam) estimado
Pret. mais--que-perfeito composto	1.ª	Sing.	tivesse (houvesse) estimado
	2.ª	»	tivesses (houvesses) estimado
	3.ª	»	tivesse (houvesse) estimado
	1.ª	Plural	tivéssemos (houvéssemos) estimad
	2.ª	»	tivésseis (houvésseis) estimado
	3.ª	»	tivessem (houvessem) estimado

ACTIVA (cont.)

2.ª conjugação: TEMER	3.ª conjugação: DIVIDIR
tem**e** tem**ei**	divid**e** divid**i**
tem**a** tem**as** tem**a** tem**amos** tem**ais** tem**am**	divid**a** divid**as** divid**a** divid**amos** divid**ais** divid**am**
tem**esse** tem**esses** tem**esse** tem**êssemos** tem**êsseis** tem**essem**	divid**isse** divid**isses** divid**isse** divid**íssemos** divid**ísseis** divid**issem**
tenha (haja) temido tenhas (hajas) temido tenha (haja) temido tenhamos (hajamos) temido tenhais (hajais) temido tenham (hajam) temido	tenha (haja) dividido tenhas (hajas) dividido tenha (haja) dividido tenhamos (hajamos) dividido tenhais (hajais) dividido tenham (hajam) dividido
tivesse (houvesse) temido tivesses (houvesses) temido tivesse (houvesse) temido tivéssemos (houvéssemos) temido tivésseis (houvésseis) temido tivessem (houvessem) temido	tivesse (houvesse) dividido tivesses (houvesses) dividido tivesse (houvesse) dividido tivéssemos (houvéssemos) dividido tivésseis (houvésseis) dividido tivessem (houvessem) dividido

			VOZ
			1.ª conjugação: ESTIMAR
Tempo	Pessoa	Número	**MODO CONJUNTIVO**
Futuro imperfeito	1.ª	Sing.	estim**ar**
	2.ª	»	estim**ares**
	3.ª	»	estim**ar**
	1.ª	Plural	estim**armos**
	2.ª	»	estim**ardes**
	3.ª	»	estim**arem**
Futuro perfeito	1.ª	Sing.	tiver (houver) estimado
	2.ª	»	tiveres (houveres) estimado
	3.ª	»	tiver (houver) estimado
	1.ª	Plural	tivermos (houvermos) estimado
	2.ª	»	tiverdes (houverdes) estimado
	3.ª	»	tiverem (houverem) estimado
			MODO INFINITIVO PESSOAL
Presente	1.ª	Sing.	estim**ar**
	2.ª	»	estim**ares**
	3.ª	»	estim**ar**
	1.ª	Plural	estim**armos**
	2.ª	»	estim**ardes**
	3.ª	»	estim**arem**
Pretérito	1.ª	Sing.	ter (haver) estimado
	2.ª	»	teres (haveres) estimado
	3.ª	»	ter (haver) estimado
	1.ª	Plural	termos (havermos) estimado
	2.ª	»	terdes (haverdes) estimado
	3.ª	»	terem (haverem) estimado
			FORMAS NOMINAIS
Infinitivo impessoal		presente	estim**ar**
		pretérito	ter (haver) estimado
Particípio			estim**ado**
			FORMA ADVERBIAL
Gerúndio		simples	estim**ando**
		composto	tendo (havendo) estimado

ACTIVA (cont.)

2.ª conjugação: TEMER	3.ª conjugação: DIVIDIR
tem**er** tem**eres** tem**er** tem**ermos** tem**erdes** tem**erem**	divid**ir** divid**ires** divid**ir** divid**irmos** divid**irdes** divid**irem**
tiver (houver) temido tiveres (houveres) temido tiver (houver) temido tivermos (houvermos) temido tiverdes (houverdes) temido tiverem (houverem) temido	tiver (houver) dividido tiveres (houveres) dividido tiver (houver) dividido tivermos (houvermos) dividido tiverdes (houverdes) dividido tiverem (houverem) dividido
tem**er** tem**eres** tem**er** tem**ermos** tem**erdes** tem**erem**	divid**ir** divid**ires** divid**ir** divid**irmos** divid**irdes** divid**irem**
ter (haver) temido teres (haveres) temido ter (haver) temido termos (havermos) temido terdes (haverdes) temido terem (haverem) temido	ter (haver) dividido teres (haveres) dividido ter (haver) dividido termos (havermos) dividido terdes (haverdes) dividido terem (haverem) dividido
tem**er**	divid**ir**
ter (haver) temido	ter (haver) dividido
tem**ido**	divid**ido**
tem**endo**	divid**indo**
tendo (havendo) temido	tendo (havendo) dividido

VOZ PASSIVA

MODO INDICATIVO

Pessoa	N.º \ Tempo	Presente	Pretérito imperfeito
1.ª 2.ª 3.ª	Sing. » »	sou és } estimado (a) é [temido (a)] [dividido (a)]	era eras } estimado (a) era [temido (a)] [dividido (a)]
1.ª 2.ª 3.ª	Plural » »	somos sois } estimados (as) são [temidos (as)] [divididos (as)]	éramos éreis } estimados (as) eram [temidos (as)] [divididos (as)] [1]
		Pretérito perfeito simples	**Pret. mais-que-perfeito simples**
1.ª 2.ª 3.ª	Sing. » »	fui foste } estimado (a) foi	fora foras } estimado (a) fora
1.ª 2.ª 3.ª	Plural » »	fomos fostes } estimados (as) foram	fôramos fôreis } estimados (as) foram
		Pretérito perfeito composto	**Pret. mais-que-perfeito composto**
1.ª 2.ª 3.ª	Sing. » »	tenho tens } sido estimado (a) tem	tinha tinhas } sido estimado (a) tinha
1.ª 2.ª 3.ª	Plural » »	temos tendes } sido estimados (as) têm	tínhamos tínheis } sido estimados (as) tinham
		Futuro imperfeito	**Futuro perfeito**
1.ª 2.ª 3.ª	Sing. » »	serei serás } estimado (a) será	terei terás } sido estimado (a) terá
1.ª 2.ª 3.ª	Plural » »	seremos sereis } estimados (as) serão	teremos tereis } sido estimados (as) terão

MODO CONDICIONAL

		Presente	Pretérito
1.ª 2.ª 3.ª	Sing. » »	seria serias } estimado (a) seria	teria terias } sido estimado (a) teria
1.ª 2.ª 3.ª	Plural » »	seríamos seríeis } estimados (as) seriam	teríamos teríeis } sido estimados (as) teriam

[1] Por se considerar supérfluo repetir em todos os tempos e formas os particípios dos três verbos tomados como modelos, apresenta-se apenas o verbo *estimar* na sua totalidade.

VOZ PASSIVA

Pessoa	N.º \ Tempo				
MODO CONJUNTIVO					
		Presente		**Pretérito imperfeito**	
1.ª	Sing.	seja		fosse	
2.ª	»	sejas	estimado (a)	fosses	estimado (a)
3.ª	»	seja		fosse	
1.ª	Plural	sejamos		fôssemos	
2.ª	»	sejais	estimados (as)	fôsseis	estimados (as)
3.ª	»	sejam		fossem	
		Pretérito perfeito composto		**Pret. mais-que-perfeito composto**	
1.ª	Sing.	tenha		tivesse	
2.ª	»	tenhas	sido estimado (a)	tivesses	sido estimado (a)
3.ª	»	tenha		tivesse	
1.ª	Plural	tenhamos		tivéssemos	
2.ª	»	tenhais	sido estimados (as)	tivésseis	sido estimados (as)
3.ª	»	tenham		tivessem	
		Futuro imperfeito		**Futuro perfeito**	
1.ª	Sing.	for		tiver	
2.ª	»	fores	estimado (a)	tiveres	sido estimado (a)
3.ª	»	for		tiver	
1.ª	Plural	formos		tivermos	
2.ª	»	fordes	estimados (as)	tiverdes	sido estimados (as)
3.ª	»	forem		tiverem	
MODO IMPERATIVO					
		Presente			
2.ª	Sing.	sê estimado (a)			
2.ª	Plural	sede estimados (as)			
MODO INFINITIVO PESSOAL					
		Presente		**Pretérito**	
1.ª	Sing.	ser		ter	
2.ª	»	seres	estimado (a)	teres	sido estimado (a)
3.ª	»	ser		ter	
1.ª	Plural	sermos		termos	
2.ª	»	serdes	estimados (as)	terdes	sido estimados (as)
3.ª	»	serem		terem	

FORMAS NOMINAIS		
	Presente	**Pretérito**
Infinitivo impessoal	ser estimado	ter sido estimado
Particípio	estimado (a, os, as)	
FORMA ADVERBIAL		
	Simples	**Composto**
Gerúndio	sendo estimado (a, os, as)	tendo sido estimado (a, os, as)

CONJUGAÇÃO PERIFRÁSTICA

É a conjugação de um verbo no *infinitivo* (muitas vezes preposicionado) ou no *gerúndio* com um auxiliar específico. Entre as matizes significativas da perifrástica, salientam-se: obrigação, necessidade, propósito, determinação, duração, continuidade, acção inacabada, progressão, resultado da acção ou seu termo.

Ex.: *Tenho de acabar o meu trabalho.*
Hei-de realizar o meu sonho.
Estou a esforçar-me com entusiasmo.
O trabalho está por concluir.
O meu vizinho anda a construir uma casa.
Os materiais vão chegando.
Vim a descobrir isso bastante tarde.
Acabo de conhecer outros pormenores.
Fiquei a saber o resto da história.

Conjugar um verbo perifrasticamente, nos diferentes tempos e modos, é conjugar o verbo auxiliar nesses tempos e nesses modos. Assim, o presente do indicativo da conjugação perifrástica dos verbos *trabalhar, comer* e *ouvir*, nas expressões, respectivamente, de *disposição, necessidade* e *continuidade*, é:

MODO INDICATIVO

Tempo Presente

1.ª	S.	hei-de trabalhar	tenho de comer	estou a ouvir (ouvindo)
2.ª	"	hás-de trabalhar	tens de comer	estás a ouvir (ouvindo)
3.ª	"	há-de trabalhar	tem de comer	está a ouvir (ouvindo)
1.ª	P.	havemos de trabalhar	temos de comer	estamos a ouvir (ouvindo)
2.ª	"	haveis de trabalhar	tendes de comer	estais a ouvir (ouvindo)
3.ª	"	hão-de trabalhar	têm de comer	estão a ouvir (ouvindo)

Nota: Atente-se na ortografia de *haver de*, no presente do indicativo: leva hífen nas três pessoas do singular e na 3.ª do plural — ou seja, nas formas monossilábicas.

CONJUGAÇAO PRONOMINAL

Por outro lado, o verbo pode ser conjugado com um pronome complemento: estamos, então, em presença duma *conjugação pronominal,* que se denomina *reflexa* se o pronome é da mesma pessoa que o sujeito e que, se esse pronome se reporta a dois ou mais sujeitos que concomitantemente são agentes e pacientes, se diz *recíproca* – a qual, formalmente, é idêntica à reflexa. Na prática, para distinguirmos esta daquela, podemos recorrer ao reforço da conjugação do verbo com as expressões *a mim mesmo, a ti mesmo, a si mesmo,* etc., ou com as expressões *um ao outro* ou *uma à outra, uns aos outros* ou *umas às outras*. Por exemplo: *eu penteio-me a mim mesmo, tu penteias-te a ti mesmo,* etc., em contraste com *nós escrevemo-nos um ao outro, vós escreveis-vos uns aos outros,* etc.

Seguem-se, também em paralelo, a conjugação pronominal e a conjugação pronominal reflexa. Note-se que apenas no futuro do conjuntivo se apresentam os pronomes em próclise, embora a ênclise nem nos outros tempos do conjuntivo seja talvez tão frequente como a próclise. Não passarão despercebidas as formas do pronome e as do verbo, quando se encontram nesta ou naquela posição. No imperativo afirmativo o pronome aparece sempre em ênclise:

MODO IMPERATIVO	
estima-o	**estima-te**
estimai-o	**estimai-vos**

As formas antigas dos pronomes pessoais eram *lo, la, los, las*. O *l* destas formas caiu sempre que se encontrava entre vogais; quando era precedido de consoante (*r, s* ou *z*) mantinha-se, como resultante da assimilação. Quando está precedido de nasal, muda-se em *n*.

Ex.: Dizem-no aqueles que lá foram.
"Que fez ela? Eu que fiz? — Não no sei". (Garrett)

É igualmente de notar, como encontrámos em *escrevermo-nos,* que em todas as 1.as pessoas do plural se omite o *-s* final da desinência *-mos*, quando o pronome é enclítico.

Conjugação pronominal		**Conjugação pronomial reflexa**	
ESTIMÁ-LO		ESTIMAR-SE	

MODO INDICATIVO

Presente	Pretérito imperfeito	Presente	Pretérito imperfeito
estimo-o	estimava-o	estimo-me	estimava-me
estima-lo	estimava-lo	estimas-te	estimavas-te
estima-o	estimava-o	estima-se	estimava-se
estimamo-lo	estimávamo-lo	estimamo-nos	estimávamo-nos
estimai-lo	estimávei-lo	estimais-vos	estimáveis-vos
estimam-no	estimavam-no	estimam-se	estimavam-se

Pret. perfeito simples	Pret. perfeito composto	Pret. perfeito simples	Pret. perfeito composto
estimei-o	tenho-o estimado	estimei-me	tenho-me estimado
estimaste-o	tem-lo estimado	estimaste-te	tens-te estimado
estimou-o	tem-no estimado	estimou-se	tem-se estimado
estimámo-lo	temo-lo estimado	estimámo-nos	temo-nos estimado
estimaste-lo	tende-lo estimado	estimastes-vos	tendes-vos estimado
estimaram-no	têm-no estimado	estimaram-se	têm-se estimado

Pret. mais-que-perfeito simples	Pret. mais-que-perfeito composto	Pret. mais-que-perfeito simples	Pret. mais-que-perfeito composto
estimara-o	tinha-o estimado	estimara-me	tinha-me estimado
estimara-lo	tinha-lo estimado	estimaras-te	tinhas-te estimado
estimara-o	tinha-o estimado	estimara-se	tinha-se estimado
estimáramo-lo	tínhamo-lo estimado	estimáramo-nos	tínhamo-nos estimado
estimárei-lo	tínhei-lo estimado	estimáreis-vos	tínheis-vos estimado
estimaram-no	tinham-no estimado	estimaram-ser	tinham-se estimado

Futuro imperfeito	Futuro perfeito	Futuro imperfeito	Futuro perfeito
estimá-lo-ei	tê-lo-ei estimado	estimar-me-ei	ter-me-ei estimado
estimá-lo-ás	tê-lo-ás estimado	estimar-te-ás	ter-te-ás estimado
estimá-lo-á	tê-lo-á estimado	estimar-se-á	ter-se-á estimado
estimá-lo-emos	tê-lo-emos estimado	estimar-nos-emos	ter-nos-emos estimado
estimá-lo-eis	tê-lo-eis estimado	estimar-vos-eis	ter-vos-eis estimado
estimá-lo-ão	tê-lo-ão estimado	estimar-se-ão	ter-se-ão estimado

MODO CONDICIONAL

Presente	Pretérito	Presente	Pretérito
estimá-lo-ia	tê-lo-ia estimado	estimar-me-ia	ter-me-ia estimado
estimá-lo-ias	tê-lo-ias estimado	estimar-te-ias	ter-te-ias estimado
estimá-lo-ia	tê-lo-ia estimado	estimar-se-ia	ter-se-ia estimado
estimá-lo-íamos	tê-lo-íamos estimado	estimar-nos-íamos	ter-nos-íamos estimado
estimá-lo-íeis	tê-lo-íeis estimado	estimar-vos-íeis	ter-vos-íeis estimado
estimá-lo-iam	tê-lo-iam estimado	estimar-se-iam	ter-se-iam estimado

MODO IMPERATIVO

estima-o	estima-te
estimai-o	estimai-vos

MODO CONJUNTIVO

Presente	Pretérito imperfeito	Presente	Pretérito imperfeito
estime-o	estimasse-o	estime-me	estimasse-me
estime-lo	estimasse-lo	estimes-te	estimasses-te
estime-o	estimasse-o	estime-se	estimasse-se
estimemo-lo	estimássemo-lo	estimemo-nos	estimássemo-nos
estimei-lo	estimássei-lo	estimeis-vos	estimásseis-vos
estimem-no	estimassem-no	estimem-se	estimassem-se

Pret. perfeito composto	Pret. mais-que-perfeito composto	Pretérito perfeito composto	Pretérito mais-que--perfeito composto
tenha-o estimado	tivesse-o estimado	tenha-me estimado	tivesse-me estimado
tenha-lo estimado	tivesse-lo estimado	tenhas-te estimado	tivesses-te estimado
tenha-o estimado	tivesse-o estimado	tenha-se estimado	tivesse-se estimado
tenhamo-lo estimado	tivéssemo-lo estimado	tenhamo-nos estimado	tivéssemo-nos estimado
tenhai-lo estimado	tivéssei-lo estimado	tenhais-vos estimado	tivésseis-vos estimado
tenham-no estimado	tivessem-no estimado	tenham-se estimado	tivessem-se estimado

Futuro imperfeito	Futuro perfeito	Futuro imperfeito	Futuro perfeito
o estimar	o tiver estimado	me estimar	me tiver estimado
o estimares	o tiveres estimado	te estimares	te tiveres estimado
o estimar	o tiver estimado	se estimar	se tiver estimado
o estimarmos	o tivermos estimado	nos estimarmos	nos tivermos estimado
o estimardes	o tiverdes estimado	vos estimardes	vos tiverdes estimado
o estimarem	o tiverem estimado	se estimarem	se tiverem estimado

MODO INFINITIVO PESSOAL

Presente	Pretérito	Presente	Pretérito
estimá-lo	tê-lo estimado	estimar-me	ter-me estimado
estimare-lo	tere-lo estimado	estimares-te	teres-te estimado
estimá-lo	tê-lo estimado	estimar-se	ter-se estimado
estimarmo-lo	termo-lo estimado	estimarmo-nos	termo-nos estimado
estimarde-lo	terde-lo estimado	estimardes-vos	terdes-vos estimado
estimarem-no	terem-no estimado	estimarem-se	terem-se estimado

FORMAS NOMINAIS

Infinitivo impessoal		Infinitivo impessoal	
Presente	**Pretérito**	**Presente**	**Pretérito**
estimá-lo	tê-lo estimado	estimar-se	ter-se estimado

FORMA ADVERBIAL

Gerúndio

Simples	Composto	Simples	Composto
estimando-o	tendo-o estimado	estimando-se	tendo-se estimado

IRREGULARIDADE VERBAL

O uso prático do verbo, como o dos demais elementos linguísticos, é uma imposição do comportamento comunitário e não de categorias descritivas. E a «normalidade» verbal, no plano fonológico, e a «ortografia», a nível escrito, não são tão fluidas como o esquema teórico, por vezes, parece deixar crer. Com efeito, a observação e a descrição física revelam-nos que não é possível eleger três verbos que representem todas as formas das três conjugações – isto é, um paradigma único por cada uma das conjugações. Todavia, tomando-se em conta razões essencialmente fonéticas e gráficas, podem constituir-se os modelos necessários ao domínio das divergências detectadas – único modo de abranger as formas de todos os verbos que, relativamente ao modelo de cada conjugação, se possam dizer irregulares ou portadores de cambiantes fónicos ou gráficos mais ou menos acentuados.

Como afirmámos no «prefácio», a irregularidade de um verbo pode situar-se no morfema flexional ou no lexema radical. O desvio no radical pode ser apenas fónico – citámos o verbo *pegar, pego* [ɛ] e *pegamos* –, ou fónico e gráfico – registámos o verbo *acudir, acudo* e *acodes.* Podíamos acrescentar outros verbos, como *pedir* e *medir,* cujos radicais *ped-* e *med-* não aparecem no indicativo presente (1.ª pessoa) nem no conjuntivo presente: *peço, peça, peças, peça,* etc. e *meço, meça, meças, meça,* etc.; também podíamos salientar os verbos *servir* e *dormir,* nos quais se dá uma alteração nas vogais tónicas daquelas pessoas e tempos: *sirvo, sirva, sirvas, sirva,* etc. e *durmo, durma, durmas, durma,* etc.

A irregularidade gráfica é ainda importante no esquema ortográfico. Se o radical dum verbo da 1.ª conjugação termina em *-c, -ç ou -g,* antes de *-e,* o radical terminará em *-qu, -c* ou *-gu.* Assim:

modificar .... *modifiquei*
começar .... *comecei*
chegar .... *cheguei*

Na 2.a e 3.a conjugação, se os radicais terminam em -c, *-g, -gu,* antes de -a ou -o, teremos os letras *-ç, -j, -g.* Por exemplo:

vencer .... *venço*
abranger .... *abranjo*
erguer .... *ergo*
atingir .... *atinjo*
distinguir .... *distingo*

O desvio de carácter fónico no radical, já exemplificado com o verbo *pegar,* encontra-se em muitos outros verbos com vogal rizotónica *a, e* e *o*: *lavar, levar, rogar, beber, mover,* etc. Note-se, no entanto, que estas «irregularidades» nem sempre são comuns ao português de Portugal e ao português do Brasil. Sirva de exemplo o verbo *lavar*, sempre com *a* tónico ou pretónico aberto no português do Brasil.

Devemos tomar em conta a perspectiva diacrónica para compreendermos determinadas irregularidades relacionáveis com o tempo verbal. Na verdade, como já referimos, através do latim vulgar chegaram-nos três tempos a que vamos chamar *primitivos* – o *presente,* o *pretérito perfeito do indicativo* e o *infinitivo impessoal.* Por isso, quando o presente do indicativo manifestar determinada irregularidade, ela surgirá também no *presente do conjuntivo* e no *imperativo.*

ir .... *vou, vá, vai.*

Quando o *pretérito perfeito* é irregular, sê-lo-ão o *pretérito mais-que-perfeito* do indicativo, o *pretérito imperfeito* e o *futuro do conjuntivo*

trazer .... *trouxe, trouxera, trouxesse, trouxer.*

A irregularidade do futuro é comum ao condicional:

dizer .... *direi, diria,*
fazer .... *farei, faria.*

Aliás, há verbos cuja conjugação não possui determinadas formas, ou porque não são usadas ou porque a sua flexão é, semanticamente, impossível. Estes verbos dizem-se *defectivos;* e distinguem-se os *pessoais* [1], desusados nalgumas formas – como, por exemplo, *falir* –, dos *impessoais,* representados em frases destituídas de SN – como *chover* – e dos *unipessoais*, empregados numa só pessoa (a terceira do singular e do plural) – por exemplo, *chilrear.* Se

---

[1] Rodrigo de Sá Nogueira nega a existência desta categoria, conjugando estes verbos integralmente (cf. *Dicionário* de *Verbos Portugueses Conjugados,* 2.ª ed., Lisboa, 1956, p. VII). A maior parte dos autores não aceita esta opinião, apesar da convicção com que aquele a defende.

Encontram-se registados no presente trabalho os seguintes: *abolir, adir, aturdir, banir, brunir, carpir, colorir, combalir, comedir, compelir, concernir, delir, delinquir, demolir, embair, emergir, emolir, empedernir, exaurir, explodir, extorquir, falir, foragir, fornir, fremir, fulgir, haurir, imergir, jungir, lenir, munir, precaver, puir, reaver, renhir, ressequir, retorquir, ruir, soer, submergir, ungir.*

o sentido próprio pode ser considerado o responsável pela *impessoalidade* de verbos que indicam fenómenos da natureza ou pela *unipessoalidade* dos que representam vozes de animais, outras vezes é a cacofonia ou a falta de eufonia que leva à carência de algumas formas. A razão eufónica pode exemplificar-se com o desuso da l.ª pessoa do singular do presente do indicativo e, consequentemente, do presente do conjuntivo, de verbos como *abolir,* assim como a existência da homofonia será responsável pela inexistência de formas do verbo *falir,* concorrentes das do verbo *falar.*

* * *

Seguindo rotas já trilhadas e exemplos assinalados, explanar-se-á a diversidade de formas verbais da nossa língua, no intuito de evitar performances espúrias que a oralidade não aceita e o uso gráfico não tolera. Com efeito, se a ortografia dos verbos provoca, por vezes, situações embaraçosas e a expressão fonológica dificuldades mal disfarçadas, a razão pode imbricar em arestas que a competência gramatical repudia. Tentar a remoção desses escolhos a quantos se esforçam por uma expressão oral e escrita considerada normal é a finalidade deste DICIONÁRI0 DE VERBOS CONJUGADOS.

Verbos conjugados

(MODELOS)

1 abaiucar

	INDICATIVO	CONJUNTIVO	IMPERATIVO
Presente	abaiuco abaiucas abaiuca abaiucamos abaiucais abaiucam	abaiuque abaiuques abaiuque abaiuquemos abaiuqueis abaiuquem	 abaiuca abaiucai

	INDICATIVO	CONJUNTIVO	CONDICIONAL
Pret. imperfeito	abaiucava abaiucavas abaiucava abaiucávamos abaiucáveis abaiucavam	abaiucasse abaiucasses abaiucasse abaiucássemos abaiucásseis abaiucassem	abaiucaria abaiucarias abaiucaria abaiucaríamos abaiucaríeis abaiucariam

	INDICATIVO	CONJUNTIVO	INFINITIVO PESSOAL
Futuro imperfeito	abaiucarei abaiucarás abaiucará abaiucaremos abaiucareis abaiucarão	abaiucar abaiucares abaiucar abaiucarmos abaiucardes abaiucarem	abaiucar abaiucares abaiucar abaiucarmos abaiucardes abaiucarem

	INDICATIVO	FORMAS NOMINAIS		FORMA ADVERBAL	
P. perfeito simples	abaiuquei abaiucaste abaiucou abaiucámos abaiucastes abaiucaram	Infinitivo impes.	abaiucar	Gerúndio	abaiucando
P. mais-que-perfeito	abaiucara abaiucaras abaiucara abaiucáramos abaiucáreis abaiucaram	Particípio	abaiucado		

• Chama-se a atenção para a inexistência de acento gráfico sobre o *u* tónico precedido de ditongo.

2 abichar

	INDICATIVO	CONJUNTIVO	IMPERATIVO
Presente	abicho abichas abicha abichamos abichais abicham	abiche abiches abiche abichemos abicheis abichem	 abicha abichai
			CONDICIONAL
Pret. imperfeito	abichava abichavas abichava abichávamos abicháveis abichavam	abichasse abichasses abichasse abichássemos abichásseis abichassem	abicharia abicharias abicharia abicharíamos abicharíeis abichariam
			INFINITIVO PESSOAL
Futuro imperfeito	abicharei abicharás abichará abicharemos abichareis abicharão	abichar abichares abichar abicharmos abichardes abicharem	abichar abichares abichar abicharmos abichardes abicharem
		FORMAS NOMINAIS	**FORMA ADVERBAL**
P. perfeito simples	abichei abichaste abichou abichámos abichastes abicharam	Infinitivo impes.: abichar	Gerúndio: abichando
P. mais-que-perfeito	abichara abicharas abichara abicháramos abicháreis abicharam	Particípio: abichado	

3 abraçar

	INDICATIVO	CONJUNTIVO	IMPERATIVO
Presente	abraço abraças abraça abraçamos abraçais abraçam	abrace abraces abrace abracemos abraceis abracem	abraça abraçai
			CONDICIONAL
Pret. imperfeito	abraçava abraçavas abraçava abraçávamos abraçáveis abraçavam	abraçasse abraçasses abraçasse abraçássemos abraçásseis abraçassem	abraçaria abraçarias abraçaria abraçaríamos abraçaríeis abraçariam
			INFINITIVO PESSOAL
Futuro imperfeito	abraçarei abraçarás abraçará abraçaremos abraçareis abraçarão	abraçar abraçares abraçar abraçarmos abraçardes abraçarem	abraçar abraçares abraçar abraçarmos abraçardes abraçarem
		FORMAS NOMINAIS	**FORMA ADVERBAL**
P. perfeito simples	abracei abraçaste abraçou abraçámos abraçastes abraçaram	Infinitivo impes.: abraçar	Gerúndio: abraçando
P. mais-que-perfeito	abraçara abraçaras abraçara abraçáramos abraçáreis abraçaram	Particípio: abraçado	• «Meu tio Agostinho, depois que lhe dei a cheirar a realidade, abraçou-se ao poste dos fios a chorar». Aquilino, *O Malhadinhas*, Bertrand, 63.

4 abranger

	INDICATIVO	CONJUNTIVO	IMPERATIVO
Presente	abranjo abranges abrange abrangemos abrangeis abrangem	abranja abranjas abranja abranjamos abranjais abranjam	abrange abrangei
			CONDICIONAL
Pret. imperfeito	abrangia abrangias abrangia abrangíamos abrangíeis abrangiam	abrangesse abrangesses abrangesse abrangêssemos abrangêsseis abrangessem	abrangeria abrangerias abrangeria abrangeríamos abrangeríeis abrangeriam
			INFINITIVO PESSOAL
Futuro imperfeito	abrangerei abrangerás abrangerá abrangeremos abrangereis abrangerão	abranger abrangeres abranger abrangermos abrangerdes abrangerem	abranger abrangeres abranger abrangermos abrangerdes abrangerem

		FORMAS NOMINAIS		FORMA ADVERBAL
P. perfeito simples	abrangi abrangeste abrangeu abrangemos abrangestes abrangeram	**Infinitivo impes.** abranger	**Gerúndio**	abrangendo
P. mais-que-perfeito	abrangera abrangeras abrangera abrangêramos abrangêreis abrangeram	**Particípio** abrangido		

5 abrir

	INDICATIVO	CONJUNTIVO
Presente	abro abres abre abrimos abris abrem	abra abras abra abramos abrais abram
Pret. imperfeito	abria abrias abria abríamos abríeis abriam	abrisse abrisses abrisse abríssemos abrísseis abrissem
Futuro imperfeito	abrirei abrirás abrirá abriremos abrireis abrirão	abrir abrires abrir abrirmos abrirdes abrirem
P. perfeito simples	abri abriste abriu abrimos abristes abriram	
P. mais-que-perfeito	abrira abriras abrira abríramos abríreis abriram	

IMPERATIVO
abre
abri

CONDICIONAL
abriria abririas abriria abriríamos abriríeis abririam

INFINITIVO PESSOAL
abrir abrires abrir abrirmos abrirdes abrirem

FORMAS NOMINAIS	
Infinitivo impes.	abrir
Particípio	aberto

FORMA ADVERBAL	
Gerúndio	abrindo

6 acampar

	INDICATIVO	CONJUNTIVO	IMPERATIVO
Presente	acampo acampas acampa acampamos acampais acampam	acampe acampes acampe acampemos acampeis acampem	acampa acampai

	INDICATIVO	CONJUNTIVO	CONDICIONAL
Pret. imperfeito	acampava acampavas acampava acampávamos acampáveis acampavam	acampasse acampasses acampasse acampássemos acampásseis acampassem	acamparia acamparias acamparia acamparíamos acamparíeis acampariam

	INDICATIVO	CONJUNTIVO	INFINITIVO PESSOAL
Futuro imperfeito	acamparei acamparás acampará acamparemos acampareis acamparão	acampar acampares acampar acamparmos acampardes acamparem	acampar acampares acampar acamparmos acampardes acamparem

	INDICATIVO	FORMAS NOMINAIS		FORMA ADVERBAL	
P. perfeito simples	acampei acampaste acampou acampámos acampastes acamparam	Infinitivo impes.	acampar	Gerúndio	acampando
P. mais-que-perfeito	acampara acamparas acampara acampáramos acampáreis acamparam	Particípio	acampado		

7 achar

	INDICATIVO	CONJUNTIVO	
Presente	acho achas acha achamos achais acham	ache aches acha achemos acheis achem	**IMPERATIVO** acha achai
Pret. imperfeito	achava achavas achava achávamos acháveis achavam	achasse achasses achasse achássemos achásseis achassem	**CONDICIONAL** acharia acharias acharia acharíamos acharíeis achariam
Futuro imperfeito	acharei acharás achará acharemos achareis acharão	achar achares achar acharmos achardes acharem	**INFINITIVO PESSOAL** achar achares achar acharmos achardes acharem
P. perfeito simples	achei achaste achou achámos achastes acharam	**FORMAS NOMINAIS** **Infinitivo impes.** achar	**FORMA ADVERBAL** **Gerúndio** achando
P. mais-que-perfeito	achara acharas achara acháramos acháreis acharam	**Particípio** achado	

8 aconselhar

	INDICATIVO	CONJUNTIVO
Presente	aconselho aconselhas aconselha aconselhamos aconselhais aconselham	aconselhe aconselhes aconselhe aconselhemos aconselheis aconselhem
Pret. imperfeito	aconselhava aconselhavas aconselhava aconselhávamos aconselháveis aconselhavam	aconselhasse aconselhasses aconselhasse aconselhássemos aconselhásseis aconselhassem
Futuro imperfeito	aconselharei aconselharás aconselhará aconselharemos aconselhareis aconselharão	aconselhar aconselhares aconselhar aconselharmos aconselhardes aconselharem
P. perfeito simples	aconselhei aconselhaste aconselhou aconselhámos aconselhastes aconselharam	
P. mais-que-perfeito	aconselhara aconselharas aconselhara aconselháramos aconselháreis aconselharam	

IMPERATIVO
aconselha aconselhai

CONDICIONAL
aconselharia aconselharias aconselharia aconselharíamos aconselharíeis aconselhariam

INFINITIVO PESSOAL
aconselhar aconselhares aconselhar aconselharmos aconselhardes aconselharem

FORMAS NOMINAIS	
Infinitivo impes.	aconselhar
Particípio	aconselhado

FORMA ADVERBAL	
Gerúndio	aconselhando

9 acreditar

	INDICATIVO	CONJUNTIVO	IMPERATIVO
Presente	acredito acreditas acredita acreditamos acreditais acreditam	acredite acredites acredite acreditemos acrediteis acreditem	 acredita acreditai

	INDICATIVO	CONJUNTIVO	CONDICIONAL
Pret. imperfeito	acreditava acreditavas acreditava acreditávamos acreditáveis acreditavam	acreditasse acreditasses acreditasse acreditássemos acreditásseis acreditassem	acreditaria acreditarias acreditaria acreditaríamos acreditaríeis acreditariam

	INDICATIVO	CONJUNTIVO	INFINITIVO PESSOAL
Futuro imperfeito	acreditarei acreditarás acreditará acreditaremos acreditareis acreditarão	acreditar acreditares acreditar acreditarmos acreditardes acreditarem	acreditar acreditares acreditar acreditarmos acreditardes acreditarem

	INDICATIVO	FORMAS NOMINAIS		FORMA ADVERBAL	
P. perfeito simples	acreditei acreditaste acreditou acreditámos acreditastes acreditaram	Infinitivo impes.	acreditar	Gerúndio	acreditando
P. mais-que-perfeito	acreditara acreditaras acreditara acreditáramos acreditáreis acreditaram	Particípio	acreditado		

10 acudir

	INDICATIVO	CONJUNTIVO	IMPERATIVO
Presente	acudo acodes acode acudimos acudis acodem	acuda acudas acuda acudamos acudais acudam	 acode acudi

	INDICATIVO	CONJUNTIVO	CONDICIONAL
Pret. imperfeito	acudia acudias acudia acudíamos acudíeis acudiam	acudisse acudisses acudisse acudíssemos acudísseis acudissem	acudiria acudirias acudiria acudiríamos acudiríeis acudiriam

	INDICATIVO	CONJUNTIVO	INFINITIVO PESSOAL
Futuro imperfeito	acudirei acudirás acudirá acudiremos acudireis acudirão	acudir acudires acudir acudirmos acudirdes acudirem	acudir acudires acudir acudirmos acudirdes acudirem

	INDICATIVO	FORMAS NOMINAIS		FORMA ADVERBAL	
P. perfeito simples	acudi acudiste acudiu acudimos acudistes acudiram	**Infinitivo impes.**	acudir	**Gerúndio**	acudindo
P. mais-que-perfeito	acudira acudiras acudira acudíramos acudíreis acudiram	**Particípio**	acudido		

• São antigas e populares as formas *acudes, acude, acudem* (in. pres.) e *acude* (imp.).

"Acude e corre, pai, que se não corres,/Pode ser que não aches quem socorres". *Os Lusíadas*, III, 105.

11 admitir

	INDICATIVO	CONJUNTIVO	IMPERATIVO
Presente	admito admites admite admitimos admitis admitem	admita admitas admita admitamos admitais admitam	 admite admiti
			CONDICIONAL
Pret. imperfeito	admitia admitias admitia admitíamos admitíeis admitiam	admitisse admitisses admitisse admitíssemos admitísseis admitissem	admitiria admitirias admitiria admitiríamos admitiríeis admitiriam
			INFINITIVO PESSOAL
Futuro imperfeito	admitirei admitirás admitirá admitiremos admitireis admitirão	admitir admitires admitir admitirmos admitirdes admitirem	admitir admitires admitir admitirmos admitirdes admitirem
		FORMAS NOMINAIS	**FORMA ADVERBAL**
P. perfeito simples	admiti admitiste admitiu admitimos admitistes admitiram	**Infinitivo impes.** admitir	**Gerúndio** admitindo
P. mais-que-perfeito	admitira admitiras admitira admitíramos admitíreis admitiram	**Particípio** admitido	

12 adquirir

	INDICATIVO	CONJUNTIVO	IMPERATIVO
Presente	adquiro	adquira	
	adquires	adquiras	adquire
	adquire	adquira	
	adquirimos	adquiramos	
	adquiris	adquirais	adquiri
	adquirem	adquiram	
			CONDICIONAL
Pret. imperfeito	adquiria	adquirisse	adquiriria
	adquirias	adquirisses	adquiririas
	adquiria	adquirisse	adquiriria
	adquiríamos	adquiríssemos	adquiriríamos
	adquiríeis	adquirísseis	adquiriríeis
	adquiriam	adquirissem	adquiririam
			INFINITIVO PESSOAL
Futuro imperfeito	adquirirei	adquirir	adquirir
	adquirirás	adquirires	adquirires
	adquirirá	adquirir	adquirir
	adquiriremos	adquirirmos	adquirirmos
	adquirireis	adquirirdes	adquirirdes
	adquirirão	adquirirem	adquirirem
		FORMAS NOMINAIS	**FORMA ADVERBAL**
P. perfeito simples	adquiri		
	adquiriste		
	adquiriu	Infinitivo impes.: adquirir	Gerúndio: adquirindo
	adquirimos		
	adquiristes		
	adquiriram		
P. mais-que-perfeito	adquirira		
	adquiriras		
	adquirira	Particípio: adquirido	
	adquiríramos		
	adquiríreis		
	adquiriram		

13 advertir

	INDICATIVO	CONJUNTIVO	IMPERATIVO
Presente	advirto advertes adverte advertimos advertis advertem	advirta advirtas advirta advirtamos advirtais advirtam	adverte adverti
			CONDICIONAL
Pret. imperfeito	advertia advertias advertia advertíamos advertíeis advertiam	advertisse advertisses advertisse advertíssemos advertísseis advertissem	advertiria advertirias advertiria advertiríamos advertiríeis advertiriam
			INFINITIVO PESSOAL
Futuro imperfeito	advertirei advertirás advertirá advertiremos advertireis advertirão	advertir advertires advertir advertirmos advertirdes advertirem	advertir advertires advertir advertirmos advertirdes advertirem
		FORMAS NOMINAIS	**FORMA ADVERBAL**
P. perfeito simples	adverti advertiste advertiu advertimos advertistes advertiram	**Infinitivo impes.** advertir	**Gerúndio** advertindo
P. mais-que-perfeito	advertira advertiras advertira advertíramos advertíreis advertiram	**Particípio** advertido	

14 afastar

	INDICATIVO	CONJUNTIVO	IMPERATIVO
Presente	afasto afastas afasta afastamos afastais afastam	afaste afastes afaste afastemos afasteis afastem	 afasta afastai
			CONDICIONAL
Pret. imperfeito	afastava afastavas afastava afastávamos afastáveis afastavam	afastasse afastasses afastasse afastássemos afastásseis afastassem	afastaria afastarias afastaria afastaríamos afastaríeis afastariam
			INFINITIVO PESSOAL
Futuro imperfeito	afastarei afastarás afastará afastaremos afastareis afastarão	afastar afastares afastar afastarmos afastardes afastarem	afastar afastares afastar afastarmos afastardes afastarem
		FORMAS NOMINAIS	**FORMA ADVERBAL**
P. perfeito simples	afastei afastaste afastou afastámos afastastes afastaram	Infinitivo impes.: afastar	Gerúndio: afastando
P. mais-que-perfeito	afastara afastaras afastara afastáramos afastáreis afastaram	Particípio: afastado	

15 afixar

INDICATIVO

Presente	afixo afixas afixa afixamos afixais afixam
Pret. imperfeito	afixava afixavas afixava afixávamos afixáveis afixavam
Futuro imperfeito	afixarei afixarás afixará afixaremos afixareis afixarão
P. perfeito simples	afixei afixaste afixou afixámos afixastes afixaram
P. mais-que-perfeito	afixara afixaras afixara afixáramos afixáreis afixaram

CONJUNTIVO

Presente	afixe afixes afixe afixemos afixeis afixem
Pret. imperfeito	afixasse afixasses afixasse afixássemos afixásseis afixassem
Futuro imperfeito	afixar afixares afixar afixarmos afixardes afixarem

FORMAS NOMINAIS

Infinitivo impes.	afixar
Particípio	afixado

IMPERATIVO

afixa
afixai

CONDICIONAL

afixaria
afixarias
afixaria
afixaríamos
afixaríeis
afixariam

INFINITIVO PESSOAL

afixar
afixares
afixar
afixarmos
afixardes
afixarem

FORMA ADVERBAL

Gerúndio	afixando

16 afundar

	INDICATIVO	CONJUNTIVO	IMPERATIVO
Presente	afundo afundas afunda afundamos afundais afundam	afunde afundes afunde afundemos afundeis afundem	 afunda afundai

	INDICATIVO	CONJUNTIVO	CONDICIONAL
Pret. imperfeito	afundava afundavas afundava afundávamos afundáveis afundavam	afundasse afundasses afundasse afundássemos afundásseis afundassem	afundaria afundarias afundaria afundaríamos afundaríeis afundariam

	INDICATIVO	CONJUNTIVO	INFINITIVO PESSOAL
Futuro imperfeito	afundarei afundarás afundará afundaremos afundareis afundarão	afundar afundares afundar afundarmos afundardes afundarem	afundar afundares afundar afundarmos afundardes afundarem

	INDICATIVO	FORMAS NOMINAIS		FORMA ADVERBAL	
P. perfeito simples	afundei afundaste afundou afundámos afundastes afundaram	Infinitivo impes.	afundar	Gerúndio	afundando
P. mais-que-perfeito	afundara afundaras afundara afundáramos afundáreis afundaram	Particípio	afundado		

17 agredir

	INDICATIVO	CONJUNTIVO	IMPERATIVO
Presente	agrido agrides agride agredimos agredis agridem	agrida agridas agrida agridamos agridais agridam	 agride agredi

			CONDICIONAL
Pret. imperfeito	agredia agredias agredia agredíamos agredíeis agrediam	agredisse agredisses agredisse agredíssemos agredísseis agredissem	agrediria agredirias agrediria agrediríamos agrediríeis agrediriam

			INFINITIVO PESSOAL
Futuro imperfeito	agredirei agredirás agredirá agrediremos agredireis agredirão	agredir agredires agredir agredirmos agredirdes agredirem	agredir agredires agredir agredirmos agredirdes agredirem

		FORMAS NOMINAIS		FORMA ADVERBAL	
P. perfeito simples	agredi agrediste agrediu agredimos agredistes agrediram	**Infinitivo impes.**	agredir	**Gerúndio**	agredindo
P. mais-que-perfeito	agredira agrediras agredira agredíramos agredíreis agrediram	**Particípio**	agredido		

18 ajuizar

	INDICATIVO	CONJUNTIVO	IMPERATIVO
Presente	ajuízo ajuízas ajuíza ajuizamos ajuizais ajuízam	ajuíze ajuízes ajuíze ajuizemos ajuizeis ajuízem	ajuíza ajuizai

	INDICATIVO	CONJUNTIVO	CONDICIONAL
Pret. imperfeito	ajuizava ajuizavas ajuizava ajuizávamos ajuizáveis ajuizavam	ajuizasse ajuizasses ajuizasse ajuizássemos ajuizásseis ajuizassem	ajuizaria ajuizarias ajuizaria ajuizaríamos ajuizaríeis ajuizariam

	INDICATIVO	CONJUNTIVO	INFINITIVO PESSOAL
Futuro imperfeito	ajuizarei ajuizarás ajuizará ajuizaremos ajuizareis ajuizarão	ajuizar ajuizares ajuizar ajuizarmos ajuizardes ajuizarem	ajuizar ajuizares ajuizar ajuizarmos ajuizardes ajuizarem

	INDICATIVO
P. perfeito simples	ajuizei ajuizaste ajuizou ajuizámos ajuizastes ajuizaram
P. mais-que-perfeito	ajuizara ajuizaras ajuizara ajuizáramos ajuizáreis ajuizaram

FORMAS NOMINAIS	
Infinitivo impes.	ajuizar
Particípio	ajuizado

FORMA ADVERBAL	
Gerúndio	ajuizando

19 ajustar

	INDICATIVO	CONJUNTIVO	IMPERATIVO
Presente	ajusto ajustas ajusta ajustamos ajustais ajustam	ajuste ajustes ajuste ajustemos ajusteis ajustem	 ajusta ajustai

	INDICATIVO	CONJUNTIVO	CONDICIONAL
Pret. imperfeito	ajustava ajustavas ajustava ajustávamos ajustáveis ajustavam	ajustasse ajustasses ajustasse ajustássemos ajustásseis ajustassem	ajustaria ajustarias ajustaria ajustaríamos ajustaríeis ajustariam

	INDICATIVO	CONJUNTIVO	INFINITIVO PESSOAL
Futuro imperfeito	ajustarei ajustarás ajustará ajustaremos ajustareis ajustarão	ajustar ajustares ajustar ajustarmos ajustardes ajustarem	ajustar ajustares ajustar ajustarmos ajustardes ajustarem

	INDICATIVO	FORMAS NOMINAIS		FORMA ADVERBAL	
P. perfeito simples	ajustei ajustaste ajustou ajustámos ajustastes ajustaram	Infinitivo impes.	ajustar	Gerúndio	ajustando
P. mais-que-perfeito	ajustara ajustaras ajustara ajustáramos ajustáreis ajustaram	Particípio	ajustado		

20 almoçar

	INDICATIVO	CONJUNTIVO	IMPERATIVO
Presente	almoço almoças almoça almoçamos almoçais almoçam	almoce almoces almoce almocemos almoceis almocem	almoça almoçai

	INDICATIVO	CONJUNTIVO	CONDICIONAL
Pret. imperfeito	almoçava almoçavas almoçava almoçávamos almoçáveis almoçavam	almoçasse almoçasses almoçasse almoçássemos almoçásseis almoçassem	almoçaria almoçarias almoçaria almoçaríamos almoçaríeis almoçariam

	INDICATIVO	CONJUNTIVO	INFINITIVO PESSOAL
Futuro imperfeito	almoçarei almoçarás almoçará almoçaremos almoçareis almoçarão	almoçar almoçares almoçar almoçarmos almoçardes almoçarem	almoçar almoçares almoçar almoçarmos almoçardes almoçarem

	INDICATIVO		FORMAS NOMINAIS		FORMA ADVERBAL
P. perfeito simples	almocei almoçaste almoçou almoçámos almoçastes almoçaram	Infinitivo impes.	almoçar	Gerúndio	almoçando
P. mais-que-perfeito	almoçara almoçaras almoçara almoçáramos almoçáreis almoçaram	Particípio	almoçado		

21 alojar

	INDICATIVO	CONJUNTIVO	IMPERATIVO
Presente	alojo alojas aloja alojamos alojais alojam	aloje alojes aloje alojemos alojeis alojem	 aloja alojai
			CONDICIONAL
Pret. imperfeito	alojava alojavas alojava alojávamos alojáveis alojavam	alojasse alojasses alojasse alojássemos alojásseis alojassem	alojaria alojarias alojaria alojaríamos alojaríeis alojariam
			INFINITIVO PESSOAL
Futuro imperfeito	alojarei alojarás alojará alojaremos alojareis alojarão	alojar alojares alojar alojarmos alojardes alojarem	alojar alojares alojar alojarmos alojardes alojarem
		FORMAS NOMINAIS	**FORMA ADVERBAL**
P. perfeito simples	alojei alojaste alojou alojámos alojastes alojaram	Infinitivo impes.: alojar	Gerúndio: alojando
P. mais-que-perfeito	alojara alojaras alojara alojáramos alojáreis alojaram	Particípio: alojado	

22 alterar

	INDICATIVO	CONJUNTIVO	IMPERATIVO
Presente	altero alteras altera alteramos alterais alteram	altere alteres altere alteremos altereis alterem	altera alterai
			CONDICIONAL
Pret. imperfeito	alterava alteravas alterava alterávamos alteráveis alteravam	alterasse alterasses alterasse alterássemos alterásseis alterassem	alteraria alterarias alteraria alteraríamos alteraríeis alterariam
			INFINITIVO PESSOAL
Futuro imperfeito	alterarei alterarás alterará alteraremos alterareis alterarão	alterar alterares alterar alterarmos alterardes alterarem	alterar alterares alterar alterarmos alterardes alterarem
		FORMAS NOMINAIS	**FORMA ADVERBAL**
P. perfeito simples	alterei alteraste alterou alterámos alterastes alteraram	Infinitivo impes.: alterar	Gerúndio: alterando
P. mais-que-perfeito	alterara alteraras alterara alteráramos alteráreis alteraram	Particípio: alterado	

23 alugar

	INDICATIVO	CONJUNTIVO	IMPERATIVO
Presente	alugo alugas aluga alugamos alugais alugam	alugue alugues alugue aluguemos algueis aluguem	 aluga alugai

	INDICATIVO	CONJUNTIVO	CONDICIONAL
Pret. imperfeito	alugava alugavas alugava alugávamos alugáveis alugavam	alugasse alugasses alugasse alugássemos alugásseis alugassem	alugaria alugarias alugaria alugaríamos alugaríeis alugariam

	INDICATIVO	CONJUNTIVO	INFINITIVO PESSOAL
Futuro imperfeito	alugarei alugarás alugará alugaremos alugareis alugarão	alugar alugares alugar alugarmos alugardes alugarem	alugar alugares alugar alugarmos alugardes alugarem

	INDICATIVO	FORMAS NOMINAIS		FORMA ADVERBAL	
P. perfeito simples	aluguei alugaste alugou alugámos alugastes alugaram	Infinitivo impes.	alugar	Gerúndio	alugando
P. mais-que-perfeito	alugara alugaras alugara alugáramos alugáreis alugaram	Particípio	alugado		

24 amar

	INDICATIVO	CONJUNTIVO	IMPERATIVO
Presente	amo amas ama amamos amais amam	ame ames ame amemos ameis amem	 ama amai

	INDICATIVO	CONJUNTIVO	CONDICIONAL
Pret. imperfeito	amava amavas amava amávamos amáveis amavam	amasse amasses amasse amássemos amásseis amassem	amaria amarias amaria amaríamos amaríeis amariam

	INDICATIVO	CONJUNTIVO	INFINITIVO PESSOAL
Futuro imperfeito	amarei amarás amará amaremos amareis amarão	amar amares amar amarmos amardes amarem	amar amares amar amarmos amardes amarem

	INDICATIVO		FORMAS NOMINAIS		FORMA ADVERBAL
P. perfeito simples	amei amaste amou amámos amastes amaram	Infinitivo impes.	amar	Gerúndio	amando
P. mais-que-perfeito	amara amaras amara amáramos amáreis amaram	Particípio	amado		

25 amarrar

	INDICATIVO	CONJUNTIVO	IMPERATIVO
Presente	amarro amarras amarra amarramos amarrais amarram	amarre amarres amarre amarremos amarreis amarrem	 amarra amarrai

	INDICATIVO	CONJUNTIVO	CONDICIONAL
Pret. imperfeito	amarrava amarravas amarrava amarrávamos amarráveis amarravam	amarrasse amarrasses amarrasse amarrássemos amarrásseis amarrassem	amarraria amarrarias amarraria amarraríamos amarraríeis amarrariam

	INDICATIVO	CONJUNTIVO	INFINITIVO PESSOAL
Futuro imperfeito	amarrarei amarrarás amarrará amarraremos amarrareis amarrarão	amarrar amarrares amarrar amarrarmos amarrardes amarrarem	amarrar amarrares amarrar amarrarmos amarrardes amarrarem

	INDICATIVO	FORMAS NOMINAIS		FORMA ADVERBAL	
P. perfeito simples	amarrei amarraste amarrou amarrámos amarrastes amarraram	**Infinitivo impes.**	amarrar	**Gerúndio**	amarrando
P. mais-que-perfeito	amarrara amarraras amarrara amarráramos amarráreis amarraram	**Particípio**	amarrado		

26 amassar

INDICATIVO

Presente

amasso
amassas
amassa
amassamos
amassais
amassam

Pret. imperfeito

amassava
amassavas
amassava
amassávamos
amassáveis
amassavam

Futuro imperfeito

amassarei
amassarás
amassará
amassaremos
amassareis
amassarão

P. perfeito simples

amassei
amassaste
amassou
amassámos
amassastes
amassaram

P. mais-que-perfeito

amassara
amassaras
amassara
amassáramos
amassáreis
amassaram

CONJUNTIVO

Presente

amasse
amasses
amasse
amassemos
amasseis
amassem

Pret. imperfeito

amassasse
amassasses
amassasse
amassássemos
amassásseis
amassassem

Futuro imperfeito

amassar
amassares
amassar
amassarmos
amassardes
amassarem

FORMAS NOMINAIS

Infinitivo impes.

amassar

Particípio

amassado

IMPERATIVO

amassa
amassai

CONDICIONAL

amassaria
amassarias
amassaria
amassaríamos
amassaríeis
amassariam

INFINITIVO PESSOAL

amassar
amassares
amassar
amassarmos
amassardes
amassarem

FORMA ADVERBAL

Gerúndio

amassando

27 anexar

	INDICATIVO	CONJUNTIVO	IMPERATIVO
Presente	anexo anexas anexa anexamos anexais anexam	anexe anexes anexe anexemos anexeis anexem	 anexa anexai

	INDICATIVO	CONJUNTIVO	CONDICIONAL
Pret. imperfeito	anexava anexavas anexava anexávamos anexáveis anexavam	anexasse anexasses anexasse anexássemos anexásseis anexassem	anexaria anexarias anexaria anexaríamos anexaríeis anexariam

	INDICATIVO	CONJUNTIVO	INFINITIVO PESSOAL
Futuro imperfeito	anexarei anexarás anexará anexaremos anexareis anexarão	anexar anexares anexar anexarmos anexardes anexarem	anexar anexares anexar anexarmos anexardes anexarem

	INDICATIVO
P. perfeito simples	anexei anexaste anexou anexámos anexastes anexaram
P. mais-que-perfeito	anexara anexaras anexara anexáramos anexáreis anexaram

FORMAS NOMINAIS	
Infinitivo impes.	anexar
Particípio	anexado

FORMA ADVERBAL	
Gerúndio	anexando

28 apaziguar

	INDICATIVO	CONJUNTIVO	IMPERATIVO
Presente	apaziguo apaziguas apazigua apaziguamos apaziguais apaziguam	apazigúe apazigúes apazigúe apaziguemos apazigueis apazigúem	 apazigua apaziguai
			CONDICIONAL
Pret. imperfeito	apaziguava apaziguavas apaziguava apaziguávamos apaziguáveis apaziguavam	apaziguasse apaziguasses apaziguasse apaziguássemos apaziguásseis apaziguassem	apaziguaria apaziguarias apaziguaria apaziguaríamos apaziguaríeis apaziguariam
			INFINITIVO PESSOAL
Futuro imperfeito	apaziguarei apaziguarás apaziguará apaziguaremos apaziguareis apaziguarão	apaziguar apaziguares apaziguar apaziguarmos apaziguardes apaziguarem	apaziguar apaziguares apaziguar apaziguarmos apaziguardes apaziguarem
		FORMAS NOMINAIS	**FORMA ADVERBAL**
P. perfeito simples	apaziguei apaziguaste apaziguou apaziguámos apaziguastes apaziguaram	Infinitivo impes.: apaziguar	Gerúndio: apaziguando
P. mais-que-perfeito	apaziguara apaziguaras apaziguara apaziguáramos apaziguáreis apaziguaram	Particípio: apaziguado	• Atente-se no acento agudo sobre o *u* tónico seguido de *e*.

29 apertar

	INDICATIVO	CONJUNTIVO	IMPERATIVO
Presente	aperto apertas aperta apertamos apertais apertam	aperte apertes aperte apertemos aperteis apertem	 aperta apertai

	INDICATIVO	CONJUNTIVO	CONDICIONAL
Pret. imperfeito	apertava apertavas apertava apertávamos apertáveis apertavam	apertasse apertasses apertasse apertássemos apertásseis apertassem	apertaria apertarias apertaria apertaríamos apertaríeis apertariam

	INDICATIVO	CONJUNTIVO	INFINITIVO PESSOAL
Futuro imperfeito	apertarei apertarás apertará apertaremos apertareis apertarão	apertar apertares apertar apertarmos apertardes apertarem	apertar apertares apertar apertarmos apertardes apertarem

	INDICATIVO	FORMAS NOMINAIS		FORMA ADVERBAL	
P. perfeito simples	apertei apertaste apertou apertámos apertastes apertaram	Infinitivo impes.	apertar	Gerúndio	apertando
P. mais-que-perfeito	apertara apertaras apertara apertáramos apertáreis apertaram	Particípio	apertado		

30 aplainar

	INDICATIVO	CONJUNTIVO	IMPERATIVO
Presente	aplaino aplainas aplaina aplainamos aplainais aplainam	aplaine aplaines aplaine aplainemos aplaineis aplainem	 aplaina aplainai

	INDICATIVO	CONJUNTIVO	CONDICIONAL
Pret. imperfeito	aplainava aplainavas aplainava aplaináv amos aplaináveis aplainavam	aplainasse aplainasses aplainasse aplainássemos aplainásseis aplainassem	aplainaria aplainarias aplainaria aplainaríamos aplainaríeis aplainariam

	INDICATIVO	CONJUNTIVO	INFINITIVO PESSOAL
Futuro imperfeito	aplainarei aplainarás aplainará aplainaremos aplainareis aplainarão	aplainar aplainares aplainar aplainarmos aplainardes aplainarem	aplainar aplainares aplainar aplainarmos aplainardes aplainarem

	INDICATIVO		FORMAS NOMINAIS		FORMA ADVERBAL
P. perfeito simples	aplainei aplainaste aplainou aplainámos aplainastes aplainaram	Infinitivo impes.	aplainar	Gerúndio	aplainando
P. mais-que-perfeito	aplainara aplainaras aplainara aplaináramos aplaináreis aplainaram	Particípio	aplainado		

31 apoiar

	INDICATIVO	CONJUNTIVO	IMPERATIVO
Presente	apoio apoias apoia apoiamos apoiais apoiam	apoie apoies apoie apoiemos apoieis apoiem	apoia apoiai

	INDICATIVO	CONJUNTIVO	CONDICIONAL
Pret. imperfeito	apoiava apoiavas apoiava apoiávamos apoiáveis apoiavam	apoiasse apoiasses apoiasse apoiássemos apoiásseis apoiassem	apoiaria apoiarias apoiaria apoiaríamos apoiaríeis apoiariam

	INDICATIVO	CONJUNTIVO	INFINITIVO PESSOAL
Futuro imperfeito	apoiarei apoiarás apoiará apoiaremos apoiareis apoiarão	apoiar apoiares apoiar apoiarmos apoiardes apoiarem	apoiar apoiares apoiar apoiarmos apoiardes apoiarem

	INDICATIVO	FORMAS NOMINAIS		FORMA ADVERBAL	
P. perfeito simples	apoiei apoiaste apoiou apoiámos apoiastes apoiaram	Infinitivo impes.	apoiar	Gerúndio	apoiando
P. mais-que-perfeito	apoiara apoiaras apoiara apoiáramos apoiáreis apoiaram	Particípio	apoiado		

• São variantes brasileiras as formas rizotónicas *apóio, apóias, apóia, apóiam, apóie, apóies,* etc.

32 apontar

	INDICATIVO	CONJUNTIVO	IMPERATIVO
Presente	aponto apontas aponta apontamos apontais apontam	aponte apontes aponte apontemos aponteis apontem	 aponta apontai
			CONDICIONAL
Pret. imperfeito	apontava apontavas apontava apontávamos apontáveis apontavam	apontasse apontasses apontasse apontássemos apontásseis apontassem	apontaria apontarias apontaria apontaríamos apontaríeis apontariam
			INFINITIVO PESSOAL
Futuro imperfeito	apontarei apontarás apontará apontaremos apontareis apontarão	apontar apontares apontar apontarmos apontardes apontarem	apontar apontares apontar apontarmos apontardes apontarem
		FORMAS NOMINAIS	**FORMA ADVERBAL**
P. perfeito simples	apontei apontaste apontou apontámos apontastes apontaram	Infinitivo impes.: apontar	Gerúndio: apontando
P. mais-que-perfeito	apontara apontaras apontara apontáramos apontáreis apontaram	Particípio: apontado	

33 aprazer

	INDICATIVO	CONJUNTIVO
Presente	aprazo aprazes apraz aprazemos aprazeis aprazem	apraza aprazas apraza aprazamos aprazais aprazam
Pret. imperfeito	aprazia aprazias aprazia aprazíamos aprazíeis apraziam	aprouvesse aprouvesses aprouvesse aprouvéssemos aprouvésseis aprouvessem
Futuro imperfeito	aprazerei aprazerás aprazerá aprazeremos aprazereis aprazerão	aprouver aprouveres aprouver aprouvermos aprouverdes aprouverem
P. perfeito simples	aprouve aprouveste aprouve aprouvemos aprouvestes aprouveram	
P. mais-que-perfeito	aprouvera aprouveras aprouvera aprouvéramos aprouvéreis aprouveram	

IMPERATIVO
 apraz   aprazei

CONDICIONAL
aprazeria aprazerias aprazeria aprazeríamos aprazeríeis aprazeriam

INFINITIVO PESSOAL
aprazer aprazeres aprazer aprazermos aprazerdes aprazerem

FORMAS NOMINAIS	
Infinitivo impes.	aprazer
Particípio	aprazido

FORMA ADVERBAL	
Gerúndio	aprazendo

• Alguns autores consideram *aprazer* e *desprazer* verbos defectivos, só usados – como *prazer* – nas 3.as pessoas do singular-

34 arbitrar

	INDICATIVO	CONJUNTIVO	IMPERATIVO
Presente	arbitro arbitras arbitra arbitramos arbitrais arbitram	arbitre arbitres arbitre arbitremos arbitreis arbitrem	 arbitra arbitrai

	INDICATIVO	CONJUNTIVO	CONDICIONAL
Pret. imperfeito	arbitrava arbitravas arbitrava arbitrávamos arbitráveis arbitravam	arbitrasse arbitrasses arbitrasse arbitrássemos arbitrásseis arbitrassem	arbitraria arbitrarias arbitraria arbitraríamos arbitraríeis arbitrariam

	INDICATIVO	CONJUNTIVO	INFINITIVO PESSOAL
Futuro imperfeito	arbitrarei arbitrarás arbitrará arbitraremos arbitrareis arbitrarão	arbitrar arbitrares arbitrar arbitrarmos arbitrardes arbitrarem	arbitrar arbitrares arbitrar arbitrarmos arbitrardes arbitrarem

	INDICATIVO		FORMAS NOMINAIS		FORMA ADVERBAL
P. perfeito simples	arbitrei arbitraste arbitrou arbitrámos arbitrastes arbitraram	Infinitivo impes.	arbitrar	Gerúndio	arbitrando
P. mais-que-perfeito	arbitrara arbitraras arbitrara arbitráramos arbitráreis arbitraram	Particípio	arbitrado		

35 arder

	INDICATIVO	CONJUNTIVO	IMPERATIVO
Presente	ardo ardes arde ardemos ardeis ardem	arda ardas arda ardamos ardais ardam	 arde ardei

	INDICATIVO	CONJUNTIVO	CONDICIONAL
Pret. imperfeito	ardia ardias ardia ardíamos ardíeis ardiam	ardesse ardesses ardesse ardêssemos ardêsseis ardessem	arderia arderias arderia arderíamos arderíeis arderiam

	INDICATIVO	CONJUNTIVO	INFINITIVO PESSOAL
Futuro imperfeito	arderei arderás arderá arderemos ardereis arderão	arder arderes arder ardermos arderdes arderem	arder arderes arder ardermos arderdes arderem

	INDICATIVO	FORMAS NOMINAIS		FORMA ADVERBAL	
P. perfeito simples	ardi ardeste ardeu ardemos ardestes arderam	Infinitivo impes.	arder	Gerúndio	ardendo
P. mais-que-perfeito	ardera arderas ardera ardêramos ardêreis arderam	Particípio	ardido		• Registam-se as formas antigas de presente *arço, arças, arça, arçamos, arçais, arçam* e as de pretérito *ársi* (*arse*), *arseste, arse, arsemos, arsestes, arsêram*. Cf. Rebelo Gonçalves.

36 arguir

	INDICATIVO	CONJUNTIVO	IMPERATIVO
Presente	arguo argúis argúi arguimos arguis argúem	argua arguas argua arguamos arguais arguam	 argúi argui

	INDICATIVO	CONJUNTIVO	CONDICIONAL
Pret. imperfeito	arguia arguias arguia arguíamos arguíeis arguiam	arguisse arguisses arguisse arguíssemos arguísseis arguissem	arguiria arguirias arguiria arguiríamos arguiríeis arguiriam

	INDICATIVO	CONJUNTIVO	INFINITIVO PESSOAL
Futuro imperfeito	arguirei arguirás arguirá arguiremos arguireis arguirão	arguir arguires arguir arguirmos arguirdes arguirem	arguir arguires arguir arguirmos arguirdes arguirem

	INDICATIVO		FORMAS NOMINAIS		FORMA ADVERBAL
P. perfeito simples	argui arguiste arguiu arguimos arguistes arguiram	Infinitivo impes.	arguir	Gerúndio	arguindo
P. mais-que-perfeito	arguira arguiras arguira arguíramos arguíreis arguiram	Particípio	arguido		

• Atente-se na existência do acento agudo sobre o *u* tónico, quando seguido de *i* ou *e*.

37 arrancar

	INDICATIVO	CONJUNTIVO	IMPERATIVO
Presente	arranco arrancas arranca arrancamos arrancais arrancam	arranque arranques arranque arranquemos arranqueis arranquem	arranca arrancai
			CONDICIONAL
Pret. imperfeito	arrancava arrancavas arrancava arrancávamos arrancáveis arrancavam	arrancasse arrancasses arrancasse arrancássemos arrancásseis arrancassem	arrancaria arrancarias arrancaria arrancaríamos arrancaríeis arrancariam
			INFINITIVO PESSOAL
Futuro imperfeito	arrancarei arrancarás arrancará arrancaremos arrancareis arrancarão	arrancar arrancares arrancar arrancarmos arrancardes arrancarem	arrancar arrancares arrancar arrancarmos arrancardes arrancarem
		FORMAS NOMINAIS	**FORMA ADVERBAL**
P. perfeito simples	arranquei arrancaste arrancou arrancámos arrancastes arrancaram	Infinitivo impes.: arrancar	Gerúndio: arrancando
P. mais-que-perfeito	arrancara arrancaras arrancara arrancáramos arrancáreis arrancaram	Particípio: arrancado	

38 arranjar

	INDICATIVO	CONJUNTIVO	IMPERATIVO
Presente	arranjo arranjas arranja arranjamos arranjais arranjam	arranje arranjes arranje arranjemos arranjeis arranjem	 arranja arranjai

			CONDICIONAL
Pret. imperfeito	arranjava arranjavas arranjava arranjávamos arranjáveis arranjavam	arranjasse arranjasses arranjasse arranjássemos arranjásseis arranjassem	arranjaria arranjarias arranjaria arranjaríamos arranjaríeis arranjariam

			INFINITIVO PESSOAL
Futuro imperfeito	arranjarei arranjarás arranjará arranjaremos arranjareis arranjarão	arranjar arranjares arranjar arranjarmos arranjardes arranjarem	arranjar arranjares arranjar arranjarmos arranjardes arranjarem

		FORMAS NOMINAIS		FORMA ADVERBAL	
P. perfeito simples	arranjei arranjaste arranjou arranjámos arranjastes arranjaram	Infinitivo impes.	arranjar	Gerúndio	arranjando
P. mais-que-perfeito	arranjara arranjaras arranjara arranjáramos arranjáreis arranjaram	Particípio	arranjado		

39 arruinar

INDICATIVO

Presente	arruíno arruínas arruína arruinamos arruinais arruínam
Pret. imperfeito	arruinava arruinavas arruinava arruinávamos arruináveis arruinavam
Futuro imperfeito	arruinarei arruinarás arruinará arruinaremos arruinareis arruinarão
P. perfeito simples	arruinei arruinaste arruinou arruinámos arruinastes arruinaram
P. mais-que-perfeito	arruinara arruinaras arruinara arruináramos arruináreis arruinaram

CONJUNTIVO

Presente	arruíne arruínes arruíne arruinemos arruineis arruínem
Pret. imperfeito	arruinasse arruinasses arruinasse arruinássemos arruinásseis arruinassem
Futuro imperfeito	arruinar arruinares arruinar arruinarmos arruinardes arruinarem

FORMAS NOMINAIS

Infinitivo impes.	arruinar
Particípio	arruinado

IMPERATIVO

arruína

arruinai

CONDICIONAL

arruinaria
arruinarias
arruinaria
arruinaríamos
arruinaríeis
arruinariam

INFINITIVO PESSOAL

arruinar
arruinares
arruinar
arruinarmos
arruinardes
arruinarem

FORMA ADVERBAL

Gerúndio	arruinando

40 assistir

	INDICATIVO	CONJUNTIVO	IMPERATIVO
Presente	assisto assistes assiste assistimos assistis assistem	assista assistas assista assistamos assistais assistam	 assiste assisti

	INDICATIVO	CONJUNTIVO	CONDICIONAL
Pret. imperfeito	assistia assistias assistia assistíamos assistíeis assistiam	assistisse assistisses assistisse assistíssemos assistísseis assistissem	assistiria assistirias assistiria assistiríamos assistiríeis assistiriam

	INDICATIVO	CONJUNTIVO	INFINITIVO PESSOAL
Futuro imperfeito	assistirei assistirás assistirá assistiremos assistireis assistirão	assistir assistires assistir assistirmos assistirdes assistirem	assistir assistires assistir assistirmos assistirdes assistirem

	INDICATIVO	FORMAS NOMINAIS		FORMA ADVERBAL	
P. perfeito simples	assisti assististe assistiu assistimos assististes assistiram	Infinitivo impes.	assistir	Gerúndio	assistindo
P. mais-que-perfeito	assistira assistiras assistira assistíramos assistíreis assistiram	Particípio	assistido		

• O verbo *assistir* com a preposição *em* no sentido de «morar», «residir», tem um carácter arcaizante em contextos literários contemporâneos.

INDICATIVO

Presente	assobio assobias assobia assobiamos assobiais assobiam
Pret. imperfeito	assobiava assobiavas assobiava assobiávamos assobiáveis assobiavam
Futuro imperfeito	assobiarei assobiarás assobiará assobiaremos assobiareis assobiarão
P. perfeito simples	assobiei assobiaste assobiou assobiámos assobiastes assobiaram
P. mais-que-perfeito	assobiara assobiaras assobiara assobiáramos assobiáreis assobiaram

CONJUNTIVO

Presente	assobie assobies assobie assobiemos assobieis assobiem
Pret. imperfeito	assobiasse assobiasses assobiasse assobiássemos assobiásseis assobiassem
Futuro imperfeito	assobiar assobiares assobiar assobiarmos assobiardes assobiarem

IMPERATIVO

assobia

assobiai

CONDICIONAL

assobiaria
assobiarias
assobiaria
assobiaríamos
assobiaríeis
assobiariam

INFINITIVO PESSOAL

assobiar
assobiares
assobiar
assobiarmos
assobiardes
assobiarem

FORMAS NOMINAIS

Infinitivo impes.	assobiar
Particípio	assobiado

FORMA ADVERBAL

Gerúndio	assobiando

42 atacar

	INDICATIVO	CONJUNTIVO	IMPERATIVO
Presente	ataco atacas ataca atacamos atacais atacam	ataque ataques ataque ataquemos ataqueis ataquem	 ataca atacai

	INDICATIVO	CONJUNTIVO	CONDICIONAL
Pret. imperfeito	atacava atacavas atacava atacávamos atacáveis atacavam	atacasse atacasses atacasse atacássemos atacásseis atacassem	atacaria atacarias atacaria atacaríamos atacaríeis atacariam

	INDICATIVO	CONJUNTIVO	INFINITIVO PESSOAL
Futuro imperfeito	atacarei atacarás atacará atacaremos atacareis atacarão	atacar atacares atacar atacarmos atacardes atacarem	atacar atacares atacar atacarmos atacardes atacarem

	INDICATIVO		FORMAS NOMINAIS		FORMA ADVERBAL
P. perfeito simples	ataquei atacaste atacou atacámos atacastes atacaram	Infinitivo impes.	atacar	Gerúndio	atacando
P. mais-que-perfeito	atacara atacaras atacara atacáramos atacáreis atacaram	Particípio	atacado		

43 atingir

INDICATIVO

Presente	Pret. imperfeito	Futuro imperfeito	P. perfeito simples	P. mais-que-perfeito
atinjo	atingia	atingirei	atingi	atingira
atinges	atingias	atingirás	atingiste	atingiras
atinge	atingia	atingirá	atingiu	atingira
atingimos	atingíamos	atingiremos	atingimos	atingíramos
atingis	atingíeis	atingireis	atingistes	atingíreis
atingem	atingiam	atingirão	atingiram	atingiram

CONJUNTIVO

Presente	Pret. imperfeito	Futuro imperfeito
atinja	atingisse	atingir
atinjas	atingisses	atingires
atinja	atingisse	atingir
atinjamos	atingíssemos	atingirmos
atinjais	atingísseis	atingirdes
atinjam	atingissem	atingirem

FORMAS NOMINAIS

Infinitivo impes.	Particípio
atingir	atingido

IMPERATIVO

atinge

atingi

CONDICIONAL

atingiria
atingirias
atingiria
atingiríamos
atingiríeis
atingiriam

INFINITIVO PESSOAL

atingir
atingires
atingir
atingirmos
atingirdes
atingirem

FORMA ADVERBAL

Gerúndio
atingindo

43 A aviltar

	INDICATIVO	CONJUNTIVO	IMPERATIVO
Presente	avilto aviltas avilta aviltamos aviltais aviltam	avilte aviltes avilte aviltemos avilteis aviltem	 avilta aviltai
			CONDICIONAL
Pret. imperfeito	aviltava aviltavas aviltava aviltávamos aviltáveis aviltavam	aviltasse aviltasses aviltasse aviltássemos aviltásseis aviltassem	aviltaria aviltarias aviltaria aviltaríamos aviltaríeis aviltariam
			INFINITIVO PESSOAL
Futuro imperfeito	aviltarei aviltarás aviltará aviltaremos aviltareis aviltarão	aviltar aviltares aviltar aviltarmos aviltardes aviltarem	aviltar aviltares aviltar aviltarmos aviltardes aviltarem
		FORMAS NOMINAIS	**FORMA ADVERBAL**
P. perfeito simples	aviltei aviltaste aviltou aviltámos aviltastes aviltaram	Infinitivo impes.: aviltar	Gerúndio: aviltando
P. mais-que-perfeito	aviltara aviltaras aviltara aviltáramos aviltáreis aviltaram	Particípio: aviltado	

44 azougar

	INDICATIVO	CONJUNTIVO	IMPERATIVO
Presente	azougo azougas azouga azougamos azougais azougam	azougue azougues azougue azouguemos azougueis azouguem	azouga azougai
			CONDICIONAL
Pret. imperfeito	azougava azougavas azougava azougávamos azougáveis azougavam	azougasse azougasses azougasse azougássemos azougásseis azougassem	azougaria azougarias azougaria azougaríamos azougaríeis azougariam
			INFINITIVO PESSOAL
Futuro imperfeito	azougarei azougarás azougará azougaremos azougareis azougarão	azougar azougares azougar azougarmos azougardes azougarem	azougar azougares azougar azougarmos azougardes azougarem
		FORMAS NOMINAIS	**FORMA ADVERBAL**
P. perfeito simples	azouguei azougaste azougou azougámos azougastes azougaram	Infinitivo impes.: azougar	Gerúndio: azougando
P. mais-que-perfeito	azougara azougaras azougara azougáramos azougáreis azougaram	Particípio: azougado	

45 baixar

	INDICATIVO	CONJUNTIVO	IMPERATIVO
Presente	baixo baixas baixa baixamos baixais baixam	baixe baixes baixe baixemos baixeis baixem	 baixa baixai

	INDICATIVO	CONJUNTIVO	CONDICIONAL
Pret. imperfeito	baixava baixavas baixava baixávamos baixáveis baixavam	baixasse baixasses baixasse baixássemos baixásseis baixassem	baixaria baixarias baixaria baixaríamos baixaríeis baixariam

	INDICATIVO	CONJUNTIVO	INFINITIVO PESSOAL
Futuro imperfeito	baixarei baixarás baixará baixaremos baixareis baixarão	baixar baixares baixar baixarmos baixardes baixarem	baixar baixares baixar baixarmos baixardes baixarem

	INDICATIVO	FORMAS NOMINAIS		FORMA ADVERBAL	
P. perfeito simples	baixei baixaste baixou baixámos baixastes baixaram	Infinitivo impes.	baixar	Gerúndio	baixando
P. mais-que-perfeito	baixara baixaras baixara baixáramos baixáreis baixaram	Particípio	baixado		

46 baloiçar

	INDICATIVO	CONJUNTIVO	IMPERATIVO
Presente	baloiço baloiças baloiça baloiçamos baloiçais baloiçam	baloice baloices baloice baloicemos baloiceis baloicem	 baloiça baloiçai

	INDICATIVO	CONJUNTIVO	CONDICIONAL
Pret. imperfeito	baloiçava baloiçavas baloiçava baloiçávamos baloiçáveis baloiçavam	baloiçasse baloiçasses baloiçasse baloiçássemos baloiçásseis baloiçassem	baloiçaria baloiçarias baloiçaria baloiçaríamos baloiçaríeis baloiçariam

	INDICATIVO	CONJUNTIVO	INFINITIVO PESSOAL
Futuro imperfeito	baloiçarei baloiçarás baloiçará baloiçaremos baloiçareis baloiçarão	baloiçar baloiçares baloiçar baloiçarmos baloiçardes baloiçarem	baloiçar baloiçares baloiçar baloiçarmos baloiçardes baloiçarem

	INDICATIVO		FORMAS NOMINAIS		FORMA ADVERBAL
P. perfeito simples	baloicei baloiçaste baloiçou baloiçámos baloiçastes baloiçaram	Infinitivo impes.	baloiçar	Gerúndio	baloiçando
P. mais-que-perfeito	baloiçara baloiçaras baloiçara baloiçáramos baloiçáreis baloiçaram	Particípio	baloiçado		

47 bater

	INDICATIVO	CONJUNTIVO	IMPERATIVO
Presente	bato bates bate batemos bateis batem	bata batas bata batamos batais batam	 bate batei
			CONDICIONAL
Pret. imperfeito	batia batias batia batíamos batíeis batiam	batesse batesses batesse batêssemos batêsseis batessem	bateria baterias bateria bateríamos bateríeis bateriam
			INFINITIVO PESSOAL
Futuro imperfeito	baterei baterás baterá bateremos batereis baterão	bater bateres bater batermos baterdes baterem	bater bateres bater batermos baterdes baterem

	INDICATIVO	FORMAS NOMINAIS		FORMA ADVERBAL	
P. perfeito simples	bati bateste bateu batemos batestes bateram	Infinitivo impes.	bater	Gerúndio	batendo
P. mais-que-perfeito	batera bateras batera batêramos batêreis bateram	Particípio	batido		

48 boiar

	INDICATIVO	CONJUNTIVO	IMPERATIVO
Presente	bóio bóias bóia boiamos boiais bóiam	bóie bóies bóie boiemos boieis bóiem	 boia boiai

	INDICATIVO	CONJUNTIVO	CONDICIONAL
Pret. imperfeito	boiava boiavas boiava boiávamos boiáveis boiavam	boiasse boiasses boiasse boiássemos boiásseis boiassem	boiaria boiarias boiaria boiaríamos boiaríeis boiariam

	INDICATIVO	CONJUNTIVO	INFINITIVO PESSOAL
Futuro imperfeito	boiarei boiarás boiará boiaremos boiareis boiarão	boiar boiares boiar boiarmos boiardes boiarem	boiar boiares boiar boiarmos boiardes boiarem

	INDICATIVO
P. perfeito simples	boiei boiaste boiou boiámos boiastes boiaram
P. mais-que-perfeito	boiara boiaras boiara boiáramos boiáreis boiaram

FORMAS NOMINAIS	
Infinitivo impes.	boiar
Particípio	boiado

FORMA ADVERBAL	
Gerúndio	boiando

• Considere-se o ditongo *oi* tónico aberto – assinalado, na escrita, com acento agudo.

49 brincar

	INDICATIVO	CONJUNTIVO	IMPERATIVO
Presente	brinco	brinque	
	brincas	brinques	brinca
	brinca	brinque	
	brincamos	brinquemos	
	brincais	brinqueis	brincai
	brincam	brinquem	

	INDICATIVO	CONJUNTIVO	CONDICIONAL
Pret. imperfeito	brincava	brincasse	brincaria
	brincavas	brincasses	brincarias
	brincava	brincasse	brincaria
	brincávamos	brincássemos	brincaríamos
	brincáveis	brincásseis	brincaríeis
	brincavam	brincassem	brincariam

	INDICATIVO	CONJUNTIVO	INFINITIVO PESSOAL
Futuro imperfeito	brincarei	brincar	brincar
	brincarás	brincares	brincares
	brincará	brincar	brincar
	brincaremos	brincarmos	brincarmos
	brincareis	brincardes	brincardes
	brincarão	brincarem	brincarem

	INDICATIVO		FORMAS NOMINAIS		FORMA ADVERBAL
P. perfeito simples	brinquei	Infinitivo impes.	brincar	Gerúndio	brincando
	brincaste				
	brincou				
	brincámos				
	brincastes				
	brincaram				
P. mais-que-perfeito	brincara	Particípio	brincado		
	brincaras				
	brincara				
	brincáramos				
	brincáreis				
	brincaram				

50 bulir

INDICATIVO

Presente	bulo boles bole bulimos bulis bolem
Pret. imperfeito	bulia bulias bulia bulíamos bulíeis buliam
Futuro imperfeito	bulirei bulirás bulirá buliremos bulireis bulirão
P. perfeito simples	buli buliste buliu bulimos bulistes buliram
P. mais-que-perfeito	bulira buliras bulira bulíramos bulíreis buliram

CONJUNTIVO

Presente	bula bulas bula bulamos bulais bulam
Pret. imperfeito	bulisse bulisses bulisse bulíssemos bulísseis bulissem
Futuro imperfeito	bulir bulires bulir bulirmos bulirdes bulirem

IMPERATIVO

bole

buli

CONDICIONAL

buliria
bulirias
buliria
bulíriamos
bulírieis
buliriam

INFINITIVO PESSOAL

bulir
bulires
bulir
bulirmos
bulirdes
bulirem

FORMAS NOMINAIS

Infinitivo impes.	bulir
Particípio	bulido

FORMA ADVERBAL

Gerúndio	bulindo

51 burlar

	INDICATIVO	CONJUNTIVO	IMPERATIVO
Presente	burlo burlas burla burlamos burlais burlam	burle burles burle burlemos burleis burlem	 burla burlai

	INDICATIVO	CONJUNTIVO	CONDICIONAL
Pret. imperfeito	burlava burlavas burlava burlávamos burláveis burlavam	burlasse burlasses burlasse burlássemos burlásseis burlassem	burlaria burlarias burlaria burlaríamos burlaríeis burlariam

	INDICATIVO	CONJUNTIVO	INFINITIVO PESSOAL
Futuro imperfeito	burlarei burlarás burlará burlaremos burlareis burlarão	burlar burlares burlar burlarmos burlardes burlarem	burlar burlares burlar burlarmos burlardes burlarem

	INDICATIVO		FORMAS NOMINAIS		FORMA ADVERBAL
P. perfeito simples	burlei burlaste burlou burlámos burlastes burlaram	Infinitivo impes.	burlar	Gerúndio	burlando
P. mais-que-perfeito	burlara burlaras burlara burláramos burláreis burlaram	Particípio	burlado		

52 buscar

	INDICATIVO	CONJUNTIVO	IMPERATIVO
Presente	busco buscas busca buscamos buscais buscam	busque busques busque busquemos busqueis busquem	 busca buscai
			CONDICIONAL
Pret. imperfeito	buscava buscavas buscava buscávamos buscáveis buscavam	buscasse buscasses buscasse buscássemos buscásseis buscassem	buscaria buscarias buscaria buscaríamos buscaríeis buscariam
			INFINITIVO PESSOAL
Futuro imperfeito	buscarei buscarás buscará buscaremos buscareis buscarão	buscar buscares buscar buscarmos buscardes buscarem	buscar buscares buscar buscarmos buscardes buscarem
		FORMAS NOMINAIS	**FORMA ADVERBAL**
P. perfeito simples	busquei buscaste buscou buscámos buscastes buscaram	Infinitivo impes.: buscar	Gerúndio: buscando
P. mais-que-perfeito	buscara buscaras buscara buscáramos buscáreis buscaram	Particípio: buscado	

53 caber

	INDICATIVO	CONJUNTIVO	IMPERATIVO
Presente	caibo cabes cabe cabemos cabeis cabem	caiba caibas caiba caibamos caibais caibam	 cabe cabei
			CONDICIONAL
Pret. imperfeito	cabia cabias cabia cabíamos cabíeis cabiam	coubesse coubesses coubesse coubéssemos coubésseis coubessem	caberia caberias caberia caberíamos caberíeis caberiam
			INFINITIVO PESSOAL
Futuro imperfeito	caberei caberás caberá caberemos cabereis caberão	couber couberes couber coubermos couberdes couberem	caber caberes caber cabermos caberdes caberem

	INDICATIVO	FORMAS NOMINAIS		FORMA ADVERBAL	
P. perfeito simples	coube coubeste coube coubemos coubestes couberam	Infinitivo impes.	caber	Gerúndio	cabendo
P. mais-que-perfeito	coubera couberas coubera coubéramos coubéreis couberam	Particípio	cabido		

• Há quem afirme que este verbo «não tem imperativo»...

54 calçar

	INDICATIVO	CONJUNTIVO	IMPERATIVO
Presente	calço calças calça calçamos calçais calçam	calce calces calce calcemos calceis calcem	calça calçai
			CONDICIONAL
Pret. imperfeito	calçava calçavas calçava calçávamos calçáveis calçavam	calçasse calçasses calçasse calçássemos calçásseis calçassem	calçaria calçarias calçaria calçaríamos calçaríeis calçariam
			INFINITIVO PESSOAL
Futuro imperfeito	calçarei calçarás calçará calçaremos calçareis calçarão	calçar calçares calçar calçarmos calçardes calçarem	calçar calçares calçar calçarmos calçardes calçarem
		FORMAS NOMINAIS	**FORMA ADVERBAL**
P. perfeito simples	calcei calçaste calçou calçámos calçastes calçaram	Infinitivo impes.: calçar	Gerúndio: calçando
P. mais-que-perfeito	calçara calçaras calçara calçáramos calçáreis calçaram	Particípio: calçado	

55 caminhar

	INDICATIVO	CONJUNTIVO	IMPERATIVO
Presente	caminho caminhas caminha caminhamos caminhais caminham	caminhe caminhes caminhe caminhemos caminheis caminhem	 caminha caminhai

	INDICATIVO	CONJUNTIVO	CONDICIONAL
Pret. imperfeito	caminhava caminhavas caminhava caminhávamos caminháveis caminhavam	caminhasse caminhasses caminhasse caminhássemos caminhásseis caminhassem	caminharia caminharias caminharia caminharíamos caminharíeis caminhariam

	INDICATIVO	CONJUNTIVO	INFINITIVO PESSOAL
Futuro imperfeito	caminharei caminharás caminhará caminharemos caminhareis caminharão	caminhar caminhares caminhar caminharmos caminhardes caminharem	caminhar caminhares caminhar caminharmos caminhardes caminharem

	INDICATIVO		FORMAS NOMINAIS		FORMA ADVERBAL
P. perfeito simples	caminhei caminhaste caminhou caminhámos caminhastes caminharam	Infinitivo impes.	caminhar	Gerúndio	caminhando
P. mais-que-perfeito	caminhara caminharas caminhara caminháramos caminháreis caminharam	Particípio	caminhado		

56 cangar

INDICATIVO

Presente	cango cangas canga cangamos cangais cangam
Pret. imperfeito	cangava cangavas cangava cangávamos cangáveis cangavam
Futuro imperfeito	cangarei cangarás cangará cangaremos cangareis cangarão
P. perfeito simples	canguei cangaste cangou cangámos cangastes cangaram
P. mais-que-perfeito	cangara cangaras cangara cangáramos cangáreis cangaram

CONJUNTIVO

cangue
cangues
cangue
canguemos
cangueis
canguem

cangasse
cangasses
cangasse
cangássemos
cangásseis
cangassem

cangar
cangares
cangar
cangarmos
cangardes
cangarem

FORMAS NOMINAIS

Infinitivo impes.	cangar
Particípio	cangado

IMPERATIVO

canga

cangai

CONDICIONAL

cangaria
cangarias
cangaria
cangaríamos
cangaríeis
cangariam

INFINITIVO PESSOAL

cangar
cangares
cangar
cangarmos
cangardes
cangarem

FORMA ADVERBAL

Gerúndio	cangando

57 cantar

	INDICATIVO	CONJUNTIVO	IMPERATIVO
Presente	canto cantas canta cantamos cantais cantam	cante cantes cante cantemos canteis cantem	canta cantai

	INDICATIVO	CONJUNTIVO	CONDICIONAL
Pret. imperfeito	cantava cantavas cantava cantávamos cantáveis cantavam	cantasse cantasses cantasse cantássemos cantásseis cantassem	cantaria cantarias cantaria cantaríamos cantaríeis cantariam

	INDICATIVO	CONJUNTIVO	INFINITIVO PESSOAL
Futuro imperfeito	cantarei cantarás cantará cantaremos cantareis cantarão	cantar cantares cantar cantarmos cantardes cantarem	cantar cantares cantar cantarmos cantardes cantarem

	INDICATIVO	FORMAS NOMINAIS		FORMA ADVERBAL	
P. perfeito simples	cantei cantaste cantou cantámos cantastes cantaram	Infinitivo impes.	cantar	Gerúndio	cantando
P. mais-que-perfeito	cantara cantaras cantara cantáramos cantáreis cantaram	Particípio	cantado		

58 casar

	INDICATIVO	CONJUNTIVO	IMPERATIVO
Presente	caso casas casa casamos casais casam	case cases case casemos caseis casem	 casa casai

	INDICATIVO	CONJUNTIVO	CONDICIONAL
Pret. imperfeito	casava casavas casava casávamos casáveis casavam	casasse casasses casasse casássemos casásseis casassem	casaria casarias casaria casaríamos casaríeis casariam

	INDICATIVO	CONJUNTIVO	INFINITIVO PESSOAL
Futuro imperfeito	casarei casarás casará casaremos casareis casarão	casar casares casar casarmos casardes casarem	casar casares casar casarmos casardes casarem

	INDICATIVO	FORMAS NOMINAIS		FORMA ADVERBAL	
P. perfeito simples	casei casaste casou casámos casastes casaram	Infinitivo impes.	casar	Gerúndio	casando
P. mais-que-perfeito	casara casaras casara casáramos casáreis casaram	Particípio	casado		

59 cercar

	INDICATIVO	CONJUNTIVO	IMPERATIVO
Presente	cerco cercas cerca cercamos cercais cercam	cerque cerques cerque cerquemos cerqueis cerquem	 cerca cercai
			CONDICIONAL
Pret. imperfeito	cercava cercavas cercava cercávamos cercáveis cercavam	cercasse cercasses cercasse cercássemos cercásseis cercassem	cercaria cercarias cercaria cercaríamos cercaríeis cercariam
			INFINITIVO PESSOAL
Futuro imperfeito	cercarei cercarás cercará cercaremos cercareis cercarão	cercar cercares cercar cercarmos cercardes cercarem	cercar cercares cercar cercarmos cercardes cercarem

	INDICATIVO		FORMAS NOMINAIS		FORMA ADVERBAL
P. perfeito simples	cerquei cercaste cercou cercámos cercastes cercaram	Infinitivo impes.	cercar	Gerúndio	cercando
P. mais-que-perfeito	cercara cercaras cercara cercáramos cercáreis cercaram	Particípio	cercado		

60 chegar

	INDICATIVO	CONJUNTIVO	IMPERATIVO
Presente	chego chegas chega chegamos chegais chegam	chegue chegues chegue cheguemos chegueis cheguem	chega chegai
			CONDICIONAL
Pret. imperfeito	chegava chegavas chegava chegávamos chegáveis chegavam	chegasse chegasses chegasse chegássemos chegásseis chegassem	chegaria chegarias chegaria chegaríamos chegaríeis chegariam
			INFINITIVO PESSOAL
Futuro imperfeito	chegarei chegarás chegará chegaremos chegareis chegarão	chegar chegares chegar chegarmos chegardes chegarem	chegar chegares chegar chegarmos chegardes chegarem
		FORMAS NOMINAIS	**FORMA ADVERBAL**
P. perfeito simples	cheguei chegaste chegou chegámos chegastes chegaram	Infinitivo impes.: chegar	Gerúndio: chegando
P. mais-que-perfeito	chegara chegaras chegara chegáramos chegáreis chegaram	Particípio: chegado	• Considere-se a diferença fónica entre os *ee* – quando tónicos – dos verbos *chegar* e *pegar*.

61 chilrear

INDICATIVO

Presente	.... chilreia .... chilreiam
Pret. imperfeito	.... chilreava .... chilreavam
Futuro imperfeito	.... chilreará .... chilrearão
P. perfeito simples	.... chilreou .... chilrearam
P. mais-que-perfeito	.... chilreara .... chilrearam

CONJUNTIVO

Presente	.... chilreie .... chilreiem
Pret. imperfeito	.... chilreasse .... chilreassem
Futuro imperfeito	.... chilrear .... chilrearem

FORMAS NOMINAIS

Infinitivo impes.	chilrear
Particípio	chilreado

IMPERATIVO

....

....

CONDICIONAL

....
....
chilrearia
....
....
chilreariam

INFINITIVO PESSOAL

....
....
chilrear
....
....
chilrearem

FORMA ADVERBAL

Gerúndio	chilreando

• Os verbos que indicam vozes de animais só admitem a 3.ª pessoa do singular e a 3.ª do plural. – Em sentido figurado podem apresentar todas as pessoas.

62 chover

	INDICATIVO	CONJUNTIVO
Presente	.... chove	.... chova ....
Pret. imperfeito	.... chovia	.... chovesse ....
Futuro imperfeito	.... choverá	.... chover ....
P. perfeito simples	.... choveu	
P. mais-que-perfeito	.... chovera	

IMPERATIVO

....

....

CONDICIONAL

....
....
choveria
....
....
....

INFINITIVO PESSOAL

....
....
chover
....
....
....

FORMAS NOMINAIS

Infinitivo impes.	chover
Particípio	chovido

FORMA ADVERBAL

Gerúndio	chovendo

• Os verbos que exprimam fenómenos da natureza só se usam na 3.ª pessoa do singular. – Em sentido figurado podem aparecer em todas as pessoas.

63 cismar

	INDICATIVO	CONJUNTIVO	IMPERATIVO
Presente	cismo cismas cisma cismamos cismais cismam	cisme cismes cisme cismemos cismeis cismem	 cisma cismai
			CONDICIONAL
Pret. imperfeito	cismava cismavas cismava cismávamos cismáveis cismavam	cismasse cismasses cismasse cismássemos cismásseis cismassem	cismaria cismarias cismaria cismaríamos cismaríeis cismariam
			INFINITIVO PESSOAL
Futuro imperfeito	cismarei cismarás cismará cismaremos cismareis cismarão	cismar cismares cismar cismarmos cismardes cismarem	cismar cismares cismar cismarmos cismardes cismarem
		FORMAS NOMINAIS	**FORMA ADVERBAL**
P. perfeito simples	cismei cismaste cismou cismámos cismastes cismaram	Infinitivo impes.: cismar	Gerúndio: cismando
P. mais-que-perfeito	cismara cismaras cismara cismáramos cismáreis cismaram	Particípio: cismado	

64 cobiçar

	INDICATIVO	CONJUNTIVO	IMPERATIVO
Presente	cobiço	cobice	
	cobiças	cobices	cobiça
	cobiça	cobice	
	cobiçamos	cobicemos	
	cobiçais	cobiceis	cobiçai
	cobiçam	cobicem	
			CONDICIONAL
Pret. imperfeito	cobiçava	cobiçasse	cobiçaria
	cobiçavas	cobiçasses	cobiçarias
	cobiçava	cobiçasse	cobiçaria
	cobiçávamos	cobiçássemos	cobiçaríamos
	cobiçáveis	cobiçásseis	cobiçaríeis
	cobiçavam	cobiçassem	cobiçariam
			INFINITIVO PESSOAL
Futuro imperfeito	cobiçarei	cobiçar	cobiçar
	cobiçarás	cobiçares	cobiçares
	cobiçará	cobiçar	cobiçar
	cobiçaremos	cobiçarmos	cobiçarmos
	cobiçareis	cobiçardes	cobiçardes
	cobiçarão	cobiçarem	cobiçarem
		FORMAS NOMINAIS	**FORMA ADVERBAL**
P. perfeito simples	cobicei		
	cobiçaste		
	cobiçou	Infinitivo impes.: cobiçar	Gerúndio: cobiçando
	cobiçámos		
	cobiçastes		
	cobiçaram		
P. mais-que-perfeito	cobiçara		
	cobiçaras		
	cobiçara	Particípio: cobiçado	
	cobiçáramos		
	cobiçáreis		
	cobiçaram		

65 cobrar

	INDICATIVO	CONJUNTIVO	IMPERATIVO
Presente	cobro cobras cobra cobramos cobrais cobram	cobre cobres cobre cobremos cobreis cobrem	 cobra cobrai

	INDICATIVO	CONJUNTIVO	CONDICIONAL
Pret. imperfeito	cobrava cobravas cobrava cobrávamos cobráveis cobravam	cobrasse cobrasses cobrasse cobrássemos cobrásseis cobrassem	cobraria cobrarias cobraria cobraríamos cobraríeis cobrariam

	INDICATIVO	CONJUNTIVO	INFINITIVO PESSOAL
Futuro imperfeito	cobrarei cobrarás cobrará cobraremos cobrareis cobrarão	cobrar cobrares cobrar cobrarmos cobrardes cobrarem	cobrar cobrares cobrar cobrarmos cobrardes cobrarem

	INDICATIVO		FORMAS NOMINAIS		FORMA ADVERBAL
P. perfeito simples	cobrei cobraste cobrou cobrámos cobrastes cobraram	Infinitivo impes.	cobrar	Gerúndio	cobrando
P. mais-que-perfeito	cobrara cobraras cobrara cobráramos cobráreis cobraram	Particípio	cobrado		

66 cobrir

INDICATIVO

	INDICATIVO
Presente	cubro cobres cobre cobrimos cobris cobrem
Pret. imperfeito	cobria cobrias cobria cobríamos cobríeis cobriam
Futuro imperfeito	cobrirei cobrirás cobrirá cobriremos cobrireis cobrirão
P. perfeito simples	cobri cobriste cobriu cobrimos cobristes cobriram
P. mais-que-perfeito	cobrira cobriras cobrira cobríramos cobríreis cobriram

CONJUNTIVO

cubra
cubras
cubra
cubramos
cubrais
cubram

cobrisse
cobrisses
cobrisse
cobríssemos
cobrísseis
cobrissem

cobrir
cobrires
cobrir
cobrirmos
cobrirdes
cobrirem

IMPERATIVO

cobre

cobri

CONDICIONAL

cobriria
cobririas
cobriria
cobriríamos
cobriríeis
cobririam

INFINITIVO PESSOAL

cobrir
cobrires
cobrir
cobrirmos
cobrirdes
cobrirem

FORMAS NOMINAIS

Infinitivo impes.	cobrir
Particípio	coberto

FORMA ADVERBAL

Gerúndio	cobrindo

• Emprega-se, na língua popular, uma forma de particípio *cobrido*.

67 combalir

INDICATIVO

Presente

....
....
....
combalimos
combalis
....

Pret. imperfeito

combalia
combalias
combalia
combalíamos
combalíeis
combaliam

Futuro imperfeito

combalirei
combalirás
combalirá
combaliremos
combalireis
combalirão

P. perfeito simples

combali
combaliste
combaliu
combalimos
combalistes
combaliram

P. mais-que-perfeito

combalira
combaliras
combalira
combalíramos
combalíreis
combaliram

CONJUNTIVO

Presente

....
....
....
....
....
....

Pret. imperfeito

combalisse
combalisses
combalisse
combalíssemos
combalísseis
combalissem

Futuro imperfeito

combalir
combalires
combalir
combalirmos
combalirdes
combalirem

FORMAS NOMINAIS

Infinitivo impes.

combalir

Particípio

combalido

IMPERATIVO

....

combali

CONDICIONAL

combaliria
combalirias
combaliria
combaliríamos
combaliríeis
combaliriam

INFINITIVO PESSOAL

combalir
combalires
combalir
combalirmos
combalirdes
combalirem

FORMA ADVERBAL

Gerúndio

combalindo

• Verbo defectivo pessoal – usado apenas nas formas em que se mantém a vogal temática *i*.

68 começar

INDICATIVO

Presente	começo começas começa começamos começais começam
Pret. imperfeito	começava começavas começava começávamos começáveis começavam
Futuro imperfeito	começarei começarás começará começaremos começareis começarão
P. perfeito simples	comecei começaste começou começámos começastes começaram
P. mais-que-perfeito	começara começaras começara começáramos começáreis começaram

CONJUNTIVO

comece
comeces
comece
comecemos
comeceis
comecem

começasse
começasses
começasse
começássemos
começásseis
começassem

começar
começares
começar
começarmos
começardes
começarem

FORMAS NOMINAIS

Infinitivo impes.	começar
Particípio	começado

IMPERATIVO

começa

começai

CONDICIONAL

começaria
começarias
começaria
começaríamos
começaríeis
começariam

INFINITIVO PESSOAL

começar
começares
começar
começarmos
começardes
começarem

FORMA ADVERBAL

Gerúndio	começando

69 comparar

	INDICATIVO	CONJUNTIVO	IMPERATIVO
Presente	comparo comparas compara comparamos comparais comparam	compare compares compare comparemos compareis comparem	compara comparai
			CONDICIONAL
Pret. imperfeito	comparava comparavas comparava comparávamos comparáveis comparavam	comparasse comparasses comparasse comparássemos comparásseis comparassem	compararia ompararias compararia compararíamos compararíeis comparariam
			INFINITIVO PESSOAL
Futuro imperfeito	compararei compararás comparará compararemos comparareis compararão	comparar comparares comparar compararmos comparardes compararem	comparar comparares comparar compararmos comparardes compararem
		FORMAS NOMINAIS	**FORMA ADVERBAL**
P. perfeito simples	comparei comparaste comparou comparámos comparastes compararam	Infinitivo impes.: comparar	Gerúndio: comparando
P. mais-que-perfeito	comparara compararas comparara comparáramos comparáreis compararam	Particípio: comparado	

70 comprar

	INDICATIVO	CONJUNTIVO	IMPERATIVO
Presente	compro compras compra compramos comprais compram	compre compres compre compremos compreis comprem	 compra comprai

	INDICATIVO	CONJUNTIVO	CONDICIONAL
Pret. imperfeito	comprava compravas comprava comprávamos compráveis compravam	comprasse comprasses comprasse comprássemos comprásseis comprassem	compraria comprarias compraria compraríamos compraríeis comprariam

	INDICATIVO	CONJUNTIVO	INFINITIVO PESSOAL
Futuro imperfeito	comprarei comprarás comprará compraremos comprareis comprarão	comprar comprares comprar comprarmos comprardes comprarem	comprar comprares comprar comprarmos comprardes comprarem

	INDICATIVO	FORMAS NOMINAIS		FORMA ADVERBAL	
P. perfeito simples	comprei compraste comprou comprámos comprastes compraram	Infinitivo impes.	comprar	Gerúndio	comprando
P. mais-que-perfeito	comprara compraras comprara compráramos compráreis compraram	Particípio	comprado		

71 comungar

	INDICATIVO	CONJUNTIVO	IMPERATIVO
Presente	comungo comungas comunga comungamos comungais comungam	comungue comungues comungue comunguemos comungueis comunguem	comunga comungai

	INDICATIVO	CONJUNTIVO	CONDICIONAL
Pret. imperfeito	comungava comungavas comungava comungávamos comungáveis comungavam	comungasse comungasses comungasse comungássemos comungásseis comungassem	comungaria comungarias comungaria comungaríamos comungaríeis comungariam

	INDICATIVO	CONJUNTIVO	INFINITIVO PESSOAL
Futuro imperfeito	comungarei comungarás comungará comungaremos comungareis comungarão	comungar comungares comungar comungarmos comungardes comungarem	comungar comungares comungar comungarmos comungardes comungarem

	INDICATIVO		FORMAS NOMINAIS		FORMA ADVERBAL
P. perfeito simples	comunguei comungaste comungou comungámos comungastes comungaram	Infinitivo impes.	comungar	Gerúndio	comungando
P. mais-que-perfeito	comungara comungaras comungara comungáramos comungáreis comungaram	Particípio	comungado		

72 conduzir

	INDICATIVO	CONJUNTIVO	IMPERATIVO
Presente	conduzo conduzes conduz conduzimos conduzis conduzem	conduza conduzas conduza conduzamos conduzais conduzam	 conduz (conduze) conduzi
			CONDICIONAL
Pret. imperfeito	conduzia conduzias conduzia conduzíamos conduzíeis conduziam	conduzisse conduzisses conduzisse conduzíssemos conduzísseis conduzissem	conduziria conduzirias conduziria conduziríamos conduziríeis conduziriam
			INFINITIVO PESSOAL
Futuro imperfeito	conduzirei conduzirás conduzirá conduziremos conduzireis conduzirão	conduzir conduzires conduzir conduzirmos conduzirdes conduzirem	conduzir conduzires conduzir conduzirmos conduzirdes conduzirem
		FORMAS NOMINAIS	**FORMA ADVERBAL**
P. perfeito simples	conduzi conduziste conduziu conduzimos conduzistes conduziram	Infinitivo impes.: conduzir	Gerúndio: conduzindo
P. mais-que-perfeito	conduzira conduziras conduzira conduzíramos conduzíreis conduziram	Particípio: conduzido	• Considere-se a nota que acompanha a conjugação do verbo *franzir*.

73 confessar

	INDICATIVO	CONJUNTIVO	IMPERATIVO
Presente	confesso confessas confessa confessamos confessais confessam	confesse confesses confesse confessemos confesseis confessem	 confessa confessai

	INDICATIVO	CONJUNTIVO	CONDICIONAL
Pret. imperfeito	confessava confessavas confessava confessávamos confessáveis confessavam	confessasse confessasses confessasse confessássemos confessásseis confessassem	confessaria confessarias confessaria confessaríamos confessaríeis confessariam

	INDICATIVO	CONJUNTIVO (Futuro)	INFINITIVO PESSOAL
Futuro imperfeito	confessarei confessarás confessará confessaremos confessareis confessarão	confessar confessares confessar confessarmos confessardes confessarem	confessar confessares confessar confessarmos confessardes confessarem

	INDICATIVO
P. perfeito simples	confessei confessaste confessou confessámos confessastes confessaram
P. mais-que-perfeito	confessara confessaras confessara confessáramos confessáreis confessaram

FORMAS NOMINAIS	
Infinitivo impes.	confessar
Particípio	confessado

FORMA ADVERBAL	
Gerúndio	confessando

74 confirmar

	INDICATIVO	CONJUNTIVO	IMPERATIVO
Presente	confirmo confirmas confirma confirmamos confirmais confirmam	confirme confirmes confirme confirmemos confirmeis confirmem	 confirma confirmai

	INDICATIVO	CONJUNTIVO	CONDICIONAL
Pret. imperfeito	confirmava confirmavas confirmava confirmávamos confirmáveis confirmavam	confirmasse confirmasses confirmasse confirmássemos confirmásseis confirmassem	confirmaria confirmarias confirmaria confirmaríamos confirmaríeis confirmariam

	INDICATIVO	CONJUNTIVO	INFINITIVO PESSOAL
Futuro imperfeito	confirmarei confirmarás confirmará confirmaremos confirmareis confirmarão	confirmar confirmares confirmar confirmarmos confirmardes confirmarem	confirmar confirmares confirmar confirmarmos confirmardes confirmarem

	INDICATIVO		FORMAS NOMINAIS		FORMA ADVERBAL
P. perfeito simples	confirmei confirmaste confirmou confirmámos confirmastes confirmaram	Infinitivo impes.	confirmar	Gerúndio	confirmando
P. mais-que-perfeito	confirmara confirmaras confirmara confirmáramos confirmáreis confirmaram	Particípio	confirmado		

75 confundir

	INDICATIVO	CONJUNTIVO	IMPERATIVO
Presente	confundo confundes confunde confundimos confundis confundem	confunda confundas confunda confundamos confundais confundam	 confunde confundi

	INDICATIVO	CONJUNTIVO	CONDICIONAL
Pret. imperfeito	confundia confundias confundia confundíamos confundíeis confundiam	confundisse confundisses confundisse confundíssemos confundísseis confundissem	confundiria confundirias confundiria confundiríamos confundiríeis confundiriam

	INDICATIVO	CONJUNTIVO	INFINITIVO PESSOAL
Futuro imperfeito	confundirei confundirás confundirá confundiremos confundireis confundirão	confundir confundires confundir confundirmos confundirdes confundirem	confundir confundires confundir confundirmos confundirdes confundirem

	INDICATIVO	FORMAS NOMINAIS		FORMA ADVERBAL	
P. perfeito simples	confundi confundiste confundiu confundimos confundistes confundiram	Infinitivo impes.	confundir	Gerúndio	confundindo
P. mais-que-perfeito	confundira confundiras confundira confundíramos confundíreis confundiram	Particípio	confundido		

76 conluiar

INDICATIVO

Presente
conluio
conluias
conluia
conluiamos
conluiais
conluiam

Pret. imperfeito
conluiava
conluiavas
conluiava
conluiávamos
conluiáveis
conluiavam

Futuro imperfeito
conluiarei
conluiarás
conluiará
conluiaremos
conluiareis
conluiarão

P. perfeito simples
conluiei
conluiaste
conluiou
conluiámos
conluiastes
conluiaram

P. mais-que-perfeito
conluiara
conluiaras
conluiara
conluiáramos
conluiáreis
conluiaram

CONJUNTIVO

conluie
conluies
conluie
conluiemos
conluieis
conluiem

conluiasse
conluiasses
conluiasse
conluiássemos
conluiásseis
conluiassem

conluiar
conluiares
conluiar
conluiarmos
conluiardes
conluiarem

FORMAS NOMINAIS

Infinitivo impes.
conluiar

Particípio
conluiado

IMPERATIVO

conluia

conluiai

CONDICIONAL

conluiaria
conluiarias
conluiaria
conluiaríamos
conluiaríeis
conluiariam

INFINITIVO PESSOAL

conluiar
conluiares
conluiar
conluiarmos
conluiardes
conluiarem

FORMA ADVERBAL

Gerúndio
conluiando

77 construir

INDICATIVO

Presente
construo
construis *ou* -óis
construi *ou* -ói
construímos
construís
construem *ou* -oem

Pret. imperfeito
construía
construías
construía
construíamos
construíeis
construíam

Futuro imperfeito
construirei
construirás
construirá
construiremos
construireis
construirão

P. perfeito simples
construí
construíste
construiu
construímos
construístes
construíram

P. mais-que-perfeito
construíra
construíras
construíra
construíramos
construíreis
construíram

CONJUNTIVO

Presente
construa
construas
construa
construamos
construais
construam

Pret. imperfeito
construísse
construísses
construísse
construíssemos
construísseis
construíssem

Futuro imperfeito
construir
construíres
construir
construirmos
construirdes
construírem

FORMAS NOMINAIS

Infinitivo impes.
construir

Particípio
construído

IMPERATIVO

construi *ou* -ói

construí

CONDICIONAL

construiria
construirias
construiria
construiríamos
construiríeis
construiriam

INFINITIVO PESSOAL

construir
construíres
construir
construirmos
construirdes
construírem

FORMA ADVERBAL

Gerúndio
construindo

78 consumir

	INDICATIVO	CONJUNTIVO	IMPERATIVO
Presente	consumo consomes consome consumimos consumis consomem	consuma consumas consuma consumamos consumais consumam	 consome consumi
			CONDICIONAL
Pret. imperfeito	consumia consumias consumia consumíamos consumíeis consumiam	consumisse consumisses consumisse consumíssemos consumísseis consumissem	consumiria consumirias consumiria consumiríamos consumiríeis consumiriam
			INFINITIVO PESSOAL
Futuro imperfeito	consumirei consumirás consumirá consumiremos consumireis consumirão	consumir consumires consumir consumirmos consumirdes consumirem	consumir consumires consumir consumirmos consumirdes consumirem
		FORMAS NOMINAIS	**FORMA ADVERBAL**
P. perfeito simples	consumi consumiste consumiu consumimos consumistes consumiram	Infinitivo impes.: consumir	Gerúndio: consumindo
P. mais-que-perfeito	consumira consumiras consumira consumíramos consumíreis consumiram	Particípio: consumido	• Além dum 2.° particípio, *consumpto*, Rebelo Gonçalves regista também as formas antigas e populares, *consumes, consume, consumem*.

79 contactar

	INDICATIVO	CONJUNTIVO	IMPERATIVO
Presente	contacto contactas contacta contactamos contactais contactam	contacte contactes contacte contactemos contacteis contactem	 contacta contactai

	INDICATIVO	CONJUNTIVO	CONDICIONAL
Pret. imperfeito	contactava contactavas contactava contactávamos contactáveis contactavam	contactasse contactasses contactasse contactássemos contactásseis contactassem	contactaria contactarias contactaria contactaríamos contactaríeis contactariam

	INDICATIVO	CONJUNTIVO	INFINITIVO PESSOAL
Futuro imperfeito	contactarei contactarás contactará contactaremos contactareis contactarão	contactar contactares contactar contactarmos contactardes contactarem	contactar contactares contactar contactarmos contactardes contactarem

	INDICATIVO	FORMAS NOMINAIS		FORMA ADVERBAL	
P. perfeito simples	contactei contactaste contactou contactámos contactastes contactaram	Infinitivo impes.	contactar	Gerúndio	contactando
P. mais-que-perfeito	contactara contactaras contactara contactáramos contactáreis contactaram	Particípio	contactado		

80 contemplar

	INDICATIVO	CONJUNTIVO	IMPERATIVO
Presente	contemplo contemplas contempla contemplamos contemplais contemplam	contemple contemples contemple contemplemos contempleis contemplem	contempla contemplai

	INDICATIVO	CONJUNTIVO	CONDICIONAL
Pret. imperfeito	contemplava contemplavas contemplava contemplávamos contempláveis contemplavam	contemplasse contemplasses contemplasse contemplássemos contemplásseis contemplassem	contemplaria contemplarias contemplaria contemplaríamos contemplaríeis contemplariam

	INDICATIVO	CONJUNTIVO	INFINITIVO PESSOAL
Futuro imperfeito	contemplarei contemplarás contemplará contemplaremos contemplareis contemplarão	contemplar contemplares contemplar contemplarmos contemplardes contemplarem	contemplar contemplares contemplar contemplarmos contemplardes contemplarem

	INDICATIVO		FORMAS NOMINAIS		FORMA ADVERBAL
P. perfeito simples	contemplei contemplaste contemplou contemplámos contemplastes contemplaram	Infinitivo impes.	contemplar	Gerúndio	contemplando
P. mais-que-perfeito	contemplara contemplaras contemplara contempláramos contempláreis contemplaram	Particípio	contemplado		

81 conter

	INDICATIVO	CONJUNTIVO	IMPERATIVO
Presente	contenho conténs contém contemos contendes contêm	contenha contenhas contenha contenhamos contenhais contenham	contém contende

	INDICATIVO	CONJUNTIVO	CONDICIONAL
Pret. imperfeito	continha continhas continha contínhamos contínheis continham	contivesse contivesses contivesse contivéssemos contivésseis contivessem	conteria conterias conteria conteríamos conteríeis conteriam

	INDICATIVO	CONJUNTIVO	INFINITIVO PESSOAL
Futuro imperfeito	conterei conterás conterá conteremos contereis conterão	contiver contiveres contiver contivermos contiverdes contiverem	conter conteres conter contermos conterdes conterem

	INDICATIVO		FORMAS NOMINAIS		FORMA ADVERBAL
P. perfeito simples	contive contiveste conteve contivemos contivestes contiveram	Infinitivo impes.	conter	Gerúndio	contendo
P. mais-que-perfeito	contivera contiveras contivera contivéramos contivéreis contiveram	Particípio	contido		

82 contribuir

	INDICATIVO	CONJUNTIVO	IMPERATIVO
Presente	contribuo contribuis contribui contribuímos contribuís contribuem	contribua contribuas contribua contribuamos contribuais contribuam	contribui contribuí

	INDICATIVO	CONJUNTIVO	CONDICIONAL
Pret. imperfeito	contribuía contribuías contribuía contribuíamos contribuíeis contribuíam	contribuísse contribuísses contribuísse contribuíssemos contribuísseis contribuíssem	contribuiria contribuirias contribuiria contribuiríamos contribuiríeis contribuiriam

	INDICATIVO	CONJUNTIVO	INFINITIVO PESSOAL
Futuro imperfeito	contribuirei contribuirás contribuirá contribuiremos contribuireis contribuirão	contribuir contribuíres contribuir contribuirmos contribuirdes contribuírem	contribuir contribuíres contribuir contribuirmos contribuirdes contribuírem

	INDICATIVO	FORMAS NOMINAIS		FORMA ADVERBAL	
P. perfeito simples	contribuí contribuíste contribuiu contribuímos contribuístes contribuíram	Infinitivo impes.	contribuir	Gerúndio	contribuindo
P. mais-que-perfeito	contribuíra contribuíras contribuíra contribuíramos contribuíreis contribuíram	Particípio	contribuído		

83 convocar

	INDICATIVO	CONJUNTIVO	IMPERATIVO
Presente	convoco convocas convoca convocamos convocais convocam	convoque convoques convoque convoquemos convoqueis convoquem	convoca convocai
			CONDICIONAL
Pret. imperfeito	convocava convocavas convocava convocávamos convocáveis convocavam	convocasse convocasses convocasse convocássemos convocásseis convocassem	convocaria convocarias convocaria convocaríamos convocaríeis convocariam
			INFINITIVO PESSOAL
Futuro imperfeito	convocarei convocarás convocará convocaremos convocareis convocarão	convocar convocares convocar convocarmos convocardes convocarem	convocar convocares convocar convocarmos convocardes convocarem
		FORMAS NOMINAIS	**FORMA ADVERBAL**
P. perfeito simples	convoquei convocaste convocou convocámos convocastes convocaram	Infinitivo impes.: convocar	Gerúndio: convocando
P. mais-que-perfeito	convocara convocaras convocara convocáramos convocáreis convocaram	Particípio: convocado	

84 correr

INDICATIVO

Presente
corro
corres
corre
corremos
correis
correm

Pret. imperfeito
corria
corrias
corria
corríamos
corríeis
corriam

Futuro imperfeito
correrei
correrás
correrá
correremos
correreis
correrão

P. perfeito simples
corri
correste
correu
corremos
correstes
correram

P. mais-que-perfeito
correra
correras
correra
corrêramos
corrêreis
correram

CONJUNTIVO

Presente
corra
corras
corra
corramos
corrais
corram

Pret. imperfeito
corresse
corresses
corresse
corrêssemos
corrêsseis
corressem

Futuro imperfeito
correr
correres
correr
corrermos
correrdes
correrem

FORMAS NOMINAIS

Infinitivo impes.
correr

Particípio
corrido

IMPERATIVO

corre

correi

CONDICIONAL

correria
correrias
correria
correríamos
correríeis
correriam

INFINITIVO PESSOAL

correr
correres
correr
corrermos
correrdes
correrem

FORMA ADVERBAL

Gerúndio
correndo

85 cortar

INDICATIVO

Presente
corto
cortas
corta
cortamos
cortais
cortam

Pret. imperfeito
cortava
cortavas
cortava
cortávamos
cortáveis
cortavam

Futuro imperfeito
cortarei
cortarás
cortará
cortaremos
cortareis
cortarão

P. perfeito simples
cortei
cortaste
cortou
cortámos
cortastes
cortaram

P. mais-que-perfeito
cortara
cortaras
cortara
cortáramos
cortáreis
cortaram

CONJUNTIVO

Presente
corte
cortes
corte
cortemos
corteis
cortem

Pret. imperfeito
cortasse
cortasses
cortasse
cortássemos
cortásseis
cortassem

Futuro imperfeito
cortar
cortares
cortar
cortarmos
cortardes
cortarem

FORMAS NOMINAIS

Infinitivo impes.
cortar

Particípio
cortado

IMPERATIVO

corta

cortai

CONDICIONAL

cortaria
cortarias
cortaria
cortaríamos
cortaríeis
cortariam

INFINITIVO PESSOAL

cortar
cortares
cortar
cortarmos
cortardes
cortarem

FORMA ADVERBAL

Gerúndio
cortando

86 coser

	INDICATIVO	CONJUNTIVO	IMPERATIVO
Presente	coso coses cose cosemos coseis cosem	cosa cosas cosa cosamos cosais cosam	cose cosei
			CONDICIONAL
Pret. imperfeito	cosia cosias cosia cosíamos cosíeis cosiam	cosesse cosesses cosesse cosêssemos cosêsseis cosessem	coseria coserias coseria coseríamos coseríeis coseriam
			INFINITIVO PESSOAL
Futuro imperfeito	coserei coserás coserá coseremos cosereis coserão	coser coseres coser cosermos coserdes coserem	coser coseres coser cosermos coserdes coserem

	INDICATIVO		FORMAS NOMINAIS		FORMA ADVERBAL
P. perfeito simples	cosi coseste coseu cosemos cosestes coseram	Infinitivo impes.	coser	Gerúndio	cosendo
P. mais-que-perfeito	cosera coseras cosera cosêramos cosêreis coseram	Particípio	cosido		

87 crer

INDICATIVO

Presente
creio
crês
crê
cremos
credes
crêem

Pret. imperfeito
cria
crias
cria
críamos
críeis
criam

Futuro imperfeito
crerei
crerás
crerá
creremos
crereis
crerão

P. perfeito simples
cri
creste
creu
cremos
crestes
creram

P. mais-que-perfeito
crera
creras
crera
crêramos
crêreis
creram

CONJUNTIVO

creia
creias
creia
creiamos
creiais
creiam

cresse
cresses
cresse
crêssemos
crêsseis
cressem

crer
creres
crer
crermos
crerdes
crerem

FORMAS NOMINAIS

Infinitivo impes.
crer

Particípio
crido

IMPERATIVO

crê

crede

CONDICIONAL

creria
crerias
creria
creríamos
creríeis
creriam

INFINITIVO PESSOAL

crer
creres
crer
crermos
crerdes
crerem

FORMA ADVERBAL

Gerúndio
crendo

• São antigas as formas *creamos, creais,* 1.a e 2.a pessoas, do pl. do presente do conjuntivo.

88 crescer

INDICATIVO

Presente
cresço
cresces
cresce
crescemos
cresceis
crescem

Pret. imperfeito
crescia
crescias
crescia
crescíamos
crescíeis
cresciam

Futuro imperfeito
crescerei
crescerás
crescerá
cresceremos
crescereis
crescerão

P. perfeito simples
cresci
cresceste
cresceu
crescemos
crescestes
cresceram

P. mais-que-perfeito
crescera
cresceras
crescera
crescêramos
crescêreis
cresceram

CONJUNTIVO

Presente
cresça
cresças
cresça
cresçamos
cresçais
cresçam

Pret. imperfeito
crescesse
crescesses
crescesse
crescêssemos
crescêsseis
crescessem

Futuro imperfeito
crescer
cresceres
crescer
crescermos
crescerdes
crescerem

IMPERATIVO

cresce
crescei

CONDICIONAL

cresceria
crescerias
cresceria
cresceríamos
cresceríeis
cresceriam

INFINITIVO PESSOAL

crescer
cresceres
crescer
crescermos
crescerdes
crescerem

FORMAS NOMINAIS

Infinitivo impes.
crescer

Particípio
crescido

FORMA ADVERBAL

Gerúndio
crescendo

89 cumprir

	INDICATIVO	CONJUNTIVO	IMPERATIVO
Presente	cumpro cumpres cumpre cumprimos cumpris cumprem	cumpra cumpras cumpra cumpramos cumprais cumpram	cumpre cumpri
			CONDICIONAL
Pret. imperfeito	cumpria cumprias cumpria cumpríamos cumpríeis cumpriam	cumprisse cumprisses cumprisse cumpríssemos cumprísseis cumprissem	cumpriria cumpririas cumpriria cumpriríamos cumpriríeis cumpririam
			INFINITIVO PESSOAL
Futuro imperfeito	cumprirei cumprirás cumprirá cumpriremos cumprireis cumprirão	cumprir cumprires cumprir cumprirmos cumprirdes cumprirem	cumprir cumprires cumprir cumprirmos cumprirdes cumprirem
		FORMAS NOMINAIS	**FORMA ADVERBAL**
P. perfeito simples	cumpri cumpriste cumpriu cumprimos cumpristes cumpriram	Infinitivo impes.: cumprir	Gerúndio: cumprindo
P. mais-que-perfeito	cumprira cumpriras cumprira cumpríramos cumpríreis cumpriram	Particípio: cumprido	

90 cuspir

	INDICATIVO	CONJUNTIVO	IMPERATIVO
Presente	cuspo cospes cospe cuspimos cuspis cospem	cuspa cuspas cuspa cuspamos cuspais cuspam	cospe cuspi
			CONDICIONAL
Pret. imperfeito	cuspia cuspias cuspia cuspíamos cuspíeis cuspiam	cuspisse cuspisses cuspisse cuspíssemos cuspísseis cuspissem	cuspiria cuspirias cuspiria cuspiríamos cuspiríeis cuspiriam
			INFINITIVO PESSOAL
Futuro imperfeito	cuspirei cuspirás cuspirá cuspiremos cuspireis cuspirão	cuspir cuspires cuspir cuspirmos cuspirdes cuspirem	cuspir cuspires cuspir cuspirmos cuspirdes cuspirem
		FORMAS NOMINAIS	**FORMA ADVERBAL**
P. perfeito simples	cuspi cuspiste cuspiu cuspimos cuspistes cuspiram	**Infinitivo impes.** cuspir	**Gerúndio** cuspindo
P. mais-que-perfeito	cuspira cuspiras cuspira cuspíramos cuspíreis cuspiram	**Particípio** cuspido	• São antigas as formas do pres. do ind. e do imper, *cuspes, cuspe, cuspem* e *cuspe.*

90A danar

	INDICATIVO	CONJUNTIVO	IMPERATIVO
Presente	dano danas dana danamos danais danam	dane danes dane danemos daneis danem	 dana danai
			CONDICIONAL
Pret. imperfeito	danava danavas danava danávamos danáveis danavam	danasse danasses danasse danássemos danásseis danassem	danaria danarias danaria danaríamos danaríeis danariam
			INFINITIVO PESSOAL
Futuro imperfeito	danarei danarás danará danaremos danareis danarão	danar danares danar danarmos danardes danarem	danar danares danar danarmos danardes danarem

	INDICATIVO	FORMAS NOMINAIS		FORMA ADVERBAL	
P. perfeito simples	danei danaste danou danámos danastes danaram	Infinitivo impes.	danar	Gerúndio	danando
P. mais-que-perfeito	danara danaras danara danáramos danáreis danaram	Particípio	danado		

91 dançar

	INDICATIVO	CONJUNTIVO	IMPERATIVO
Presente	danço danças dança dançamos dançais dançam	dance dances dance dancemos danceis dancem	 dança dançai

	INDICATIVO	CONJUNTIVO	CONDICIONAL
Pret. imperfeito	dançava dançavas dançava dançávamos dançáveis dançavam	dançasse dançasses dançasse dançássemos dançásseis dançassem	dançaria dançarias dançaria dançaríamos dançaríeis dançariam

	INDICATIVO	CONJUNTIVO	INFINITIVO PESSOAL
Futuro imperfeito	dançarei dançarás dançará dançaremos dançareis dançarão	dançar dançares dançar dançarmos dançardes dançarem	dançar dançares dançar dançarmos dançardes dançarem

	INDICATIVO	FORMAS NOMINAIS		FORMA ADVERBAL	
P. perfeito simples	dancei dançaste dançou dançámos dançastes dançaram	Infinitivo impes.	dançar	Gerúndio	dançando
P. mais-que-perfeito	dançara dançaras dançara dançáramos dançáreis dançaram	Particípio	dançado		

92 dar

	INDICATIVO	CONJUNTIVO	IMPERATIVO
Presente	dou dás dá damos dais dão	dê dês dê dêmos deis dêem	 dá dai
			CONDICIONAL
Pret. imperfeito	dava davas dava dávamos dáveis davam	desse desses desse déssemos désseis dessem	daria darias daria daríamos daríeis dariam
			INFINITIVO PESSOAL
Futuro imperfeito	darei darás dará daremos dareis darão	der deres der dermos derdes derem	dar dares dar darmos dardes darem
		FORMAS NOMINAIS	**FORMA ADVERBAL**
P. perfeito simples	dei deste deu demos destes deram	Infinitivo impes.: dar	Gerúndio: dando
P. mais-que-perfeito	dera deras dera déramos déreis deram	Particípio: dado	

93 datar

	INDICATIVO	CONJUNTIVO	IMPERATIVO
Presente	dato datas data datamos datais datam	date dates date datemos dateis datem	data datai

	INDICATIVO	CONJUNTIVO	CONDICIONAL
Pret. imperfeito	datava datavas datava datávamos datáveis datavam	datasse datasses datasse datássemos datásseis datassem	dataria datarias dataria dataríamos dataríeis datariam

	INDICATIVO	CONJUNTIVO	INFINITIVO PESSOAL
Futuro imperfeito	datarei datarás datará dataremos datareis datarão	datar datares datar datarmos datardes datarem	datar datares datar datarmos datardes datarem

	INDICATIVO		FORMAS NOMINAIS		FORMA ADVERBAL
P. perfeito simples	datei dataste datou datámos datastes dataram	Infinitivo impes.	datar	Gerúndio	datando
P. mais-que-perfeito	datara dataras datara datáramos datáreis dataram	Particípio	datado		

94 defender

	INDICATIVO	CONJUNTIVO	IMPERATIVO
Presente	defendo defendes defende defendemos defendeis defendem	defenda defendas defenda defendamos defendais defendam	defende defendei
			CONDICIONAL
Pret. imperfeito	defendia defendias defendia defendíamos defendíeis defendiam	defendesse defendesses defendesse defendêssemos defendêsseis defendessem	defenderia defenderias defenderia defenderíamos defenderíeis defenderiam
			INFINITIVO PESSOAL
Futuro imperfeito	defenderei defenderás defenderá defenderemos defendereis defenderão	defender defenderes defender defendermos defenderdes defenderem	defender defenderes defender defendermos defenderdes defenderem

	INDICATIVO	FORMAS NOMINAIS		FORMA ADVERBAL	
P. perfeito simples	defendi defendeste defendeu defendemos defendestes defenderam	Infinitivo impes.	defender	Gerúndio	defendendo
P. mais-que-perfeito	defendera defenderas defendera defendêramos defendêreis defenderam	Particípio	defendido		• Este verbo possui ainda o particípio *defeso*, no sentido de «proibido».

95 deitar

	INDICATIVO	CONJUNTIVO	IMPERATIVO
Presente	deito deitas deita deitamos deitais deitam	deite deites deite deitemos deiteis deitem	 deita deitai
			CONDICIONAL
Pret. imperfeito	deitava deitavas deitava deitávamos deitáveis deitavam	deitasse deitasses deitasse deitássemos deitásseis deitassem	deitaria deitarias deitaria deitaríamos deitaríeis deitariam
			INFINITIVO PESSOAL
Futuro imperfeito	deitarei deitarás deitará deitaremos deitareis deitarão	deitar deitares deitar deitarmos deitardes deitarem	deitar deitares deitar deitarmos deitardes deitarem
		FORMAS NOMINAIS	**FORMA ADVERBAL**
P. perfeito simples	deitei deitaste deitou deitámos deitastes deitaram	Infinitivo impes.: deitar	Gerúndio: deitando
P. mais-que-perfeito	deitara deitaras deitara deitáramos deitáreis deitaram	Particípio: deitado	

96 deixar

	INDICATIVO	CONJUNTIVO	IMPERATIVO
Presente	deixo deixas deixa deixamos deixais deixam	deixe deixes deixe deixemos deixeis deixem	deixa deixai
			CONDICIONAL
Pret. imperfeito	deixava deixavas deixava deixávamos deixáveis deixavam	deixasse deixasses deixasse deixássemos deixásseis deixassem	deixaria deixarias deixaria deixaríamos deixaríeis deixariam
			INFINITIVO PESSOAL
Futuro imperfeito	deixarei deixarás deixará deixaremos deixareis deixarão	deixar deixares deixar deixarmos deixardes deixarem	deixar deixares deixar deixarmos deixardes deixarem
		FORMAS NOMINAIS	**FORMA ADVERBAL**
P. perfeito simples	deixei deixaste deixou deixámos deixastes deixaram	Infinitivo impes.: deixar	Gerúndio: deixando
P. mais-que-perfeito	deixara deixaras deixara deixáramos deixáreis deixaram	Particípio: deixado	

97 denegrir

INDICATIVO

Presente

denigro
denigres
denigre
denegrimos
denegris
denigrem

Pret. imperfeito

denegria
denegrias
denegria
denegríamos
denegríeis
denegriam

Futuro imperfeito

denegrirei
denegrirás
denegrirá
denegriremos
denegrireis
denegrirão

P. perfeito simples

denegri
denegriste
denegriu
denegrimos
denegristes
denegriram

P. mais-que-perfeito

denegrira
denegriras
denegrira
denegríramos
denegríreis
denegriram

CONJUNTIVO

Presente

denigra
denigras
denigra
denigramos
denigrais
denigram

Pret. imperfeito

denegrisse
denegrisses
denegrisse
denegríssemos
denegrísseis
denegrissem

Futuro imperfeito

denegrir
denegrires
denegrir
denegrirmos
denegrirdes
denegrirem

IMPERATIVO

denigre

denegri

CONDICIONAL

denegriria
denegririas
denegriria
denegriríamos
denegriríeis
denegririam

INFINITIVO PESSOAL

denegrir
denegrires
denegrir
denegrirmos
denegrirdes
denegrirem

FORMAS NOMINAIS

Infinitivo impes.

denegrir

Particípio

denegrido

FORMA ADVERBAL

Gerúndio

denegrindo

98 descascar

	INDICATIVO	CONJUNTIVO	IMPERATIVO
Presente	descasco descascas descasca descascamos descascais descascam	descasque descasques descasque descasquemos descasqueis descasquem	 descasca descascai
			CONDICIONAL
Pret. imperfeito	descascava descascavas descascava descascávamos descascáveis descascavam	descascasse descascasses descascasse descascássemos descascásseis descascassem	descascaria descascarias descascaria descascaríamos descascaríeis descascariam
			INFINITIVO PESSOAL
Futuro imperfeito	descascarei descascarás descascará descascaremos descascareis descascarão	descascar descascares descascar descascarmos descascardes descascarem	descascar descascares descascar descascarmos descascardes descascarem
		FORMAS NOMINAIS	**FORMA ADVERBAL**
P. perfeito simples	descasquei descascaste descascou descascámos descascastes descascaram	Infinitivo impes.: descascar	Gerúndio: descascando
P. mais-que-perfeito	descascara descascaras descascara descascáramos descascáreis descascaram	Particípio: descascado	

99 desejar

INDICATIVO		CONJUNTIVO	IMPERATIVO
Presente	desejo desejas deseja desejamos desejais desejam	deseje desejes deseje desejemos desejeis desejem	 deseja desejai
			CONDICIONAL
Pret. imperfeito	desejava desejavas desejava desejávamos desejáveis desejavam	desejasse desejasses desejasse desejássemos desejásseis desejassem	desejaria desejarias desejaria desejaríamos desejaríeis desejariam
			INFINITIVO PESSOAL
Futuro imperfeito	desejarei desejarás desejará desejaremos desejareis desejarão	desejar desejares desejar desejarmos desejardes desejarem	desejar desejares desejar desejarmos desejardes desejarem

INDICATIVO		FORMAS NOMINAIS		FORMA ADVERBAL	
P. perfeito simples	desejei desejaste desejou desejámos desejastes desejaram	Infinitivo impes.	desejar	Gerúndio	desejando
P. mais-que-perfeito	desejara desejaras desejara desejáramos desejáreis desejaram	Particípio	desejado		

100 desenhar

INDICATIVO

Presente	desenho desenhas desenha desenhamos desenhais desenham
Pret. imperfeito	desenhava desenhavas desenhava desenhávamos desenháveis desenhavam
Futuro imperfeito	desenharei desenharás desenhará desenharemos desenhareis desenharão
P. perfeito simples	desenhei desenhaste desenhou desenhámos desenhastes desenharam
P. mais-que-perfeito	desenhara desenharas desenhara desenháramos desenháreis desenharam

CONJUNTIVO

Presente	desenhe desenhes desenhe desenhemos desenheis desenhem
Pret. imperfeito	desenhasse desenhasses desenhasse desenhássemos desenhásseis desenhassem
Futuro	desenhar desenhares desenhar desenharmos desenhardes desenharem

IMPERATIVO

desenha

desenhai

CONDICIONAL

desenharia
desenharias
desenharia
desenharíamos
desenharíeis
desenhariam

INFINITIVO PESSOAL

desenhar
desenhares
desenhar
desenharmos
desenhardes
desenharem

FORMAS NOMINAIS

Infinitivo impes.	desenhar
Particípio	desenhado

FORMA ADVERBAL

Gerúndio	desenhando

101 detectar

	INDICATIVO	CONJUNTIVO	IMPERATIVO
Presente	detecto detectas detecta detectamos detectais detectam	detecte detectes detecte detectemos detecteis detectem	 detecta detectai
			CONDICIONAL
Pret. imperfeito	detectava detectavas detectava detectávamos detectáveis detectavam	detectasse detectasses detectasse detectássemos detectásseis detectassem	detectaria detectarias detectaria detectaríamos detectaríeis detectariam
			INFINITIVO PESSOAL
Futuro imperfeito	detectarei detectarás detectará detectaremos detectareis detectarão	detectar detectares detectar detectarmos detectardes detectarem	detectar detectares detectar detectarmos detectardes detectarem
		FORMAS NOMINAIS	**FORMA ADVERBAL**
P. perfeito simples	detectei detectaste detectou detectámos detectastes detectaram	Infinitivo impes.: detectar	Gerúndio: detectando
P. mais-que-perfeito	detectara detectaras detectara detectáramos detectáreis detectaram	Particípio: detectado	

102 dirigir

	INDICATIVO	CONJUNTIVO	IMPERATIVO
Presente	dirijo diriges dirige dirigimos dirigis dirigem	dirija dirijas dirija dirijamos dirijais dirijam	dirige dirigi
Pret. imperfeito	dirigia dirigias dirigia dirigíamos dirigíeis dirigiam	dirigisse dirigisses dirigisse dirigíssemos dirigísseis dirigissem	**CONDICIONAL** dirigiria dirigirias dirigiria dirigiríamos dirigiríeis dirigiriam
Futuro imperfeito	dirigirei dirigirás dirigirá dirigiremos dirigireis dirigirão	dirigir dirigires dirigir dirigirmos dirigirdes dirigirem	**INFINITIVO PESSOAL** dirigir dirigires dirigir dirigirmos dirigirdes dirigirem
		FORMAS NOMINAIS	**FORMA ADVERBAL**
P. perfeito simples	dirigi dirigiste dirigiu dirigimos dirigistes dirigiram	Infinitivo impes.: dirigir	Gerúndio: dirigindo
P. mais-que-perfeito	dirigira dirigiras dirigira dirigíramos dirigíreis dirigiram	Particípio: dirigido	

103 discernir

	INDICATIVO	CONJUNTIVO	IMPERATIVO
Presente	discirno discernes discerne discernimos discernis discernem	discirna discirnas discirna discirnamos discirnais discirnam	 discerne discerni

	INDICATIVO	CONJUNTIVO	CONDICIONAL
Pret. imperfeito	discernia discernias discernia discerníamos discerníeis discerniam	discernisse discernisses discernisse discernissemos discernísseis discernissem	discerniria discernirias discerniria discerniríamos discerniríeis discerniriam

	INDICATIVO	CONJUNTIVO	INFINITIVO PESSOAL
Futuro imperfeito	discernirei discernirás discernirá discerniremos discernireis discernirão	discernir discernires discernir discernirmos discernirdes discernirem	discernir discernires discernir discernirmos discernirdes discernirem

	INDICATIVO		FORMAS NOMINAIS		FORMA ADVERBAL
P. perfeito simples	discerni discerniste discerniu discernimos discernistes discerniram	Infinitivo impes.	discernir	Gerúndio	discernindo
P. mais-que-perfeito	discernira discerniras discernira discerníramos discerníreis discerniram	Particípio	discernido		• Há quem o considere defectivo, negando-lhe a 1.ª pess. do sing. do pres. do ind. e todo o presente do conjuntivo.

104 distinguir

	INDICATIVO	CONJUNTIVO	IMPERATIVO
Presente	distingo distingues distingue distinguimos distinguis distinguem	distinga distingas distinga distingamos distingais distingam	 distingue distingui
			CONDICIONAL
Pret. imperfeito	distinguia distinguias distinguia distinguíamos distinguíeis distinguiam	distinguisse distinguisses distinguisse distinguíssemos distinguísseis distinguissem	distinguiria distinguirias distinguiria distinguiríamos distinguiríeis distinguiriam
			INFINITIVO PESSOAL
Futuro imperfeito	distinguirei distinguirás distinguirá distinguiremos distinguireis distinguirão	distinguir distinguires distinguir distinguirmos distinguirdes distinguirem	distinguir distinguires distinguir distinguirmos distinguirdes distinguirem
		FORMAS NOMINAIS	**FORMA ADVERBAL**
P. perfeito simples	distingui distinguiste distinguiu distinguimos distinguistes distinguiram	Infinitivo impes.: distinguir	Gerúndio: distinguindo
P. mais-que-perfeito	distinguira distinguiras distinguira distinguíramos distinguíreis distinguiram	Particípio: distinguido/distinto	

105 divergir

	INDICATIVO	CONJUNTIVO	IMPERATIVO
Presente	divirjo diverges diverge divergimos divergis divergem	divirja divirjas divirja divirjamos divirjais divirjam	 diverge divergi

	INDICATIVO	CONJUNTIVO	CONDICIONAL
Pret. imperfeito	divergia divergias divergia divergíamos divergíeis divergiam	divergisse divergisses divergisse divergíssemos divergísseis divergissem	divergiria divergirias divergiria divergiríamos divergiríeis divergiriam

	INDICATIVO	CONJUNTIVO	INFINITIVO PESSOAL
Futuro imperfeito	divergirei divergirás divergirá divergiremos divergireis divergirão	divergir divergires divergir divergirmos divergirdes divergirem	divergir divergires divergir divergirmos divergirdes divergirem

	INDICATIVO		FORMAS NOMINAIS		FORMA ADVERBAL
P. perfeito simples	divergi divergiste divergiu divergimos divergistes divergiram	Infinitivo impes.	divergir	Gerúndio	divergindo
P. mais-que-perfeito	divergira divergiras divergira divergíramos divergíreis divergiram	Particípio	divergido		

106 divulgar

	INDICATIVO	CONJUNTIVO	IMPERATIVO
Presente	divulgo divulgas divulga divulgamos divulgais divulgam	divulgue divulgues divulgue divulguemos divulgueis divulguem	 divulga divulgai

	INDICATIVO	CONJUNTIVO	CONDICIONAL
Pret. imperfeito	divulgava divulgavas divulgava divulgávamos divulgáveis divulgavam	divulgasse divulgasses divulgasse divulgássemos divulgásseis divulgassem	divulgaria divulgarias divulgaria divulgaríamos divulgaríeis divulgariam

	INDICATIVO	CONJUNTIVO	INFINITIVO PESSOAL
Futuro imperfeito	divulgarei divulgarás divulgará divulgaremos divulgareis divulgarão	divulgar divulgares divulgar divulgarmos divulgardes divulgarem	divulgar divulgares divulgar divulgarmos divulgardes divulgarem

	INDICATIVO		FORMAS NOMINAIS		FORMA ADVERBAL
P. perfeito simples	divulguei divulgaste divulgou divulgámos divulgastes divulgaram	Infinitivo impes.	divulgar	Gerúndio	divulgando
P. mais-que-perfeito	divulgara divulgaras divulgara divulgáramos divulgáreis divulgaram	Particípio	divulgado		

107 dizer

	INDICATIVO	CONJUNTIVO	IMPERATIVO
Presente	digo dizes diz dizemos dizeis dizem	diga digas diga digamos digais digam	 diz (dize) dizei

	INDICATIVO	CONJUNTIVO	CONDICIONAL
Pret. imperfeito	dizia dizias dizia dizíamos dizíeis diziam	dissesse dissesses dissesse disséssemos dissésseis dissessem	diria dirias diria diríamos diríeis diriam

	INDICATIVO	CONJUNTIVO	INFINITIVO PESSOAL
Futuro imperfeito	direi dirás dirá diremos direis dirão	disser disseres disser dissermos disserdes disserem	dizer dizeres dizer dizermos dizerdes dizerem

	INDICATIVO		FORMAS NOMINAIS		FORMA ADVERBAL
P. perfeito simples	disse disseste disse dissemos dissestes disseram	Infinitivo impes.	dizer	Gerúndio	dizendo
P. mais-que-perfeito	dissera disseras dissera disséramos disséreis disseram	Particípio	dito		

• Quando pronominais, o futuro e o condiciona fazem *di-lo-ei, dir-lhe-ei*, etc., e *di-lo-ia, dir-lhe-ia*, etc. Notem-se as formas antigas e populares *dixe* e *dixera, dixesse* e *dixer*.

108 dormir

	INDICATIVO	CONJUNTIVO	IMPERATIVO
Presente	durmo dormes dorme dormimos dormis dormem	durma durmas durma durmamos durmais durmam	 dorme dormi

	INDICATIVO	CONJUNTIVO	CONDICIONAL
Pret. imperfeito	dormia dormias dormia dormíamos dormíeis dormiam	dormisse dormisses dormisse dormíssemos dormísseis dormissem	dormiria dormirias dormiria dormiríamos dormiríeis dormiriam

	INDICATIVO	CONJUNTIVO	INFINITIVO PESSOAL
Futuro imperfeito	dormirei dormirás dormirá dormiremos dormireis dormirão	dormir dormires dormir dormirmos dormirdes dormirem	dormir dormires dormir dormirmos dormirdes dormirem

	INDICATIVO		FORMAS NOMINAIS		FORMA ADVERBAL
P. perfeito simples	dormi dormiste dormiu dormimos dormistes dormiram	Infinitivo impes.	dormir	Gerúndio	dormindo
P. mais-que-perfeito	dormira dormiras dormira dormíramos dormíreis dormiram	Particípio	dormido		

109 educar

	INDICATIVO	CONJUNTIVO	IMPERATIVO
Presente	educo educas educa educamos educais educam	eduque eduques eduque eduquemos eduqueis eduquem	 educa educai
			CONDICIONAL
Pret. imperfeito	educava educavas educava educávamos educáveis educavam	educasse educasses educasse educássemos educásseis educassem	educaria educarias educaria educaríamos educaríeis educariam
			INFINITIVO PESSOAL
Futuro imperfeito	educarei educarás educará educaremos educareis educarão	educar educares educar educarmos educardes educarem	educar educares educar educarmos educardes educarem
		FORMAS NOMINAIS	**FORMA ADVERBAL**
P. perfeito simples	eduquei educaste educou educámos educastes educaram	Infinitivo impes.: educar	Gerúndio: educando
P. mais-que-perfeito	educara educaras educara educáramos educáreis educaram	Particípio: educado	

110 embarcar

	INDICATIVO	CONJUNTIVO	IMPERATIVO
Presente	embarco embarcas embarca embarcamos embarcais embarcam	embarque embarques embarque embarquemos embarqueis embarquem	 embarca embarcai
			CONDICIONAL
Pret. imperfeito	embarcava embarcavas embarcava embarcávamos embarcáveis embarcavam	embarcasse embarcasses embarcasse embarcássemos embarcásseis embarcassem	embarcaria embarcarias embarcaria embarcaríamos embarcaríeis embarcariam
			INFINITIVO PESSOAL
Futuro imperfeito	embarcarei embarcarás embarcará embarcaremos embarcareis embarcarão	embarcar embarcares embarcar embarcarmos embarcardes embarcarem	embarcar embarcares embarcar embarcarmos embarcardes embarcarem
		FORMAS NOMINAIS	**FORMA ADVERBAL**
P. perfeito simples	embarquei embarcaste embarcou embarcámos embarcastes embarcaram	Infinitivo impes.: embarcar	Gerúndio: embarcando
P. mais-que-perfeito	embarcara embarcaras embarcara embarcáramos embarcáreis embarcaram	Particípio: embarcado	

110 A empar

	INDICATIVO	CONJUNTIVO	IMPERATIVO
Presente	empo empas empa empamos empais empam	empe empes empe empemos empeis empem	 empa empai

	INDICATIVO	CONJUNTIVO	CONDICIONAL
Pret. imperfeito	empava empavas empava empávamos empáveis empavam	empasse empasses empasse empássemos empásseis empassem	emparia emparias emparia emparíamos emparíeis empariam

	INDICATIVO	CONJUNTIVO	INFINITIVO PESSOAL
Futuro imperfeito	emparei emparás empará emparemos empareis emparão	empar empares empar emparmos empardes emparem	empar empares empar emparmos empardes emparem

	INDICATIVO	FORMAS NOMINAIS		FORMA ADVERBAL	
P. perfeito simples	empei empaste empou empámos empastes emparam	Infinitivo impes.	empar	Gerúndio	empando
P. mais-que-perfeito	empara emparas empara empáramos empáreis emparam	Particípio	empado		

• C. Verde, no poema *Nós*, deixou o seguinte verso:

«... As cepas, desde que eu as podo e empo.»

111 emprestar

	INDICATIVO	CONJUNTIVO	IMPERATIVO
Presente	empresto emprestas empresta emprestamos emprestais emprestam	empreste emprestes empreste emprestemos empresteis emprestem	 empresta emprestai

	INDICATIVO	CONJUNTIVO	CONDICIONAL
Pret. imperfeito	emprestava emprestavas emprestava emprestávamos emprestáveis emprestavam	emprestasse emprestasses emprestasse emprestássemos emprestásseis emprestassem	emprestaria emprestarias emprestaria emprestaríamos emprestaríeis emprestariam

	INDICATIVO	CONJUNTIVO	INFINITIVO PESSOAL
Futuro imperfeito	emprestarei emprestarás emprestará emprestaremos emprestareis emprestarão	emprestar emprestares emprestar emprestarmos emprestardes emprestarem	emprestar emprestares emprestar emprestarmos emprestardes emprestarem

	INDICATIVO	FORMAS NOMINAIS		FORMA ADVERBAL	
P. perfeito simples	emprestei emprestaste emprestou emprestámos emprestastes emprestaram	Infinitivo impes.	emprestar	Gerúndio	emprestando
P. mais-que-perfeito	emprestara emprestaras emprestara emprestáramos emprestáreis emprestaram	Particípio	emprestado		

112 encarapuçar

INDICATIVO

Presente	encarapuço encarapuças encarapuça encarapuçamos encarapuçais encarapuçam
Pret. imperfeito	encarapuçava encarapuçavas encarapuçava encarapuçávamos encarapuçáveis encarapuçavam
Futuro imperfeito	encarapuçarei encarapuçarás encarapuçará encarapuçaremos encarapuçareis encarapuçarão
P. perfeito simples	encarapucei encarapuçaste encarapuçou encarapuçámos encarapuçastes encarapuçaram
P. mais-que-perfeito	encarapuçara encarapuçaras encarapuçara encarapuçáramos encarapuçáreis encarapuçaram

CONJUNTIVO

Presente	encarapuce encarapuces encarapuce encarapucemos encarapuceis encarapucem
Pret. imperfeito	encarapuçasse encarapuçasses encarapuçasse encarapuçássemos encarapuçásseis encarapuçassem
Futuro imperfeito	encarapuçar encarapuçares encarapuçar encarapuçarmos encarapuçardes encarapuçarem

IMPERATIVO

encarapuça
encarapuçai

CONDICIONAL

encarapuçaria
encarapuçarias
encarapuçaria
encarapuçaríamos
encarapuçaríeis
encarapuçariam

INFINITIVO PESSOAL

encarapuçar
encarapuçares
encarapuçar
encarapuçarmos
encarapuçardes
encarapuçarem

FORMAS NOMINAIS

Infinitivo impes.	encarapuçar
Particípio	encarapuçado

FORMA ADVERBAL

Gerúndio	encarapuçando

113 encher

	INDICATIVO	CONJUNTIVO	IMPERATIVO
Presente	encho enches enche enchemos encheis enchem	encha enchas encha enchamos enchais encham	 enche enchei

	INDICATIVO	CONJUNTIVO	CONDICIONAL
Pret. imperfeito	enchia enchias enchia enchíamos enchíeis enchiam	enchesse enchesses enchesse enchêssemos enchêsseis enchessem	encheria encherias encheria encheríamos encheríeis encheriam

	INDICATIVO	CONJUNTIVO	INFINITIVO PESSOAL
Futuro imperfeito	encherei encherás encherá encheremos enchereis encherão	encher encheres encher enchermos encherdes encherem	encher encheres encher enchermos encherdes encherem

	INDICATIVO	FORMAS NOMINAIS		FORMA ADVERBAL	
P. perfeito simples	enchi encheste encheu enchemos enchestes encheram	Infinitivo impes.	encher	Gerúndio	enchendo
P. mais-que-perfeito	enchera encheras enchera enchêramos enchêreis encheram	Particípio	enchido		

114 encontrar

	INDICATIVO	CONJUNTIVO	IMPERATIVO
Presente	encontro encontras encontra encontramos encontrais encontram	encontre encontres encontre encontremos encontreis encontrem	 encontra encontrai

	INDICATIVO	CONJUNTIVO	CONDICIONAL
Pret. imperfeito	encontrava encontravas encontrava encontrávamos encontráveis encontravam	encontrasse encontrasses encontrasse encontrássemos encontrásseis encontrassem	encontraria encontrarias encontraria encontraríamos encontraríeis encontrariam

	INDICATIVO	CONJUNTIVO	INFINITIVO PESSOAL
Futuro imperfeito	encontrarei encontrarás encontrará encontraremos encontrareis encontrarão	encontrar encontrares encontrar encontrarmos encontrardes encontrarem	encontrar encontrares encontrar encontrarmos encontrardes encontrarem

	INDICATIVO		FORMAS NOMINAIS		FORMA ADVERBAL
P. perfeito simples	encontrei encontraste encontrou encontrámos encontrastes encontraram	Infinitivo impes.	encontrar	Gerúndio	encontrando
P. mais-que-perfeito	encontrara encontraras encontrara encontráramos encontráreis encontraram	Particípio	encontrado		

115 enfeudar

	INDICATIVO	CONJUNTIVO	IMPERATIVO
Presente	enfeudo enfeudas enfeuda enfeudamos enfeudais enfeudam	enfeude enfeudes enfeude enfeudemos enfeudeis enfeudem	enfeuda enfeudai

	INDICATIVO	CONJUNTIVO	CONDICIONAL
Pret. imperfeito	enfeudava enfeudavas enfeudava enfeudávamos enfeudáveis enfeudavam	enfeudasse enfeudasses enfeudasse enfeudássemos enfeudásseis enfeudassem	enfeudaria enfeudarias enfeudaria enfeudaríamos enfeudaríeis enfeudariam

	INDICATIVO	CONJUNTIVO	INFINITIVO PESSOAL
Futuro imperfeito	enfeudarei enfeudarás enfeudará enfeudaremos enfeudareis enfeudarão	enfeudar enfeudares enfeudar enfeudarmos enfeudardes enfeudarem	enfeudar enfeudares enfeudar enfeudarmos enfeudardes enfeudarem

	INDICATIVO	FORMAS NOMINAIS		FORMA ADVERBAL	
P. perfeito simples	enfeudei enfeudaste enfeudou enfeudámos enfeudastes enfeudaram	Infinitivo impes.	enfeudar	Gerúndio	enfeudando
P. mais-que-perfeito	enfeudara enfeudaras enfeudara enfeudáramos enfeudáreis enfeudaram	Particípio	enfeudado		

116 engasgar

	INDICATIVO	CONJUNTIVO	IMPERATIVO
Presente	engasgo engasgas engasga engasgamos engasgais engasgam	engasgue engasgues engasgue engasguemos engasgueis engasguem	 engasga engasgai
			CONDICIONAL
Pret. imperfeito	engasgava engasgavas engasgava engasgávamos engasgáveis engasgavam	engasgasse engasgasses engasgasse engasgássemos engasgásseis engasgassem	engasgaria engasgarias engasgaria engasgaríamos engasgaríeis engasgariam
			INFINITIVO PESSOAL
Futuro imperfeito	engasgarei engasgarás engasgará engasgaremos engasgareis engasgarão	engasgar engasgares engasgar engasgarmos engasgardes engasgarem	engasgar engasgares engasgar engasgarmos engasgardes engasgarem
		FORMAS NOMINAIS	**FORMA ADVERBAL**
P. perfeito simples	engasguei engasgaste engasgou engasgámos engasgastes engasgaram	Infinitivo impes.: engasgar	Gerúndio: engasgando
P. mais-que-perfeito	engasgara engasgaras engasgara engasgáramos engasgáreis engasgaram	Particípio: engasgado	

117 engolir

	INDICATIVO	CONJUNTIVO	IMPERATIVO
Presente	engulo	engula	
	engoles	engulas	engole
	engole	engula	
	engolimos	engulamos	
	engolis	engulais	engoli
	engolem	engulam	
			CONDICIONAL
Pret. imperfeito	engolia	engolisse	engoliria
	engolias	engolisses	engolirias
	engolia	engolisse	engoliria
	engolíamos	engolíssemos	engoliríamos
	engolíeis	engolísseis	engoliríeis
	engoliam	engolissem	engoliriam
			INFINITIVO PESSOAL
Futuro imperfeito	engolirei	engolir	engolir
	engolirás	engolires	engolires
	engolirá	engolir	engolir
	engoliremos	engolirmos	engolirmos
	engolireis	engolirdes	engolirdes
	engolirão	engolirem	engolirem
		FORMAS NOMINAIS	**FORMA ADVERBAL**
P. perfeito simples	engoli	Infinitivo impes.: engolir	Gerúndio: engolindo
	engoliste		
	engoliu		
	engolimos		
	engolistes		
	engoliram		
P. mais-que-perfeito	engolira	Particípio: engolido	
	engoliras		
	engolira		
	engolíramos		
	engolíreis		
	engoliram		

118 enjaular

INDICATIVO

Presente	Pret. imperfeito	Futuro imperfeito	P. perfeito simples	P. mais-que-perfeito
enjaulo	enjaulava	enjaularei	enjaulei	enjaulara
enjaulas	enjaulavas	anjaularás	enjaulaste	enjaularas
enjaula	enjaulava	enjaulará	enjaulou	enjaulara
enjaulamos	enjaulávamos	enjaularemos	enjaulámos	enjauláramos
enjaulais	enjauláveis	enjaulareis	enjaulastes	enjauláreis
enjaulam	enjaulavam	enjaularão	enjaularam	enjaularam

CONJUNTIVO

Presente	Pret. imperfeito	Futuro imperfeito
enjaule	enjaulasse	enjaular
enjaules	enjaulasses	enjaulares
enjaule	enjaulasse	enjaular
enjaulemos	enjaulássemos	enjaularmos
enjauleis	enjaulásseis	enjaulardes
enjaulem	enjaulassem	enjaularem

IMPERATIVO

enjaula

enjaulai

CONDICIONAL

enjaularia
enjaularias
enjaularia
enjaularíamos
enjaularíeis
enjaulariam

INFINITIVO PESSOAL

enjaular
enjaulares
enjaular
enjaularmos
enjaulardes
enjaularem

FORMAS NOMINAIS

Infinitivo impes. enjaular

Particípio enjaulado

FORMA ADVERBAL

Gerúndio enjaulando

119 enroscar

	INDICATIVO	CONJUNTIVO	IMPERATIVO
Presente	enrosco enroscas enrosca enroscamos enroscais enroscam	enrosque enrosques enrosque enrosquemos enrosqueis enrosquem	enrosca enroscai
			CONDICIONAL
Pret. imperfeito	enroscava enroscavas enroscava enroscávamos enroscáveis enroscavam	enroscasse enroscasses enroscasse enroscássemos enroscásseis enroscassem	enroscaria enroscarias enroscaria enroscaríamos enroscaríeis enroscariam
			INFINITIVO PESSOAL
Futuro imperfeito	enroscarei enroscarás enroscará enroscaremos enroscareis enroscarão	enroscar enroscares enroscar enroscarmos enroscardes enroscarem	enroscar enroscares enroscar enroscarmos enroscardes enroscarem
		FORMAS NOMINAIS	**FORMA ADVERBAL**
P. perfeito simples	enrosquei enroscaste enroscou enroscámos enroscastes enroscaram	Infinitivo impes.: enroscar	Gerúndio: enroscando
P. mais-que-perfeito	enroscara enroscaras enroscara enroscáramos enroscáreis enroscaram	Particípio: enroscado	

120 ensaiar

	INDICATIVO	CONJUNTIVO	IMPERATIVO
Presente	ensaio ensaias ensaia ensaiamos ensaiais ensaiam	ensaie ensaies ensaie ensaiemos ensaieis ensaiem	 ensaia ensaiai

	INDICATIVO	CONJUNTIVO	CONDICIONAL
Pret. imperfeito	ensaiava ensaiavas ensaiava ensaiávamos ensaiáveis ensaiavam	ensaiasse ensaiasses ensaiasse ensaiássemos ensaiásseis ensaiassem	ensaiaria ensaiarias ensaiaria ensaiaríamos ensaiaríeis ensaiariam

	INDICATIVO	CONJUNTIVO	INFINITIVO PESSOAL
Futuro imperfeito	ensaiarei ensaiarás ensaiará ensaiaremos ensaiareis ensaiarão	ensaiar ensaiares ensaiar ensaiarmos ensaiardes ensaiarem	ensaiar ensaiares ensaiar ensaiarmos ensaiardes ensaiarem

	INDICATIVO		FORMAS NOMINAIS		FORMA ADVERBAL
P. perfeito simples	ensaiei ensaiaste ensaiou ensaiámos ensaiastes ensaiaram	Infinitivo impes.	ensaiar	Gerúndio	ensaiando
P. mais-que-perfeito	ensaiara ensaiaras ensaiara ensaiáramos ensaiáreis ensaiaram	Particípio	ensaiado		

121 entesar

INDICATIVO

Presente	enteso entesas entesa entesamos entesais entesam
Pret. imperfeito	entesava entesavas entesava entesávamos entesáveis entesavam
Futuro imperfeito	entesarei entesarás entesará entesaremos entesareis entesarão
P. perfeito simples	entesei entesaste entesou entesámos entesastes entesaram
P. mais-que-perfeito	entesara entesaras entesara entesáramos entesáreis entesaram

CONJUNTIVO

Presente	entese enteses entese entesemos enteseis entesem
Pret. imperfeito	entesasse entesasses entesasse entesássemos entesásseis entesassem
Futuro imperfeito	entesar entesares entesar entesarmos entesardes entesarem

FORMAS NOMINAIS

Infinitivo impes.	entesar
Particípio	entesado

IMPERATIVO

entesa
entesai

CONDICIONAL

entesaria
entesarias
entesaria
entesaríamos
entesaríeis
entesariam

INFINITIVO PESSOAL

entesar
entesares
entesar
entesarmos
entesardes
entesarem

FORMA ADVERBAL

Gerúndio	entesando

122 entrar

	INDICATIVO	CONJUNTIVO	IMPERATIVO
Presente	entro entras entra entramos entrais entram	entre entres entre entremos entreis entrem	 entra entrai

	INDICATIVO	CONJUNTIVO	CONDICIONAL
Pret. imperfeito	entrava entravas entrava entrávamos entráveis entravam	entrasse entrasses entrasse entrássemos entrásseis entrassem	entraria entrarias entraria entraríamos entraríeis entrariam

	INDICATIVO	CONJUNTIVO	INFINITIVO PESSOAL
Futuro imperfeito	entrarei entrarás entrará entraremos entrareis entrarão	entrar entrares entrar entrarmos entrardes entrarem	entrar entrares entrar entrarmos entrardes entrarem

	INDICATIVO
P. perfeito simples	entrei entraste entrou entrámos entrastes entraram
P. mais-que-perfeito	entrara entraras entrara entráramos entráreis entraram

FORMAS NOMINAIS	
Infinitivo impes.	entrar
Particípio	entrado

FORMA ADVERBAL	
Gerúndio	entrando

123 entupir

	INDICATIVO	CONJUNTIVO	IMPERATIVO
Presente	entupo entupes *ou* entopes entupe *ou* entope entupimos entupis entupem *ou* entopem	entupa entupas entupa entupamos entupais entupam	 entupe *ou* entope entupi

	INDICATIVO	CONJUNTIVO	CONDICIONAL
Pret. imperfeito	entupia entupias entupia entupíamos entupíeis entupiam	entupisse entupisses entupisse entupíssemos entupísseis entupissem	entupiria entupirias entupiria entupiríamos entupiríeis entupiriam

	INDICATIVO	CONJUNTIVO	INFINITIVO PESSOAL
Futuro imperfeito	entupirei entupirás entupirá entupiremos entupireis entupirão	entupir entupires entupir entupirmos entupirdes entupirem	entupir entupires entupir entupirmos entupirdes entupirem

	INDICATIVO	FORMAS NOMINAIS		FORMA ADVERBAL	
P. perfeito simples	entupi entupiste entupiu entupimos entupistes entupiram	Infinitivo impes.	entupir	Gerúndio	entupindo
P. mais-que-perfeito	entupira entupiras entupira entupíramos entupíreis entupiram	Particípio	entupido		

• **Alguns gramáticos, não dando cabimento a outras formas da língua corrente; registam apenas as formas antigas em *u*.**

124 erguer

	INDICATIVO	CONJUNTIVO
Presente	ergo ergues ergue erguemos ergueis erguem	erga ergas erga ergamos ergais ergam
Pret. imperfeito	erguia erguias erguia erguíamos erguíeis erguiam	erguesse erguesses erguesse erguêssemos erguêsseis erguessem
Futuro imperfeito	erguerei erguerás erguerá ergueremos erguereis erguerão	erguer ergueres erguer erguermos erguerdes erguerem
P. perfeito simples	ergui ergueste ergueu erguemos erguestes ergueram	
P. mais-que-perfeito	erguera ergueras erguera erguêramos erguêreis ergueram	

IMPERATIVO
ergue erguei

CONDICIONAL
ergueria erguerias ergueria ergueríamos erguerícis ergueriam

INFINITIVO PESSOAL
erguer ergueres erguer erguermos erguerdes erguerem

FORMAS NOMINAIS	
Infinitivo impes.	erguer
Particípio	erguido

FORMA ADVERBAL	
Gerúndio	erguendo

125 errar

	INDICATIVO	CONJUNTIVO	IMPERATIVO
Presente	erro erras erra erramos errais erram	erre erres erre erremos erreis errem	 erra errai
			CONDICIONAL
Pret. imperfeito	errava erravas errava errávamos erráveis erravam	errasse errasses errasse errássemos errásseis errassem	erraria errarias erraria erraríamos erraríeis errariam
			INFINITIVO PESSOAL
Futuro imperfeito	errarei errarás errará erraremos errareis errarão	errar errares errar errarmos errardes errarem	errar errares errar errarmos errardes errarem
		FORMAS NOMINAIS	**FORMA ADVERBAL**
P. perfeito simples	errei erraste errou errámos errastes erraram	Infinitivo impes.: errar	Gerúndio: errando
P. mais-que-perfeito	errara erraras errara erráramos erráreis erraram	Particípio: errado	

126 escolher

	INDICATIVO	CONJUNTIVO	IMPERATIVO
Presente	escolho escolhes escolhe escolhemos escolheis escolhem	escolha escolhas escolha escolhamos escolhais escolham	 escolhe escolhei

	INDICATIVO	CONJUNTIVO	CONDICIONAL
Pret. imperfeito	escolhia escolhias escolhia escolhíamos escolhíeis escolhiam	escolhesse escolhesses escolhesse escolhêssemos escolhêsseis escolhessem	escolheria escolherias escolheria escolheríamos escolheríeis escolheriam

	INDICATIVO	CONJUNTIVO	INFINITIVO PESSOAL
Futuro imperfeito	escolherei escolherás escolherá escolheremos escolhereis escolherão	escolher escolheres escolher escolhermos escolherdes escolherem	escolher escolheres escolher escolhermos escolherdes escolherem

	INDICATIVO		FORMAS NOMINAIS		FORMA ADVERBAL
P. perfeito simples	escolhi escolheste escolheu escolhemos escolhestes escolheram	Infinitivo impes.	escolher	Gerúndio	escolhendo
P. mais-que-perfeito	escolhera escolheras escolhera escolhêramos escolhêreis escolheram	Particípio	escolhido		

127 escrever

	INDICATIVO	CONJUNTIVO	IMPERATIVO
Presente	escrevo escreves escreve escrevemos escreveis escrevem	escreva escrevas escreva escrevamos escrevais escrevam	 escreve escrevei

	INDICATIVO	CONJUNTIVO	CONDICIONAL
Pret. imperfeito	escrevia escrevias escrevia escrevíamos escrevíeis escreviam	escrevesse escrevesses escrevesse escrevêssemos escrevêsseis escrevessem	escreveria escreverias escreveria escreveríamos escreveríeis escreveriam

	INDICATIVO	CONJUNTIVO	INFINITIVO PESSOAL
Futuro imperfeito	escreverei escreverás escreverá escreveremos escrevereis escreverão	escrever escreveres escrever escrevermos escreverdes escreverem	escrever escreveres escrever escrevermos escreverdes escreverem

	INDICATIVO		FORMAS NOMINAIS		FORMA ADVERBAL
P. perfeito simples	escrevi escreveste escreveu escrevemos escrevestes escreveram	Infinitivo impes.	escrever	Gerúndio	escrevendo
P. mais-que-perfeito	escrevera escreveras escrevera escrevêramos escrevêreis escreveram	Particípio	escrito		

128 espargir

	INDICATIVO	CONJUNTIVO	IMPERATIVO
Presente	esparjo esparges esparge espargimos espargis espargem	esparja esparjas esparja esparjamos esparjais esparjam	 esparge espargi

			CONDICIONAL
Pret. imperfeito	espargia espargias espargia espargíamos espargíeis espargiam	espargisse espargisses espargisse espargíssemos espargísseis espargissem	espargiria espargirias espargiria espargiríamos espargiríeis espargiriam

			INFINITIVO PESSOAL
Futuro imperfeito	espargirei espargirás espargirá espargiremos espargireis espargirão	espargir espargires espargir espargirmos espargirdes espargirem	espargir espargires espargir espargirmos espargirdes espargirem

		FORMAS NOMINAIS	FORMA ADVERBAL
P. perfeito simples	espargi espargiste espargiu espargimos espargistes espargiram	**Infinitivo impes.** espargir	**Gerúndio** espargindo
P. mais-que-perfeito	espargira espargiras espargira espargíramos espargíreis espargiram	**Particípio** espargido/esparso	

129 espetar

	INDICATIVO	CONJUNTIVO	IMPERATIVO
Presente	espeto espetas espeta espetamos espetais espetam	espete espetes espete espetemos espeteis espetem	 espeta espetai

	INDICATIVO	CONJUNTIVO	CONDICIONAL
Pret. imperfeito	espetava espetavas espetava espetávamos espetáveis espetavam	espetasse espetasses espetasse espetássemos espetásseis espetassem	espetaria espetarias espetaria espetaríamos espetaríeis espetariam

	INDICATIVO	CONJUNTIVO	INFINITIVO PESSOAL
Futuro imperfeito	espetarei espetarás espetará espetaremos espetareis espetarão	espetar espetares espetar espetarmos espetardes espetarem	espetar espetares espetar espetarmos espetardes espetarem

	INDICATIVO	FORMAS NOMINAIS		FORMA ADVERBAL	
P. perfeito simples	espetei espetaste espetou espetámos espetastes espetaram	Infinitivo impes.	espetar	Gerúndio	espetando
P. mais-que-perfeito	espetara espetaras espetara espetáramos espetáreis espetaram	Particípio	espetado		

130 espirrar

	INDICATIVO	CONJUNTIVO
Presente	espirro espirras espirra espirramos espirrais espirram	espirre espirres espirre espirremos espirreis espirrem
Pret. imperfeito	espirrava espirravas espirrava espirrávamos espirráveis espirravam	espirrasse espirrasses espirrasse espirrássemos espirrásseis espirrassem
Futuro imperfeito	espirrarei espirrarás espirrará espirraremos espirrareis espirrarão	espirrar espirrares espirrar espirrarmos espirrardes espirrarem
P. perfeito simples	espirrei espirraste espirrou espirrámos espirrastes espirraram	
P. mais-que-perfeito	espirrara espirraras espirrara espirráramos espirráreis espirraram	

IMPERATIVO

espirra

espirrai

CONDICIONAL

espirraria
espirrarias
espirraria
espirraríamos
espirraríeis
espirrariam

INFINITIVO PESSOAL

espirrar
espirrares
espirrar
espirrarmos
espirrardes
espirrarem

FORMAS NOMINAIS

Infinitivo impes.	espirrar
Particípio	espirrado

FORMA ADVERBAL

Gerúndio	espirrando

131 estar

	INDICATIVO	CONJUNTIVO	IMPERATIVO
Presente	estou estás está estamos estais estão	esteja estejas esteja estejamos estejais estejam	 está estai

	INDICATIVO	CONJUNTIVO	CONDICIONAL
Pret. imperfeito	estava estavas estava estávamos estáveis estavam	estivesse estivesses estivesse estivéssemos estivésseis estivessem	estaria estarias estaria estaríamos estaríeis estariam

	INDICATIVO	CONJUNTIVO	INFINITIVO PESSOAL
Futuro imperfeito	estarei estarás estará estaremos estareis estarão	estiver estiveres estiver estivermos estiverdes estiverem	estar estares estar estarmos estardes estarem

	INDICATIVO	FORMAS NOMINAIS		FORMA ADVERBAL	
P. perfeito simples	estive estiveste esteve estivemos estivestes estiveram	**Infinitivo impes.**	estar	**Gerúndio**	estando
P. mais-que-perfeito	estivera estiveras estivera estivéramos estivéreis estiveram	**Particípio**	estado		

• As formas *esteve, esteveste*, etc., são antigas e populares, assim como as do mais-que-perfeito *estevera*, etc., e as do conjuntivo *estevesse* e *estever*, etc. o Pres. do conj. também conheceu *estê, estês, estê, estêmos, estedes, esteis, estém.*

132 estranhar

	INDICATIVO	CONJUNTIVO	IMPERATIVO
Presente	estranho estranhas estranha estranhamos estranhais estranham	estranhe estranhes estranhe estranhemos estranheis estranhem	 estranha estranhai
			CONDICIONAL
Pret. imperfeito	estranhava estranhavas estranhava estranhávamos estranháveis estranhavam	estranhasse estranhasses estranhasse estranhássemos estranhásseis estranhassem	estranharia estranharias estranharia estranharíamos estranharíeis estranhariam
			INFINITIVO PESSOAL
Futuro imperfeito	estranharei estranharás estranhará estranharemos estranhareis estranharão	estranhar estranhares estranhar estranharmos estranhardes estranharem	estranhar estranhares estranhar estranharmos estranhardes estranharem
		FORMAS NOMINAIS	**FORMA ADVERBAL**
P. perfeito simples	estranhei estranhaste estranhou estranhámos estranhastes estranharam	Infinitivo impes.: estranhar	Gerúndio: estranhando
P. mais-que-perfeito	estranhara estranharas estranhara estranháramos estranháreis estranharam	Particípio: estranhado	

133 estrugir

	INDICATIVO	CONJUNTIVO	IMPERATIVO
Presente	estrujo estruges estruge estrugimos estrugis estrugem	estruja estrujas estruja estrujamos estrujais estrujam	 estruge estrugi
			CONDICIONAL
Pret. imperfeito	estrugia estrugias estrugia estrugíamos estrugíeis estrugiam	estrugisse estrugisses estrugisse estrugíssemos estrugísseis estrugissem	estrugiria estrugirias estrugiria estrugiríamos estrugiríeis estrugiriam
			INFINITIVO PESSOAL
Futuro imperfeito	estrugirei estrugirás estrugirá estrugiremos estrugireis estrugirão	estrugir estrugires estrugir estrugirmos estrugirdes estrugirem	estrugir estrugires estrugir estrugirmos estrugirdes estrugirem
		FORMAS NOMINAIS	**FORMA ADVERBAL**
P. perfeito simples	estrugi estrugiste estrugiu estrugimos estrugistes estrugiram	**Infinitivo impes.** estrugir	**Gerúndio** estrugindo
P. mais-que-perfeito	estrugira estrugiras estrugira estrugíramos estrugíreis estrugiram	**Particípio** estrugido	

134 exercer

	INDICATIVO	CONJUNTIVO	IMPERATIVO
Presente	exerço exerces exerce exercemos exerceis exercem	exerça exerças exerça exerçamos exerçais exerçam	exerce exercei

	INDICATIVO	CONJUNTIVO	CONDICIONAL
Pret. imperfeito	exercia exercias exercia exercíamos exercíeis exerciam	exercesse exercesses exercesse exercêssemos exercêsseis exercessem	exerceria exercerias exerceria exerceríamos exerceríeis exerceriam

	INDICATIVO	CONJUNTIVO	INFINITIVO PESSOAL
Futuro imperfeito	exercerei exercerás exercerá exerceremos exercereis exercerão	exercer exerceres exercer exercermos exercerdes exercerem	exercer exerceres exercer exercermos exercerdes exercerem

	INDICATIVO		FORMAS NOMINAIS		FORMA ADVERBAL
P. perfeito simples	exerci exerceste exerceu exercemos exercestes exerceram	Infinitivo impes.	exercer	Gerúndio	exercendo
P. mais-que-perfeito	exercera exerceras exercera exercêramos exercêreis exerceram	Particípio	exercido		

135 exibir

	INDICATIVO	CONJUNTIVO	IMPERATIVO
Presente	exibo exibes exibe exibimos exibis exibem	exiba exibas exiba exibamos exibais exibam	 exibe exibi

	INDICATIVO	CONJUNTIVO	CONDICIONAL
Pret. imperfeito	exibia exibias exibia exibíamos exibíeis exibiam	exibisse exibisses exibisse exibíssemos exibísseis exibissem	exibiria exibirias exibiria exibiríamos exibiríeis exibiriam

	INDICATIVO	CONJUNTIVO	INFINITIVO PESSOAL
Futuro imperfeito	exibirei exibirás exibirá exibiremos exibireis exibirão	exibir exibires exibir exibirmos exibirdes exibirem	exibir exibires exibir exibirmos exibirdes exibirem

	INDICATIVO	FORMAS NOMINAIS		FORMA ADVERBAL	
P. perfeito simples	exibi exibiste exibiu exibimos exibistes exibiram	Infinitivo impes.	exibir	Gerúndio	exibindo
P. mais-que-perfeito	exibira exibiras exibira exibíramos exibíreis exibiram	Particípio	exibido		

136 exprimir

	INDICATIVO	CONJUNTIVO	IMPERATIVO
Presente	exprimo exprimes exprime exprimos exprimis exprimem	exprima exprimas exprima exprimamos exprimais exprimam	 exprime exprimi
			CONDICIONAL
Pret. imperfeito	exprimia exprimias exprimia exprimíamos exprimíeis exprimiam	exprimisse exprimisses exprimisse exprimíssemos exprimísseis exprimissem	exprimiria exprimirias exprimiria exprimiríamos exprimiríeis exprimiriam
			INFINITIVO PESSOAL
Futuro imperfeito	exprimirei exprimirás exprimirá exprimiremos exprimireis exprimirão	exprimir exprimires exprimir exprimirmos exprimirdes exprimirem	exprimir exprimires exprimir exprimirmos exprimirdes exprimirem
		FORMAS NOMINAIS	**FORMA ADVERBAL**
P. perfeito simples	exprimi exprimiste exprimiu exprimimos exprimistes exprimiram	Infinitivo impes.: exprimir	Gerúndio: exprimindo
P. mais-que-perfeito	exprimira exprimiras exprimira exprimíramos exprimíreis exprimiram	Particípio: exprimido/expresso	

137 fazer

	INDICATIVO	CONJUNTIVO	IMPERATIVO
Presente	faço fazes faz fazemos fazeis fazem	faça faças faça façamos façais façam	 faz (faze) fazei
			CONDICIONAL
Pret. imperfeito	fazia fazias fazia fazíamos fazíeis faziam	fizesse fizesses fizesse fizéssemos fizésseis fizessem	faria farias faria faríamos faríeis fariam
			INFINITIVO PESSOAL
Futuro imperfeito	farei farás fará faremos fareis farão	fizer fizeres fizer fizermos fizerdes fizerem	fazer fazeres fazer fazermos fazerdes fazerem

	INDICATIVO		FORMAS NOMINAIS		FORMA ADVERBAL
P. perfeito simples	fiz fizeste fez fizemos fizestes fizeram	Infinitivo impes.	fazer	Gerúndio	fazendo
P. mais-que-perfeito	fizera fizeras fizera fizéramos fizéreis fizeram	Particípio	feito		

• Com pronomes, o futuro e o condic. fazem *fá-lo-ei, far-lhe-ei,* etc., e *fá-lo-ia, far-lhe-ia,* etc. Formas antigas: *fige, fezeste, fezera, figera, fezesse e figesse, fezer e figer,* etc.

138 fechar

	INDICATIVO	CONJUNTIVO	IMPERATIVO
Presente	fecho fechas fecha fechamos fechais fecham	feche feches feche fechemos fecheis fechem	fecha fechai

	INDICATIVO	CONJUNTIVO	CONDICIONAL
Pret. imperfeito	fechava fechavas fechava fechávamos fecháveis fechavam	fechasse fechasses fechasse fechássemos fechásseis fechassem	fecharia fecharias fecharia fecharíamos fecharíeis fechariam

	INDICATIVO	CONJUNTIVO	INFINITIVO PESSOAL
Futuro imperfeito	fecharei fecharás fechará fecharemos fechareis fecharão	fechar fechares fechar fecharmos fechardes fecharem	fechar fechares fechar fecharmos fechardes fecharem

	INDICATIVO	FORMAS NOMINAIS		FORMA ADVERBAL	
P. perfeito simples	fechei fechaste fechou fechámos fechastes fecharam	Infinitivo impes.	fechar	Gerúndio	fechando
P. mais-que-perfeito	fechara fecharas fechara fecháramos fecháreis fecharam	Particípio	fechado		

139 feirar

	INDICATIVO	CONJUNTIVO	IMPERATIVO
Presente	feiro feiras feira feiramos feirais feiram	feire feires feire feiremos feireis feirem	 feira feirai
			CONDICIONAL
Pret. imperfeito	feirava feiravas feirava feirávamos feiráveis feiravam	feirasse feirasses feirasse feirássemos feirásseis feirassem	feiraria feirarias feiraria feiraríamos feiraríeis feirariam
			INFINITIVO PESSOAL
Futuro imperfeito	feirarei feirarás feirará feiraremos feirareis feirarão	feirar feirares feirar feirarmos feirardes feirarem	feirar feirares feirar feirarmos feirardes feirarem
		FORMAS NOMINAIS	**FORMA ADVERBAL**
P. perfeito simples	feirei feiraste feirou feirámos feirastes feiraram	Infinitivo impes.: feirar	Gerúndio: feirando
P. mais-que-perfeito	feirara feiraras feirara feiráramos feiráreis feiraram	Particípio: feirado	

140 flechar

	INDICATIVO	CONJUNTIVO	IMPERATIVO
Presente	flecho flechas flecha flechamos flechais flecham	fleche fleches fleche flechemos flecheis flechem	 flecha flechai

	INDICATIVO	CONJUNTIVO	CONDICIONAL
Pret. imperfeito	flechava flechavas flechava flechávamos flecháveis flechavam	flechasse flechasses flechasse flechássemos flechásseis flechassem	flecharia flecharias flecharia flecharíamos flecharíeis flechariam

	INDICATIVO	CONJUNTIVO	INFINITIVO PESSOAL
Futuro imperfeito	flecharei flecharás flechará flecharemos flechareis flecharão	flechar flechares flechar flecharmos flechardes flecharem	flechar flechares flechar flecharmos flechardes flecharem

	INDICATIVO		FORMAS NOMINAIS		FORMA ADVERBAL
P. perfeito simples	flechei flechaste flechou flechámos flechastes flecharam	Infinitivo impes.	flechar	Gerúndio	flechando
P. mais-que-perfeito	flechara flecharas flechara flecháramos flecháreis flecharam	Particípio	flechado		

141 forçar

	INDICATIVO	CONJUNTIVO	IMPERATIVO
Presente	forço forças força forçamos forçais forçam	force forces force forcemos forceis forcem	 força forçai

	INDICATIVO	CONJUNTIVO	CONDICIONAL
Pret. imperfeito	forçava forçavas forçava forçávamos forçáveis forçavam	forçasse forçasses forçasse forçássemos forçásseis forçassem	forçaria forçarias forçaria forçaríamos forçaríeis forçariam

	INDICATIVO	CONJUNTIVO	INFINITIVO PESSOAL
Futuro imperfeito	forçarei forçarás forçará forçaremos forçareis forçarão	forçar forçares forçar forçarmos forçardes forçarem	forçar forçares forçar forçarmos forçardes forçarem

	INDICATIVO	FORMAS NOMINAIS		FORMA ADVERBAL	
P. perfeito simples	forcei forçaste forçou forçámos forçastes forçaram	Infinitivo impes.	forçar	Gerúndio	forçando
P. mais-que-perfeito	forçara forçaras forçara forçáramos forçáreis forçaram	Particípio	forçado		

142 franzir

	INDICATIVO	CONJUNTIVO	IMPERATIVO
Presente	franzo franzes franze franzimos franzis franzem	franza franzas franza franzamos franzais franzam	 franze franzi
			CONDICIONAL
Pret. imperfeito	franzia franzias franzia franzíamos franzíeis franziam	franzisse franzisses franzisse franzíssemos franzísseis franzissem	franziria franzirias franziria franziríamos franziríeis franziriam
			INFINITIVO PESSOAL
Futuro imperfeito	franzirei franzirás franzirá franziremos franzireis franzirão	franzir franzires franzir franzirmos franzirdes franzirem	franzir franzires franzir franzirmos franzirdes franzirem
		FORMAS NOMINAIS	**FORMA ADVERBAL**
P. perfeito simples	franzi franziste franziu franzimos franzistes franziram	Infinitivo impes.: franzir	Gerúndio: franzindo
P. mais-que-perfeito	franzira franziras franzira franzíramos franzíreis franziram	Particípio: franzido	• Atente-se na conservação do *e* depois do *z*, na 3.ª pes. do sing. do pres. do ind. Compare-se com os verbos que, nessa pessoa, têm o *z* precedido de vogal oral (*conduzir, aprazer,* etc.). «Não me franzas nunca mais a testa assim…» (*Viagens*, cap. XXIV)

143 fremir

	INDICATIVO	CONJUNTIVO	IMPERATIVO
Presente	....	....	
	fremes	....	freme
	freme	....	
	fremimos	....	
	fremis	....	fremi
	fremem	....	

			CONDICIONAL
Pret. imperfeito	fremia	fremisse	fremiria
	fremias	fremisses	fremirias
	fremia	fremisse	fremiria
	fremíamos	fremíssemos	fremiríamos
	fremíeis	fremísseis	fremiríeis
	fremiam	fremissem	fremiriam

			INFINITIVO PESSOAL
Futuro imperfeito	fremirei	fremir	fremir
	fremirás	fremires	fremires
	fremirá	fremir	fremir
	fremiremos	fremirmos	fremirmos
	fremireis	fremirdes	fremirdes
	fremirão	fremirem	fremirem

		FORMAS NOMINAIS	FORMA ADVERBAL
P. perfeito simples	fremi	Infinitivo impes.: fremir	Gerúndio: fremindo
	fremiste		
	fremiu		
	fremimos		
	fremistes		
	fremiram		
P. mais-que-perfeito	fremira	Particípio: fremido	
	fremiras		
	fremira		
	fremíramos		
	fremíreis		
	fremiram		

• Rodrigo Sá Nogueira dá deste verbo a conjugação completa: *frimo* e *frima, frimas, frima,* etc. Rebelo Gonçalves considera estas formas «teóricas».

	INDICATIVO	CONJUNTIVO	IMPERATIVO
Presente	frijo freges frege frigimos frigis fregem	frija frijas frija frijamos frijais frijam	 frege frigi

	INDICATIVO	CONJUNTIVO	CONDICIONAL
Pret. imperfeito	frigia frigias frigia frigíamos frigíeis frigiam	frigisse frigisses frigisse frigíssemos frigísseis frigissem	frigiria frigirias frigiria frigiríamos frigiríeis frigiriam

	INDICATIVO	CONJUNTIVO	INFINITIVO PESSOAL
Futuro imperfeito	frigirei frigirás frigirá frigiremos frigireis frigirão	frigir frigires frigir frigirmos frigirdes frigirem	frigir frigires frigir frigirmos frigirdes frigirem

	INDICATIVO	FORMAS NOMINAIS		FORMA ADVERBAL	
P. perfeito simples	frigi frigiste frigiu frigimos frigistes frigiram	Infinitivo impes.	frigir	Gerúndio	frigindo
P. mais-que-perfeito	frigira frigiras frigira frigíramos frigíreis frigiram	Particípio	frigido/frito		

145 fugir

	INDICATIVO	CONJUNTIVO	IMPERATIVO
Presente	fujo foges foge fugimos fugis fogem	fuja fujas fuja fujamos fujais fujam	 foge fugi
			CONDICIONAL
Pret. imperfeito	fugia fugias fugia fugíamos fugíeis fugiam	fugisse fugisses fugisse fugíssemos fugísseis fugissem	fugiria fugirias fugiria fugiríamos fugiríeis fugiriam
			INFINITIVO PESSOAL
Futuro imperfeito	fugirei fugirás fugirá fugiremos fugireis fugirão	fugir fugires fugir fugirmos fugirdes fugirem	fugir fugires fugir fugirmos fugirdes fugirem
		FORMAS NOMINAIS	**FORMA ADVERBAL**
P. perfeito simples	fugi fugiste fugiu fugimos fugistes fugiram	Infinitivo impes.: fugir	Gerúndio: fugindo
P. mais-que-perfeito	fugira fugiras fugira fugíramos fugíreis fugiram	Particípio: fugido	• Registem-se, do pres. do ind. e do imp., as formas antigas e populares *fuges, fuge* e *fugem*.

146 fumar

	INDICATIVO	CONJUNTIVO	IMPERATIVO
Presente	fumo fumas fuma fumamos fumais fumam	fume fumes fume fumemos fumeis fumem	 fuma fumai

	INDICATIVO	CONJUNTIVO	CONDICIONAL
Pret. imperfeito	fumava fumavas fumava fumávamos fumáveis fumavam	fumasse fumasses fumasse fumássemos fumásseis fumassem	fumaria fumarias fumaria fumaríamos fumaríeis fumariam

	INDICATIVO	CONJUNTIVO	INFINITIVO PESSOAL
Futuro imperfeito	fumarei fumarás fumará fumaremos fumareis fumarão	fumar fumares fumar fumarmos fumardes fumarem	fumar fumares fumar fumarmos fumardes fumarem

	INDICATIVO	FORMAS NOMINAIS		FORMA ADVERBAL	
P. perfeito simples	fumei fumaste fumou fumámos fumastes fumaram	Infinitivo impes.	fumar	Gerúndio	fumando
P. mais-que-perfeito	fumara fumaras fumara fumáramos fumáreis fumaram	Particípio	fumado		

147 gostar

	INDICATIVO	CONJUNTIVO	IMPERATIVO
Presente	gosto gostas gosta gostamos gostais gostam	goste gostes goste gostemos gosteis gostem	 gosta gostai
			CONDICIONAL
Pret. imperfeito	gostava gostavas gostava gostávamos gostáveis gostavam	gostasse gostasses gostasse gostássemos gostásseis gostassem	gostaria gostarias gostaria gostaríamos gostaríeis gostariam
			INFINITIVO PESSOAL
Futuro imperfeito	gostarei gostarás gostará gostaremos gostareis gostarão	gostar gostares gostar gostarmos gostardes gostarem	gostar gostares gostar gostarmos gostardes gostarem
		FORMAS NOMINAIS	**FORMA ADVERBAL**
P. perfeito simples	gostei gostaste gostou gostámos gostastes gostaram	Infinitivo impes.: gostar	Gerúndio: gostando
P. mais-que-perfeito	gostara gostaras gostara gostáramos gostáreis gostaram	Particípio: gostado	

148 governar

	INDICATIVO	CONJUNTIVO	IMPERATIVO
Presente	governo governas governa governamos governais governam	governe governes governe governemos governeis governem	 governa governai

	INDICATIVO	CONJUNTIVO	CONDICIONAL
Pret. imperfeito	governava governavas governava governávamos governáveis governavam	governasse governasses governasse governássemos governásseis governassem	governaria governarias governaria governaríamos governaríeis governariam

	INDICATIVO	CONJUNTIVO	INFINITIVO PESSOAL
Futuro imperfeito	governarei governarás governará governaremos governareis governarão	governar governares governar governarmos governardes governarem	governar governares governar governarmos governardes governarem

	INDICATIVO		FORMAS NOMINAIS		FORMA ADVERBAL
P. perfeito simples	governei governaste governou governámos governastes governaram	Infinitivo impes.	governar	Gerúndio	governando
P. mais-que-perfeito	governara governaras governara governáramos governáreis governaram	Particípio	governado		

149 haver

	INDICATIVO	CONJUNTIVO	IMPERATIVO
Presente	hei hás há havemos haveis hão	haja hajas haja hajamos hajais hajam	 há havei

	INDICATIVO	CONJUNTIVO	CONDICIONAL
Pret. imperfeito	havia havias havia havíamos havíeis haviam	houvesse houvesses houvesse houvéssemos houvésseis houvessem	haveria haverias haveria haveríamos haveríeis haveriam

	INDICATIVO	CONJUNTIVO	INFINITIVO PESSOAL
Futuro imperfeito	haverei haverás haverá haveremos havereis haverão	houver houveres houver houvermos houverdes houverem	haver haveres haver havermos haverdes haverem

	INDICATIVO	FORMAS NOMINAIS		FORMA ADVERBAL	
P. perfeito simples	houve houveste houve houvemos houvestes houveram	**Infinitivo impes.**	haver	**Gerúndio**	havendo
P. mais-que-perfeito	houvera houveras houvera houvéramos houvéreis houveram	**Particípio**	havido		

• Quando combinado com a preposição *de*, escreve-se *hei-de, hás--de, há-de, havemos de, haveis de (heis-de), hão--de*. Os outros tempos nunca têm hífen.

É um verbo *impessoal* no sentido de *«existir»*.

150 iludir

	INDICATIVO	CONJUNTIVO	IMPERATIVO
Presente	iludo iludes ilude iludimos iludis iludem	iluda iludas iluda iludamos iludais iludam	 ilude iludi
			CONDICIONAL
Pret. imperfeito	iludia iludias iludia iludíamos iludíeis iludiam	iludisse iludisses iludisse iludíssemos iludísseis iludissem	iludiria iludirias iludiria iludiríamos iludiríeis iludiriam
			INFINITIVO PESSOAL
Futuro imperfeito	iludirei iludirás iludirá iludiremos iludireis iludirão	iludir iludires iludir iludirmos iludirdes iludirem	iludir iludires iludir iludirmos iludirdes iludirem
		FORMAS NOMINAIS	**FORMA ADVERBAL**
P. perfeito simples	iludi iludiste iludiu iludimos iludistes iludiram	Infinitivo impes.: iludir	Gerúndio: iludindo
P. mais-que-perfeito	iludira iludiras iludira iludíramos iludíreis iludiram	Particípio: iludido	

151 ilustrar

	INDICATIVO	CONJUNTIVO	IMPERATIVO
Presente	ilustro ilustras ilustra ilustramos ilustrais ilustram	ilustre ilustres ilustre ilustremos ilustreis ilustrem	 ilustra ilustrai
			CONDICIONAL
Pret. imperfeito	ilustrava ilustravas ilustrava ilustrávamos ilustráveis ilustravam	ilustrasse ilustrasses ilustrasse ilustrássemos ilustrásseis ilustrassem	ilustraria ilustrarias ilustraria ilustraríamos ilustraríeis ilustrariam
			INFINITIVO PESSOAL
Futuro imperfeito	ilustrarei ilustrarás ilustrará ilustraremos ilustrareis ilustrarão	ilustrar ilustrares ilustrar ilustrarmos ilustrardes ilustrarem	ilustrar ilustrares ilustrar ilustrarmos ilustrardes ilustrarem
		FORMAS NOMINAIS	**FORMA ADVERBAL**
P. perfeito simples	ilustrei ilustraste ilustrou ilustrámos ilustrastes ilustraram	Infinitivo impes.: ilustrar	Gerúndio: ilustrando
P. mais-que-perfeito	ilustrara ilustraras ilustrara ilustráramos ilustráreis ilustraram	Particípio: ilustrado	

152 inchar

	INDICATIVO	CONJUNTIVO	IMPERATIVO
Presente	incho inchas incha inchamos inchais incham	inche inches inche inchemos incheis inchem	incha inchai

	INDICATIVO	CONJUNTIVO	CONDICIONAL
Pret. imperfeito	inchava inchavas inchava inchávamos incháveis inchavam	inchasse inchasses inchasse inchássemos inchásseis inchassem	incharia incharias incharia incharíamos incharíeis inchariam

	INDICATIVO	CONJUNTIVO	INFINITIVO PESSOAL
Futuro imperfeito	incharei incharás inchará incharemos inchareis incharão	inchar inchares inchar incharmos inchardes incharem	inchar inchares inchar incharmos inchardes incharem

	INDICATIVO	FORMAS NOMINAIS	FORMA ADVERBAL
P. perfeito simples	inchei inchaste inchou inchámos inchastes incharam	Infinitivo impes.: inchar	Gerúndio: inchando
P. mais-que-perfeito	inchara incharas inchara incháramos incháreis incharam	Particípio: inchado	

153 insuflar

INDICATIVO		CONJUNTIVO	IMPERATIVO
Presente	insuflo insuflas insufla insuflamos insuflais insuflam	insufle insufles insufle insuflemos insufleis insuflem	 insufla insuflai
			CONDICIONAL
Pret. imperfeito	insuflava insuflavas insuflava insuflávamos insufláveis insuflavam	insuflasse insuflasses insuflasse insuflássemos insuflásseis insuflassem	insuflaria insuflarias insuflaria insuflaríamos insuflaríeis insuflariam
			INFINITIVO PESSOAL
Futuro imperfeito	insuflarei insuflarás insuflará insuflaremos insuflareis insuflarão	insuflar insuflares insuflar insuflarmos insuflardes insuflarem	insuflar insuflares insuflar insuflarmos insuflardes insuflarem
		FORMAS NOMINAIS	**FORMA ADVERBAL**
P. perfeito simples	insuflei insuflaste insuflou insuflámos insuflastes insuflaram	Infinitivo impes.: insuflar	Gerúndio: insuflando
P. mais-que-perfeito	insuflara insuflaras insuflara insufláramos insufláreis insuflaram	Particípio: insuflado	

154 invadir

	INDICATIVO	CONJUNTIVO	IMPERATIVO
Presente	invado invades invade invadimos invadis invadem	invada invadas invada invadamos invadais invadam	 invade invadi

	INDICATIVO	CONJUNTIVO	CONDICIONAL
Pret. imperfeito	invadia invadias invadia invadíamos invadíeis invadiam	invadisse invadisses invadisse invadíssemos invadísseis invadissem	invadiria invadirias invadiria invadiríamos invadiríeis invadiriam

	INDICATIVO	CONJUNTIVO	INFINITIVO PESSOAL
Futuro imperfeito	invadirei invadirás invadirá invadiremos invadireis invadirão	invadir invadires invadir invadirmos invadirdes invadirem	invadir invadires invadir invadirmos invadirdes invadirem

	INDICATIVO		FORMAS NOMINAIS		FORMA ADVERBAL
P. perfeito simples	invadi invadiste invadiu invadimos invadistes invadiram	Infinitivo impes.	invadir	Gerúndio	invadindo
P. mais-que-perfeito	invadira invadiras invadira invadíramos invadíreis invadiram	Particípio	invadido		

155 ir

	INDICATIVO	CONJUNTIVO	IMPERATIVO
Presente	vou	vá	
	vais	vás	vai
	vai	vá	
	vamos	vamos	
	ides	vades	ide
	vão	vão	

	INDICATIVO	CONJUNTIVO	CONDICIONAL
Pret. imperfeito	ia	fosse	iria
	ias	fosses	irias
	ia	fosse	iria
	íamos	fôssemos	iríamos
	íeis	fôsseis	iríeis
	iam	fossem	iriam

	INDICATIVO		CONJUNTIVO	INFINITIVO PESSOAL
Futuro imperfeito	irei	Futuro imperfeito	for	ir
	lirás		fores	ires
	irá		for	ir
	iremos		formos	irmos
	ireis		fordes	irdes
	irão		forem	irem

	INDICATIVO	FORMAS NOMINAIS		FORMA ADVERBAL	
P. perfeito simples	fui	Infinitivo impes.	ir	Gerúndio	indo
	foste				
	foi				
	fomos				
	fostes				
	foram				
P. mais-que-perfeito	fora	Particípio	ido		
	foras				
	fora				
	fôramos				
	fôreis				
	foram				

• Além das formas, antigas e populares, *imos* e *is*, 1.ª e 2.ª pess. do pl. do pres. do ind., também se regista a forma antiga *i*, 2.ª pess. pl. do imperativo.

156 jazer

	INDICATIVO	CONJUNTIVO	IMPERATIVO
Presente	jazo jazes jaz jazemos jazeis jazem	jaza jazas jaza jazamos jazais jazam	jaz (jaze) jazei
			CONDICIONAL
Pret. imperfeito	jazia jazias jazia jazíamos jazíeis jaziam	jazesse jazesses jazesse jazêssemos jazêsseis jazessem	jazeria jazerias jazeria jazeríamos jazeríeis jazeriam
			INFINITIVO PESSOAL
Futuro imperfeito	jazerei jazerás jazerá jazeremos jazereis jazerão	jazer jazeres jazer jazermos jazerdes jazerem	jazer jazeres jazer jazermos jazerdes jazerem
		FORMAS NOMINAIS	**FORMA ADVERBAL**
P. perfeito simples	jazi jazeste jazeu jazemos jazestes jazeram	Infinitivo impes.: jazer	Gerúndio: jazendo
P. mais-que-perfeito	jazera jazeras jazera jazêramos jazêreis jazeram	Particípio: jazido	• São arcaicas as formas *jaço, jaça, jouve, jouvera, jouvesse, jouver*, etc.

157 lamber

	INDICATIVO	CONJUNTIVO	IMPERATIVO
Presente	lambo lambes lambe lambemos lambeis lambem	lamba lambas lamba lambamos lambais lambam	 lambe lambei

	INDICATIVO	CONJUNTIVO	CONDICIONAL
Pret. imperfeito	lambia lambias lambia lambíamos lambíeis lambiam	lambesse lambesses lambesse lambêssemos lambêsseis lambessem	lamberia lamberias lamberia lamberíamos lamberíeis lamberiam

	INDICATIVO	CONJUNTIVO	INFINITIVO PESSOAL
Futuro imperfeito	lamberei lamberás lamberá lamberemos lambereis lamberão	lamber lamberes lamber lambermos lamberdes lamberem	lamber lamberes lamber lambermos lamberdes lamberem

	INDICATIVO		FORMAS NOMINAIS		FORMA ADVERBAL
P. perfeito simples	lambi lambeste lambeu lambemos lambestes lamberam	Infinitivo impes.	lamber	Gerúndio	lambendo
P. mais-que-perfeito	lambera lamberas lambera lambêramos lambêreis lamberam	Particípio	lambido		

158 largar

	INDICATIVO	CONJUNTIVO	IMPERATIVO
Presente	largo largas larga largamos largais largam	largue largues largue larguemos largueis larguem	larga largai

	INDICATIVO	CONJUNTIVO	CONDICIONAL
Pret. imperfeito	largava largavas largava largávamos largáveis largavam	largasse largasses largasse largássemos largásseis largassem	largaria largarias largaria largaríamos largaríeis largariam

	INDICATIVO	CONJUNTIVO	INFINITIVO PESSOAL
Futuro imperfeito	largarei largarás largará largaremos largareis largarão	largar largares largar largarmos largardes largarem	largar largares largar largarmos largardes largarem

	INDICATIVO		FORMAS NOMINAIS		FORMA ADVERBAL
P. perfeito simples	larguei largaste largou largámos largastes largaram	Infinitivo impes.	largar	Gerúndio	largando
P. mais-que-perfeito	largara largaras largara largáramos largáreis largaram	Particípio	largado		

159 lastrar

	INDICATIVO	CONJUNTIVO	IMPERATIVO
Presente	lastro lastras lastra lastramos lastrais lastram	lastre lastres lastre lastremos lastreis lastrem	 lastra lastrai
			CONDICIONAL
Pret. imperfeito	lastrava lastravas lastrava lastrávamos lastráveis lastravam	lastrasse lastrasses lastrasse lastrássemos lastrásseis lastrassem	lastraria lastrarias lastraria lastraríamos lastraríeis lastrariam
			INFINITIVO PESSOAL
Futuro imperfeito	lastrarei lastrarás lastrará lastraremos lastrareis lastrarão	lastrar lastrares lastrar lastrarmos lastrardes lastrarem	lastrar lastrares lastrar lastrarmos lastrardes lastrarem
		FORMAS NOMINAIS	**FORMA ADVERBAL**
P. perfeito simples	lastrei lastraste lastrou lastrámos lastrastes lastraram	Infinitivo impes.: lastrar	Gerúndio: lastrando
P. mais-que-perfeito	lastrara lastraras lastrara lastráramos lastráreis lastraram	Particípio: lastrado	

160 lembrar

INDICATIVO

Presente	Pret. imperfeito	Futuro imperfeito	P. perfeito simples	P. mais-que-perfeito
lembro	lembrava	lembrarei	lembrei	lembrara
lembras	lembravas	lembrarás	lembraste	lembraras
lembra	lembrava	lembrará	lembrou	lembrara
lembramos	lembrávamos	lembraremos	lembrámos	lembráramos
lembrais	lembráveis	lembrareis	lembrastes	lembráreis
lembram	lembravam	lembrarão	lembraram	lembraram

CONJUNTIVO

Presente	Pret. imperfeito	Futuro imperfeito
lembre	lembrasse	lembrar
lembres	lembrasses	lembrares
lembre	lembrasse	lembrar
lembremos	lembrássemos	lembrarmos
lembreis	lembrásseis	lembrardes
lembrem	lembrassem	lembrarem

IMPERATIVO

lembra

lembrai

CONDICIONAL

lembraria
lembrarias
lembraria
lembraríamos
lembraríeis
lembrariam

INFINITIVO PESSOAL

lembrar
lembrares
lembrar
lembrarmos
lembrardes
lembrarem

FORMAS NOMINAIS

Infinitivo impes.	lembrar
Particípio	lembrado

FORMA ADVERBAL

Gerúndio	lembrando

• No sentido de «vir à memória» admite três modelos de construção:
- *Lembro-me do acontecimento.*
- *Lembra-me o acontecimento.*
- *Lembra-me do acontecimento.*

Cf. C. Cunha e L. Cintra, Nova Gr. do Port. Contemp., Lisboa, 1986, p. 525.

161 ler

	INDICATIVO	CONJUNTIVO	IMPERATIVO
Presente	leio lês lê lemos ledes lêem	leia leias leia leiamos leiais leiam	 lê lede
			CONDICIONAL
Pret. imperfeito	lia lias lia líamos líeis liam	lesse lesses lesse lêssemos lêsseis lessem	leria lerias leria leríamos leríeis leriam
			INFINITIVO PESSOAL
Futuro imperfeito	lerei lerás lerá leremos lereis lerão	ler leres ler lermos lerdes lerem	ler leres ler lermos lerdes lerem
		FORMAS NOMINAIS	**FORMA ADVERBAL**
P. perfeito simples	li leste leu lemos lestes leram	Infinitivo impes.: ler	Gerúndio: lendo
P. mais-que-perfeito	lera leras lera lêramos lêreis leram	Particípio: lido	

• Alguns gramáticos, ainda registam as formas antigas do pres. do conj. *leamos* e *leais* em vez das hoje estabelecidas *leiamos* e *leiais.*

162 ligar

	INDICATIVO	CONJUNTIVO	IMPERATIVO
Presente	ligo ligas liga ligamos ligais ligam	ligue ligues ligue liguemos ligueis liguem	 liga ligai
			CONDICIONAL
Pret. imperfeito	ligava ligavas ligava ligávamos ligáveis ligavam	ligasse ligasses ligasse ligássemos ligásseis ligassem	ligaria ligarias ligaria ligaríamos ligaríeis ligariam
			INFINITIVO PESSOAL
Futuro imperfeito	ligarei ligarás ligará ligaremos ligareis ligarão	ligar ligares ligar ligarmos ligardes ligarem	ligar ligares ligar ligarmos ligardes ligarem
		FORMAS NOMINAIS	**FORMA ADVERBAL**
P. perfeito simples	liguei ligaste ligou ligámos ligastes ligaram	Infinitivo impes.: ligar	Gerúndio: ligando
P. mais-que-perfeito	ligara ligaras ligara ligáramos ligáreis ligaram	Particípio: ligado	

163 limpar

	INDICATIVO	CONJUNTIVO	IMPERATIVO
Presente	limpo limpas limpa limpamos limpais limpam	limpe limpes limpe limpemos limpeis limpem	 limpa limpai
			CONDICIONAL
Pret. imperfeito	limpava limpavas limpava limpávamos limpáveis limpavam	limpasse limpasses limpasse limpássemos limpásseis limpassem	limparia limparias limparia limparíamos limparíeis limpariam
			INFINITIVO PESSOAL
Futuro imperfeito	limparei limparás limpará limparemos limpareis limparão	limpar limpares limpar limparmos limpardes limparem	limpar limpares limpar limparmos limpardes limparem
		FORMAS NOMINAIS	**FORMA ADVERBAL**
P. perfeito simples	limpei limpaste limpou limpámos limpastes limparam	Infinitivo impes.: limpar	Gerúndio: limpando
P. mais-que-perfeito	limpara limparas limpara limpáramos limpáreis limparam	Particípio: limpado/limpo	

164 melindrar

	INDICATIVO	CONJUNTIVO	IMPERATIVO
Presente	melindro melindras melindra melindramos melindrais melindram	melindre melindres melindre melindremos melindreis melindrem	 melindra melindrai
			CONDICIONAL
Pret. imperfeito	melindrava melindravas melindrava melindrávamos melindráveis melindravam	melindrasse melindrasses melindrasse melindrássemos melindrásseis melindrassem	melindraria melindrarias melindraria melindraríamos melindraríeis melindrariam
			INFINITIVO PESSOAL
Futuro imperfeito	melindrarei melindrarás melindrará melindraremos melindrareis melindrarão	melindrar melindrares melindrar melindrarmos melindrardes melindrarem	melindrar melindrares melindrar melindrarmos melindrardes melindrarem
		FORMAS NOMINAIS	**FORMA ADVERBAL**
P. perfeito simples	melindrei melindraste melindrou melindrámos melindrastes melindraram	Infinitivo impes.: melindrar	Gerúndio: melindrando
P. mais-que-perfeito	melindrara melindraras melindrara melindráramos melindráreis melindraram	Particípio: melindrado	

165 merecer

	INDICATIVO	CONJUNTIVO	IMPERATIVO
Presente	mereço mereces merece merecemos mereceis merecem	mereça mereças mereça mereçamos mereçais mereçam	 merece merecei
			CONDICIONAL
Pret. imperfeito	merecia merecias merecia merecíamos merecíeis mereciam	merecesse merecesses merecesse merecêssemos merecêsseis merecessem	mereceria merecerias mereceria mereceríamos mereceríeis mereceriam
			INFINITIVO PESSOAL
Futuro imperfeito	merecerei merecerás merecerá mereceremos merecereis merecerão	merecer mereceres merecer merecermos merecerdes merecerem	merecer mereceres merecer merecermos merecerdes merecerem
		FORMAS NOMINAIS	**FORMA ADVERBAL**
P. perfeito simples	mereci mereceste mereceu merecemos merecestes mereceram	Infinitivo impes.: merecer	Gerúndio: merecendo
P. mais-que-perfeito	merecera mereceras merecera merecêramos merecêreis mereceram	Particípio: merecido	

166 mergulhar

	INDICATIVO	CONJUNTIVO	IMPERATIVO
Presente	mergulho mergulhas mergulha mergulhamos mergulhais mergulham	mergulhe mergulhes mergulhe mergulhemos mergulheis mergulhem	 mergulha mergulhai
			CONDICIONAL
Pret. imperfeito	mergulhava mergulhavas mergulhava mergulhávamos mergulháveis mergulhavam	mergulhasse mergulhasses mergulhasse mergulhássemos mergulhásseis mergulhassem	mergulharia mergulharias mergulharia mergulharíamos mergulharíeis mergulhariam
			INFINITIVO PESSOAL
Futuro imperfeito	mergulharei mergulharás mergulhará mergulharemos mergulhareis mergulharão	mergulhar mergulhares mergulhar mergulharmos mergulhardes mergulharem	mergulhar mergulhares mergulhar mergulharmos mergulhardes mergulharem
		FORMAS NOMINAIS	**FORMA ADVERBAL**
P. perfeito simples	mergulhei mergulhaste mergulhou mergulhámos mergulhastes mergulharam	Infinitivo impes.: mergulhar	Gerúndio: mergulhando
P. mais-que-perfeito	mergulhara mergulharas mergulhara mergulháramos mergulháreis mergulharam	Particípio: mergulhado	

167 meter

	INDICATIVO	CONJUNTIVO	IMPERATIVO
Presente	meto metes mete metemos meteis metem	meta metas meta metamos metais metam	 mete metei

	INDICATIVO	CONJUNTIVO	CONDICIONAL
Pret. imperfeito	metia metias metia metíamos metíeis metiam	metesse metesses metesse metêssemos metêsseis metessem	meteria meterias meteria meteríamos meteríeis meteriam

	INDICATIVO	CONJUNTIVO	INFINITIVO PESSOAL
Futuro imperfeito	meterei meterás meterá meteremos metereis meterão	meter meteres meter metermos meterdes meterem	meter meteres meter metermos meterdes meterem

	INDICATIVO		FORMAS NOMINAIS		FORMA ADVERBAL
P. perfeito simples	meti meteste meteu metemos metestes meteram	Infinitivo impes.	meter	Gerúndio	metendo
P. mais-que-perfeito	metera meteras metera metêramos metêreis meteram	Particípio	metido		

168 mexer

	INDICATIVO	CONJUNTIVO	IMPERATIVO
Presente	mexo mexes mexe mexemos mexeis mexem	mexa mexas mexa mexamos mexais mexam	 mexe mexei
			CONDICIONAL
Pret. imperfeito	mexia mexias mexia mexíamos mexíeis mexiam	mexesse mexesses mexesse mexêssemos mexêsseis mexessem	mexeria mexerias mexeria mexeríamos mexeríeis mexeriam
			INFINITIVO PESSOAL
Futuro imperfeito	mexerei mexerás mexerá mexeremos mexereis mexerão	mexer mexeres mexer mexermos mexerdes mexerem	mexer mexeres mexer mexermos mexerdes mexerem
		FORMAS NOMINAIS	**FORMA ADVERBAL**
P. perfeito simples	mexi mexeste mexeu mexemos mexestes mexeram	Infinitivo impes.: mexer	Gerúndio: mexendo
P. mais-que-perfeito	mexera mexeras mexera mexêramos mexêreis mexeram	Particípio: mexido	

169 modificar

INDICATIVO

Presente
modifico
modificas
modifica
modificamos
modificais
modificam

Pret. imperfeito
modificava
modificavas
modificava
modificávamos
modificáveis
modificavam

Futuro imperfeito
modificarei
modificarás
modificará
modificaremos
modificareis
modificarão

P. perfeito simples
modifiquei
modificaste
modificou
modificámos
modificastes
modificaram

P. mais-que-perfeito
modificara
modificaras
modificara
modificáramos
modificáreis
modificaram

CONJUNTIVO

Presente
modifique
modifiques
modifique
modifiquemos
modifiqueis
modifiquem

Pret. imperfeito
modificasse
modificasses
modificasse
modificássemos
modificásseis
modificassem

Futuro imperfeito
modificar
modificares
modificar
modificarmos
modificardes
modificarem

IMPERATIVO

modifica

modificai

CONDICIONAL

modificaria
modificarias
modificaria
modificaríamos
modificaríeis
modificariam

INFINITIVO PESSOAL

modificar
modificares
modificar
modificarmos
modificardes
modificarem

FORMAS NOMINAIS

Infinitivo impes.
modificar

Particípio
modificado

FORMA ADVERBAL

Gerúndio
modificando

	INDICATIVO	CONJUNTIVO	IMPERATIVO
Presente	moo móis mói moemos moeis moem	moa moas moa moamos moais moam	 mói moei
			CONDICIONAL
Pret. imperfeito	moía moías moía moíamos moíeis moíam	moesse moesses moesse moêssemos moêsseis moessem	moeria moerias moeria moeríamos moeríeis moeriam
			INFINITIVO PESSOAL
Futuro imperfeito	moerei moerás moerá moeremos moereis moerão	moer moeres moer moermos moerdes moerem	moer moeres mor moermos moerdes moerem
		FORMAS NOMINAIS	**FORMA ADVERBAL**
P. perfeito simples	moí moeste moeu moemos moestes moeram	Infinitivo impes.: moer	Gerúndio: moendo
P. mais-que-perfeito	moera moeras moera moêramos moêreis moeram	Particípio: moído	

171 morar

	INDICATIVO	CONJUNTIVO	IMPERATIVO
Presente	moro moras mora moramos morais moram	more mores more moremos moreis morem	 mora morai
			CONDICIONAL
Pret. imperfeito	morava moravas morava morávamos moráveis moravam	morasse morasses morasse morássemos morásseis morassem	moraria morarias moraria moraríamos moraríeis morariam
			INFINITIVO PESSOAL
Futuro imperfeito	morarei morarás morará moraremos morareis morarão	morar morares morar morarmos morardes morarem	morar morares morar morarmos morardes morarem
		FORMAS NOMINAIS	**FORMA ADVERBAL**
P. perfeito simples	morei moraste morou morámos morastes moraram	Infinitivo impes.: morar	Gerúndio: morando
P. mais-que-perfeito	morara moraras morara moráramos moráreis moraram	Particípio: morado	

172 morder

	INDICATIVO	CONJUNTIVO	IMPERATIVO
Presente	mordo mordes morde mordemos mordeis mordem	morda mordas morda mordamos mordais mordam	 morde mordei

	INDICATIVO	CONJUNTIVO	CONDICIONAL
Pret. imperfeito	mordia mordias mordia mordíamos mordíeis mordiam	mordesse mordesses mordesse mordêssemos mordêsseis mordessem	morderia morderias morderia morderíamos morderíeis morderiam

	INDICATIVO	CONJUNTIVO	INFINITIVO PESSOAL
Futuro imperfeito	morderei morderás morderá morderemos mordereis morderão	morder morderes morder mordermos morderdes morderem	morder morderes morder mordermos morderdes morderem

	INDICATIVO		FORMAS NOMINAIS		FORMA ADVERBAL
P. perfeito simples	mordi mordeste mordeu mordemos mordestes morderam	Infinitivo impes.	morder	Gerúndio	mordendo
P. mais-que-perfeito	mordera morderas mordera mordêramos mordêreis morderam	Particípio	mordido		

173 mostrar

	INDICATIVO	CONJUNTIVO	IMPERATIVO
Presente	mostro mostras mostra mostramos mostrais mostram	mostre mostres mostre mostremos mostreis mostrem	 mostra mostrai

	INDICATIVO	CONJUNTIVO	CONDICIONAL
Pret. imperfeito	mostrava mostravas mostrava mostrávamos mostráveis mostravam	mostrasse mostrasses mostrasse mostrássemos mostrásseis mostrassem	mostraria mostrarias mostraria mostraríamos mostraríeis mostrariam

	INDICATIVO	CONJUNTIVO	INFINITIVO PESSOAL
Futuro imperfeito	mostrarei mostrarás mostrará mostraremos mostrareis mostrarão	mostrar mostrares mostrar mostrarmos mostrardes mostrarem	mostrar mostrares mostrar mostrarmos mostrardes mostrarem

	INDICATIVO	FORMAS NOMINAIS		FORMA ADVERBAL	
P. perfeito simples	mostrei mostraste mostrou mostrámos mostrastes mostraram	Infinitivo impes.	mostrar	Gerúndio	mostrando
P. mais-que-perfeito	mostrara mostraras mostrara mostráramos mostráreis mostraram	Particípio	mostrado		

174 motivar

	INDICATIVO	CONJUNTIVO	IMPERATIVO
Presente	motivo motivas motiva motivamos motivais motivam	motive motives motive motivemos motiveis motivem	motiva motivai
			CONDICIONAL
Pret. imperfeito	motivava motivavas motivava motivávamos motiváveis motivavam	motivasse motivasses motivasse motivássemos motivásseis motivassem	motivaria motivarias motivaria motivaríamos motivaríeis motivariam
			INFINITIVO PESSOAL
Futuro imperfeito	motivarei motivarás motivará motivaremos motivareis motivarão	motivar motivares motivar motivarmos motivardes motivarem	motivar motivares motivar motivarmos motivardes motivarem
		FORMAS NOMINAIS	**FORMA ADVERBAL**
P. perfeito simples	motivei motivaste motivou motivámos motivastes motivaram	Infinitivo impes.: motivar	Gerúndio: motivando
P. mais-que-perfeito	motivara motivaras motivara motiváramos motiváreis motivaram	Particípio: motivado	

175 mover

	INDICATIVO	CONJUNTIVO	IMPERATIVO
Presente	movo moves move movemos moveis movem	mova movas mova movamos movais movam	 move movei
			CONDICIONAL
Pret. imperfeito	movia movias movia movíamos movíeis moviam	movesse movesses movesse movêssemos movêsseis movessem	moveria moverias moveria moveríamos moveríeis moveriam
			INFINITIVO PESSOAL
Futuro imperfeito	moverei moverás moverá moveremos movereis moverão	mover moveres mover movermos moverdes moverem	mover moveres mover movermos moverdes moverem
		FORMAS NOMINAIS	**FORMA ADVERBAL**
P. perfeito simples	movi moveste moveu movemos movestes moveram	Infinitivo impes.: mover	Gerúndio: movendo
P. mais-que-perfeito	movera moveras movera movêramos movêreis moveram	Particípio: movido	

176 mudar

	INDICATIVO	CONJUNTIVO	IMPERATIVO
Presente	mudo mudas muda mudamos mudais mudam	mude mudes mude mudemos mudeis mudem	 muda mudai
			CONDICIONAL
Pret. imperfeito	mudava mudavas mudava mudávamos mudáveis mudavam	mudasse mudasses mudasse mudássemos mudásseis mudassem	mudaria mudarias mudaria mudaríamos mudaríeis mudariam
			INFINITIVO PESSOAL
Futuro imperfeito	mudarei mudarás mudará mudaremos mudareis mudarão	mudar mudares mudar mudarmos mudardes mudarem	mudar mudares mudar mudarmos mudardes mudarem
		FORMAS NOMINAIS	**FORMA ADVERBAL**
P. perfeito simples	mudei mudaste mudou mudámos mudastes mudaram	Infinitivo impes.: mudar	Gerúndio: mudando
P. mais-que-perfeito	mudara mudaras mudara mudáramos mudáreis mudaram	Particípio: mudado	

177 multar

	INDICATIVO	CONJUNTIVO
Presente	multo multas multa multamos multais multam	multe multes multe multemos multeis multem
Pret. imperfeito	multava multavas multava multávamos multáveis multavam	multasse multasses multasse multássemos multásseis multassem
Futuro imperfeito	multarei multarás multará multaremos multareis multarão	multar multares multar multarmos multardes multarem
P. perfeito simples	multei multaste multou multámos multastes multaram	
P. mais-que-perfeito	multara multaras multara multáramos multáreis multaram	

FORMAS NOMINAIS	
Infinitivo impes.	multar
Particípio	multado

IMPERATIVO

multa

multai

CONDICIONAL

multaria
multarias
multaria
multaríamos
multaríeis
multariam

INFINITIVO PESSOAL

multar
multares
multar
multarmos
multardes
multarem

FORMA ADVERBAL	
Gerúndio	multando

178 mungir

	INDICATIVO	CONJUNTIVO	IMPERATIVO
Presente	munjo munges munge mungimos mungis mungem	munja munjas munja munjamos munjais munjam	 munge mungi

	INDICATIVO	CONJUNTIVO	CONDICIONAL
Pret. imperfeito	mungia mungias mungia mungíamos mungíeis mungiam	mungisse mungisses mungisse mungíssemos mungísseis mungissem	mungiria mungirias mungiria mungiríamos mungiríeis mungiriam

	INDICATIVO	CONJUNTIVO	INFINITIVO PESSOAL
Futuro imperfeito	mungirei mungirás mungirá mungiremos mungireis mungirão	mungir mungires mungir mungirmos mungirdes mungirem	mungir mungires mungir mungirmos mungirdes mungirem

	INDICATIVO		FORMAS NOMINAIS		FORMA ADVERBAL
P. perfeito simples	mungi mungiste mungiu mungimos mungistes mungiram	Infinitivo impes.	mungir	Gerúndio	mungindo
P. mais-que-perfeito	mungira mungiras mungira mungíramos mungíreis mungiram	Particípio	mungido		

179 nascer

	INDICATIVO	CONJUNTIVO	IMPERATIVO
Presente	nasço	nasça	
	nasces	nasças	nasce
	nasce	nasça	
	nascemos	nasçamos	
	nasceis	nasçais	nascei
	nascem	nasçam	

	INDICATIVO	CONJUNTIVO	CONDICIONAL
Pret. imperfeito	nascia	nascesse	nasceria
	nascias	nascesses	nascerias
	nascia	nascesse	nasceria
	nascíamos	nascêssemos	nasceríamos
	nascíeis	nascêsseis	nasceríeis
	nasciam	nascessem	nasceriam

	INDICATIVO	CONJUNTIVO	INFINITIVO PESSOAL
Futuro imperfeito	nascerei	nascer	nascer
	nascerás	nasceres	nasceres
	nascerá	nascer	nascer
	nasceremos	nascermos	nascermos
	nascereis	nascerdes	nascerdes
	nascerão	nascerem	nascerem

	INDICATIVO	FORMAS NOMINAIS		FORMA ADVERBAL	
P. perfeito simples	nasci	Infinitivo impes.	nascer	Gerúndio	nascendo
	nasceste				
	nasceu				
	nascemos				
	nascestes				
	nasceram				
P. mais-que-perfeito	nascera	Particípio	nascido/nado		
	nasceras				
	nascera				
	nascêramos				
	nascêreis				
	nasceram				

180 notar

	INDICATIVO	CONJUNTIVO	IMPERATIVO
Presente	noto notas nota notamos notais notam	note notes note notemos noteis notem	 nota notai
			CONDICIONAL
Pret. imperfeito	notava notavas notava notávamos notáveis notavam	notasse notasses notasse notássemos notásseis notassem	notaria notarias notaria notaríamos notaríeis notariam
			INFINITIVO PESSOAL
Futuro imperfeito	notarei notarás notará notaremos notareis notarão	notar notares notar notarmos notardes notarem	notar notares notar notarmos notardes notarem
		FORMAS NOMINAIS	FORMA ADVERBAL
P. perfeito simples	notei notaste notou notámos notastes notaram	Infinitivo impes.: notar	Gerúndio: notando
P. mais-que-perfeito	notara notaras notara notáramos notáreis notaram	Particípio: notado	

181 nutrir

	INDICATIVO	CONJUNTIVO	IMPERATIVO
Presente	nutro nutres nutre nutrimos nutris nutrem	nutra nutras nutra nutramos nutrais nutram	 nutre nutri
			CONDICIONAL
Pret. imperfeito	nutria nutrias nutria nutríamos nutríeis nutriam	nutrisse nutrisses nutrisse nutríssemos nutrísseis nutrissem	nutriria nutririas nutriria nutriríamos nutriríeis nutririam
			INFINITIVO PESSOAL
Futuro imperfeito	nutrirei nutrirás nutrirá nutriremos nutrireis nutrirão	nutrir nutrires nutrir nutrirmos nutrirdes nutrirem	nutrir nutrires nutrir nutrirmos nutrirdes nutrirem
		FORMAS NOMINAIS	**FORMA ADVERBAL**
P. perfeito simples	nutri nutriste nutriu nutrimos nutristes nutriram	Infinitivo impes.: nutrir	Gerúndio: nutrindo
P. mais-que-perfeito	nutrira nutriras nutrira nutríramos nutríreis nutriram	Particípio: nutrido	

182 obstar

	INDICATIVO	CONJUNTIVO	IMPERATIVO
Presente	obsto obstas obsta obstamos obstais obstam	obste obstes obste obstemos obsteis obstem	 obsta obstai
			CONDICIONAL
Pret. imperfeito	obstava obstavas obstava obstávamos obstáveis obstavam	obstasse obstasses obstasse obstássemos obstásseis obstassem	obstaria obstarias obstaria obstaríamos obstaríeis obstariam
			INFINITIVO PESSOAL
Futuro imperfeito	obstarei obstarás obstará obstaremos obstareis obstarão	obstar obstares obstar obstarmos obstardes obstarem	obstar obstares obstar obstarmos obstardes obstarem
		FORMAS NOMINAIS	**FORMA ADVERBAL**
P. perfeito simples	obstei obstaste obstou obstámos obstastes obstaram	Infinitivo impes.: obstar	Gerúndio: obstando
P. mais-que-perfeito	obstara obstaras obstara obstáramos obstáreis obstaram	Particípio: obstado	

183 ocasionar

	INDICATIVO	CONJUNTIVO	IMPERATIVO
Presente	ocasiono ocasionas ocasiona ocasionamos ocasionais ocasionam	ocasione ocasiones ocasione ocasionemos ocasioneis ocasionem	 ocasiona ocasionai

	INDICATIVO	CONJUNTIVO	CONDICIONAL
Pret. imperfeito	ocasionava ocasionavas ocasionava ocasionávamos ocasionáveis ocasionavam	ocasionasse ocasionasses ocasionasse ocasionássemos ocasionásseis ocasionassem	ocasionaria ocasionarias ocasionaria ocasionaríamos ocasionaríeis ocasionariam

	INDICATIVO	CONJUNTIVO	INFINITIVO PESSOAL
Futuro imperfeito	ocasionarei ocasionarás ocasionará ocasionaremos ocasionareis ocasionarão	ocasionar ocasionares ocasionar ocasionarmos ocasionardes ocasionarem	ocasionar ocasionares ocasionar ocasionarmos ocasionardes ocasionarem

	INDICATIVO	FORMAS NOMINAIS		FORMA ADVERBAL	
P. perfeito simples	ocasionei ocasionaste ocasionou ocasionámos ocasionastes ocasionaram	Infinitivo impes.	ocasionar	Gerúndio	ocasionando
P. mais-que-perfeito	ocasionara ocasionaras ocasionara ocasionáramos ocasionáreis ocasionaram	Particípio	ocasionado		

183A oficiar

	INDICATIVO	CONJUNTIVO	IMPERATIVO
Presente	oficio oficias oficia oficiamos oficiais oficiam	oficie oficies oficie oficiemos oficieis oficiem	 oficia oficiai

	INDICATIVO	CONJUNTIVO	CONDICIONAL
Pret. imperfeito	oficiava oficiavas oficiava oficiávamos oficiáveis oficiavam	oficiasse oficiasses oficiasse oficiássemos oficiásseis oficiassem	oficiaria oficiarias oficiaria oficiaríamos oficiaríeis oficiariam

	INDICATIVO	CONJUNTIVO	INFINITIVO PESSOAL
Futuro imperfeito	oficiarei oficiarás oficiará oficiaremos oficiareis oficiarão	oficiar oficiares oficiar oficiarmos oficiardes oficiarem	oficiar oficiares oficiar oficiarmos oficiardes oficiarem

	INDICATIVO	FORMAS NOMINAIS		FORMA ADVERBAL	
P. perfeito simples	oficiei oficiaste oficiou oficiámos oficiastes oficiaram	Infinitivo impes.	oficiar	Gerúndio	oficiando
P. mais-que-perfeito	oficiara oficiaras oficiara oficiáramos oficiáreis oficiaram	Particípio	oficiado		

184 ordenar

	INDICATIVO	CONJUNTIVO	IMPERATIVO
Presente	ordeno ordenas ordena ordenamos ordenais ordenam	ordene ordenes ordene ordenemos ordeneis ordenem	 ordena ordenai

			CONDICIONAL
Pret. imperfeito	ordenava ordenavas ordenava ordenávamos ordenáveis ordenavam	ordenasse ordenasses ordenasse ordenássemos ordenásseis ordenassem	ordenaria ordenarias ordenaria ordenaríamos ordenaríeis ordenariam

			INFINITIVO PESSOAL
Futuro imperfeito	ordenarei ordenarás ordenará ordenaremos ordenareis ordenarão	ordenar ordenares ordenar ordenarmos ordenardes ordenarem	ordenar ordenares ordenar ordenarmos ordenardes ordenarem

		FORMAS NOMINAIS		FORMA ADVERBAL	
P. perfeito simples	ordenei ordenaste ordenou ordenámos ordenastes ordenaram	Infinitivo impes.	ordenar	Gerúndio	ordenando
P. mais-que-perfeito	ordenara ordenaras ordenara ordenáramos ordenáreis ordenaram	Particípio	ordenado		

185 ourar (oirar)

	INDICATIVO	CONJUNTIVO	IMPERATIVO
Presente	ouro ouras oura ouramos ourais ouram	oure oures oure ouremos oureis ourem	 oura ourai

	INDICATIVO	CONJUNTIVO	CONDICIONAL
Pret. imperfeito	ourava ouravas ourava ourávamos ouráveis ouravam	ourasse ourasses ourasse ourássemos ourásseis ourassem	ouraria ourarias ouraria ouraríamos ouraríeis ourariam

	INDICATIVO	CONJUNTIVO	INFINITIVO PESSOAL
Futuro imperfeito	ourarei ourarás ourará ouraremos ourareis ourarão	ourar ourares ourar ourarmos ourardes ourarem	ourar ourares ourar ourarmos ourardes ourarem

	INDICATIVO		FORMAS NOMINAIS		FORMA ADVERBAL
P. perfeito simples	ourei ouraste ourou ourámos ourastes ouraram	Infinitivo impes.	ourar	Gerúndio	ourando
P. mais-que-perfeito	ourara ouraras ourara ouráramos ouráreis ouraram	Particípio	ourado		

186 outorgar

	INDICATIVO	CONJUNTIVO	IMPERATIVO
Presente	outorgo outorgas outorga outorgamos outorgais outorgam	outorgue outorgues outorgue outorguemos outorgueis outorguem	 outorga outorgai

	INDICATIVO	CONJUNTIVO	CONDICIONAL
Pret. imperfeito	outorgava outorgavas outorgava outorgávamos outorgáveis outorgavam	outorgasse outorgasses outorgasse outorgássemos outorgásseis outorgassem	outorgaria outorgarias outorgaria outorgaríamos outorgaríeis outorgariam

	INDICATIVO	CONJUNTIVO	INFINITIVO PESSOAL
Futuro imperfeito	outorgarei outorgarás outorgará outorgaremos outorgareis outorgarão	outorgar outorgares outorgar outorgarmos outorgardes outorgarem	outorgar outorgares outorgar outorgarmos outorgardes outorgarem

	INDICATIVO	FORMAS NOMINAIS		FORMA ADVERBAL	
P. perfeito simples	outorguei outorgaste outorgou outorgámos outorgastes outorgaram	Infinitivo impes.	outorgar	Gerúndio	outorgando
P. mais-que-perfeito	outorgara outorgaras outorgara outorgáramos outorgáreis outorgaram	Particípio	outorgado		

187 ouvir

	INDICATIVO	CONJUNTIVO	IMPERATIVO
Presente	ouço ou oiço ouves ouve ouvimos ouvis ouvem	ouça *ou* oiça ouças *ou* oiças ouça *ou* oiça ouçamos *ou* oiçamos ouçais *ou* oiçais ouçam *ou* oiçam	 ouve ouvi

			CONDICIONAL
Pret. imperfeito	ouvia ouvias ouvia ouvíamos ouvíeis ouviam	ouvisse ouvisses ouvisse ouvíssemos ouvísseis ouvissem	ouviria ouvirias ouviria ouviríamos ouviríeis ouviriam

			INFINITIVO PESSOAL
Futuro imperfeito	ouvirei ouvirás ouvirá ouviremos ouvireis ouvirão	ouvir ouvires ouvir ouvirmos ouvirdes ouvirem	ouvir ouvires ouvir ouvirmos ouvirdes ouvirem

		FORMAS NOMINAIS		FORMA ADVERBAL	
P. perfeito simples	ouvi ouviste ouviu ouvimos ouvistes ouviram	Infinitivo impes.	ouvir	Gerúndio	ouvindo
P. mais-que-perfeito	ouvira ouviras ouvira ouvíramos ouvíreis ouviram	Particípio	ouvido		

188 pagar

	INDICATIVO	CONJUNTIVO	IMPERATIVO
Presente	pago pagas paga pagamos pagais pagam	pague pagues pague paguemos pagueis paguem	 paga pagai

	INDICATIVO	CONJUNTIVO	CONDICIONAL
Pret. imperfeito	pagava pagavas pagava pagávamos pagáveis pagavam	pagasse pagasses pagasse pagássemos pagásseis pagassem	pagaria pagarias pagaria pagaríamos pagaríeis pagariam

	INDICATIVO	CONJUNTIVO	INFINITIVO PESSOAL
Futuro imperfeito	pagarei pagarás pagará pagaremos pagareis pagarão	pagar pagares pagar pagarmos pagardes pagarem	pagar pagares pagar pagarmos pagardes pagarem

	INDICATIVO		FORMAS NOMINAIS		FORMA ADVERBAL
P. perfeito simples	paguei pagaste pagou pagámos pagastes pagaram	Infinitivo impes.	pagar	Gerúndio	pagando
P. mais-que-perfeito	pagara pagaras pagara pagáramos pagáreis pagaram	Particípio	pagado		

189 palrar

	INDICATIVO	CONJUNTIVO	IMPERATIVO
Presente	palro	palre	
	palras	palres	palra
	palra	palre	
	palramos	palremos	
	palrais	palreis	palrai
	palram	palrem	

	INDICATIVO	CONJUNTIVO	CONDICIONAL
Pret. imperfeito	palrava	palrasse	palraria
	palravas	palrasses	palrarias
	palrava	palrasse	palraria
	palrávamos	palrássemos	palraríamos
	palráveis	palrásseis	palraríeis
	palravam	palrassem	palrariam

	INDICATIVO	CONJUNTIVO	INFINITIVO PESSOAL
Futuro imperfeito	palrarei	palrar	palrar
	palrarás	palrares	palrares
	palrará	palrar	palrar
	palraremos	palrarmos	palrarmos
	palrareis	palrardes	palrardes
	palrarão	palrarem	palrarem

	INDICATIVO
P. perfeito simples	palrei
	palraste
	palrou
	palrámos
	palrastes
	palraram
P. mais-que-perfeito	palrara
	palraras
	palrara
	palráramos
	palráreis
	palraram

FORMAS NOMINAIS	
Infinitivo impes.	palrar
Particípio	palrado

FORMA ADVERBAL	
Gerúndio	palrando

• Quando traduz vozes de animais (*pega, papagaio*), este verbo é unipessoal.

190 partilhar

	INDICATIVO	CONJUNTIVO	IMPERATIVO
Presente	partilho partilhas partilha partilhamos partilhais partilham	partilhe partilhes partilhe partilhemos partilheis partilhem	 partilha partilhai

			CONDICIONAL
Pret. imperfeito	partilhava partilhavas partilhava partilhávamos partilháveis partilhavam	partilhasse partilhasses partilhasse partilhássemos partilhásseis partilhassem	partilharia partilharias partilharia partilharíamos partilharíeis partilhariam

			INFINITIVO PESSOAL
Futuro imperfeito	partilharei partilharás partilhará partilharemos partilhareis partilharão	partilhar partilhares partilhar partilharmos partilhardes partilharem	partilhar partilhares partilhar partilharmos partilhardes partilharem

		FORMAS NOMINAIS		FORMA ADVERBAL	
P. perfeito simples	partilhei partilhaste partilhou partilhámos partilhastes partilharam	Infinitivo impes.	partilhar	Gerúndio	partilhando
P. mais-que-perfeito	partilhara partilharas partilhara partilháramos partilháreis partilharam	Particípio	partilhado		

191 partir

	INDICATIVO	CONJUNTIVO
Presente	parto partes parte partimos partis partem	parta partas parta partamos partais partam
Pret. imperfeito	partia partias partia partíamos partíeis partiam	partisse partisses partisse partíssemos partísseis partissem
Futuro imperfeito	partirei partirás partirá partiremos partireis partirão	partir partires partir partirmos partirdes partirem
P. perfeito simples	parti partiste partiu partimos partistes partiram	
P. mais-que-perfeito	partira partiras partira partíramos partíreis partiram	

FORMAS NOMINAIS	
Infinitivo impes.	partir
Particípio	partido

IMPERATIVO
parte parti

CONDICIONAL
partiria partirias partiria partiríamos partiríeis partiriam

INFINITIVO PESSOAL
partir partires partir partirmos partirdes partirem

FORMA ADVERBAL	
Gerúndio	partindo

192 pecar

	INDICATIVO	CONJUNTIVO	IMPERATIVO
Presente	peco pecas peca pecamos pecais pecam	peque peques peque pequemos pequeis pequem	 peca pecai
			CONDICIONAL
Pret. imperfeito	pecava pecavas pecava pecávamos pecáveis pecavam	pecasse pecasses pecasse pecássemos pecásseis pecassem	pecaria pecarias pecaria pecaríamos pecaríeis pecariam
			INFINITIVO PESSOAL
Futuro imperfeito	pecarei pecarás pecará pecaremos pecareis pecarão	pecar pecares pecar pecarmos pecardes pecarem	pecar pecares pecar pecarmos pecardes pecarem
		FORMAS NOMINAIS	**FORMA ADVERBAL**
P. perfeito simples	pequei pecaste pecou pecámos pecastes pecaram	Infinitivo impes.: pecar	Gerúndio: pecando
P. mais-que-perfeito	pecara pecaras pecara pecáramos pecáreis pecaram	Particípio: pecado	

193 pedir

	INDICATIVO	CONJUNTIVO	IMPERATIVO
Presente	peço pedes pede pedimos pedis pedem	peça peças peça peçamos peçais peçam	pede pedi

	INDICATIVO	CONJUNTIVO	CONDICIONAL
Pret. imperfeito	pedia pedias pedia pedíamos pedíeis pediam	pedisse pedisses pedisse pedíssemos pedísseis pedissem	pediria pedirias pediria pediríamos pediríeis pediriam

	INDICATIVO	CONJUNTIVO	INFINITIVO PESSOAL
Futuro imperfeito	pedirei pedirás pedirá pediremos pedireis pedirão	pedir pedires pedir pedirmos pedirdes pedirem	pedir pedires pedir pedirmos pedirdes pedirem

	INDICATIVO	FORMAS NOMINAIS		FORMA ADVERBAL	
P. perfeito simples	pedi pediste pediu pedimos pedistes pediram	Infinitivo impes.	pedir	Gerúndio	pedindo
P. mais-que-perfeito	pedira pediras pedira pedíramos pedíreis pediram	Particípio	pedido		

• Nas três pess. do sing. e na 3ª do pl. do pres. do ind., no imper. e no pres. do conj., teve as formas *pido, pide, pidens, pide, pida*, etc.

194 pegar

	INDICATIVO	CONJUNTIVO	IMPERATIVO
Presente	pego	pegue	
	pegas	pegues	pega
	pega	pegue	
	pegamos	peguemos	
	pegais	pegueis	pegai
	pegam	peguem	
			CONDICIONAL
Pret. imperfeito	pegava	pegasse	pegaria
	pegavas	pegasses	pegarias
	pegava	pegasse	pegaria
	pegávamos	pegássemos	pegaríamos
	pegáveis	pegásseis	pegaríeis
	pegavam	pegassem	pegariam
			INFINITIVO PESSOAL
Futuro imperfeito	pegarei	pegar	pegar
	pegarás	pegares	pegares
	pegará	pegar	pegar
	pegaremos	pegarmos	pegarmos
	pegareis	pegardes	pegardes
	pegarão	pegarem	pegarem
		FORMAS NOMINAIS	FORMA ADVERBAL
P. perfeito simples	peguei	Infinitivo impes.: pegar	Gerúndio: pegando
	pegaste		
	pegou		
	pegámos		
	pegastes		
	pegaram		
P. mais-que-perfeito	pegara	Particípio: pegado	
	pegaras		
	pegara		
	pegáramos		
	pegáreis		
	pegaram		

195 penetrar

	INDICATIVO	CONJUNTIVO	IMPERATIVO
Presente	penetro penetras penetra penetramos penetrais penetram	penetre penetres penetre penetremos penetreis penetrem	penetra penetrai
			CONDICIONAL
Pret. imperfeito	penetrava penetravas penetrava penetrávamos penetráveis penetravam	penetrasse penetrasses penetrasse penetrássemos penetrásseis penetrassem	penetraria penetrarias penetraria penetraríamos penetraríeis penetrariam
			INFINITIVO PESSOAL
Futuro imperfeito	penetrarei penetrarás penetrará penetraremos penetrareis penetrarão	penetrar penetrares penetrar penetrarmos penetrardes penetrarem	penetrar penetrares penetrar penetrarmos penetrardes penetrarem
		FORMAS NOMINAIS	**FORMA ADVERBAL**
P. perfeito simples	penetrei penetraste penetrou penetrámos penetrastes penetraram	Infinitivo impes.: penetrar	Gerúndio: penetrando
P. mais-que-perfeito	penetrara penetraras penetrara penetráramos penetráreis penetraram	Particípio: penetrado	

196 pensar

	INDICATIVO	CONJUNTIVO	IMPERATIVO
Presente	penso	pense	
	pensas	penses	pensa
	pensa	pense	
	pensamos	pensemos	
	pensais	penseis	pensai
	pensam	pensem	

	INDICATIVO	CONJUNTIVO	CONDICIONAL
Pret. imperfeito	pensava	pensasse	pensaria
	pensavas	pensasses	pensarias
	pensava	pensasse	pensaria
	pensávamos	pensássemos	pensaríamos
	pensáveis	pensásseis	pensaríeis
	pensavam	pensassem	pensariam

	INDICATIVO	CONJUNTIVO	INFINITIVO PESSOAL
Futuro imperfeito	pensarei	pensar	pensar
	pensarás	pensares	pensares
	pensará	pensar	pensar
	pensaremos	pensarmos	pensarmos
	pensareis	pensardes	pensardes
	pensarão	pensarem	pensarem

	INDICATIVO	FORMAS NOMINAIS		FORMA ADVERBAL	
P. perfeito simples	pensei	Infinitivo impes.		Gerúndio	
	pensaste				
	pensou		pensar		pensando
	pensámos				
	pensastes				
	pensaram				
P. mais-que-perfeito	pensara	Particípio			
	pensaras				
	pensara		pensado		
	pensáramos				
	pensáreis				
	pensaram				

197 perder

	INDICATIVO	CONJUNTIVO	IMPERATIVO
Presente	perco perdes perde perdemos perdeis perdem	perca percas perca percamos percais percam	perde perdei
			CONDICIONAL
Pret. imperfeito	perdia perdias perdia perdíamos perdíeis perdiam	perdesse perdesses perdesse perdêssemos perdêsseis perdessem	perderia perderias perderia perderíamos perderíeis perderiam
			INFINITIVO PESSOAL
Futuro imperfeito	perderei perderás perderá perderemos perdereis perderão	perder perderes perder perdermos perderdes perderem	perder perderes perder perdermos perderdes perderem
		FORMAS NOMINAIS	**FORMA ADVERBAL**
P. perfeito simples	perdi perdeste perdeu perdemos perdestes perderam	Infinitivo impes.: perder	Gerúndio: perdendo
P. mais-que-perfeito	perdera perderas perdera perdêramos perdêreis perderam	Particípio: perdido	

198 perdoar

	INDICATIVO	CONJUNTIVO	IMPERATIVO
Presente	perdoo perdoas perdoa perdoamos perdoais perdoam	perdoe perdoes perdoe perdoemos perdoeis perdoem	 perdoa perdoai

	INDICATIVO	CONJUNTIVO	CONDICIONAL
Pret. imperfeito	perdoava perdoavas perdoava perdoávamos perdoáveis perdoavam	perdoasse perdoasses perdoasse perdoássemos perdoásseis perdoassem	perdoaria perdoarias perdoaria perdoaríamos perdoaríeis perdoariam

	INDICATIVO	CONJUNTIVO	INFINITIVO PESSOAL
Futuro imperfeito	perdoarei perdoarás perdoará perdoaremos perdoareis perdoarão	perdoar perdoares perdoar perdoarmos perdoardes perdoarem	perdoar perdoares perdoar perdoarmos perdoardes perdoarem

	INDICATIVO		FORMAS NOMINAIS		FORMA ADVERBAL
P. perfeito simples	perdoei perdoaste perdoou perdoámos perdoastes perdoaram	Infinitivo impes.	perdoar	Gerúndio	perdoando
P. mais-que-perfeito	perdoara perdoaras perdoara perdoáramos perdoáreis perdoaram	Particípio	perdoado		

• Usa-se como transitivo directo de coisa e indirecto de pessoa. «Diga a D. Mateus que não lhe guardo o menor ressentimento, que lhe perdoo do fundo da alma». Campos Monteiro, *Miss Esfinge*.

199 pernoitar

	INDICATIVO	CONJUNTIVO	IMPERATIVO
Presente	pernoito pernoitas pernoita pernoitamos pernoitais pernoitam	pernoite pernoites pernoite pernoitemos pernoiteis pernoitem	pernoita pernoitai
			CONDICIONAL
Pret. imperfeito	pernoitava pernoitavas pernoitava pernoitávamos pernoitáveis pernoitavam	pernoitasse pernoitasses pernoitasse pernoitássemos pernoitásseis pernoitassem	pernoitaria pernoitarias pernoitaria pernoitaríamos pernoitaríeis pernoitariam
			INFINITIVO PESSOAL
Futuro imperfeito	pernoitarei pernoitarás pernoitará pernoitaremos pernoitareis pernoitarão	pernoitar pernoitares pernoitar pernoitarmos pernoitardes pernoitarem	pernoitar pernoitares pernoitar pernoitarmos pernoitardes pernoitarem
		FORMAS NOMINAIS	FORMA ADVERBAL
P. perfeito simples	pernoitei pernoitaste pernoitou pernoitámos pernoitastes pernoitaram	Infinitivo impes.: pernoitar	Gerúndio: pernoitando
P. mais-que-perfeito	pernoitara pernoitaras pernoitara pernoitáramos pernoitáreis pernoitaram	Particípio: pernoitado	

200 pintar

	INDICATIVO	CONJUNTIVO	IMPERATIVO
Presente	pinto pintas pinta pintamos pintais pintam	pinte pintes pinte pintemos pinteis pintem	 pinta pintai

	INDICATIVO	CONJUNTIVO	CONDICIONAL
Pret. imperfeito	pintava pintavas pintava pintávamos pintáveis pintavam	pintasse pintasses pintasse pintássemos pintásseis pintassem	pintaria pintarias pintaria pintaríamos pintaríeis pintariam

	INDICATIVO	CONJUNTIVO	INFINITIVO PESSOAL
Futuro imperfeito	pintarei pintarás pintará pintaremos pintareis pintarão	pintar pintares pintar pintarmos pintardes pintarem	pintar pintares pintar pintarmos pintardes pintarem

	INDICATIVO	FORMAS NOMINAIS		FORMA ADVERBAL	
P. perfeito simples	pintei pintaste pintou pintámos pintastes pintaram	Infinitivo impes.	pintar	Gerúndio	pintando
P. mais-que-perfeito	pintara pintaras pintara pintáramos pintáreis pintaram	Particípio	pintado		

201 poder

	INDICATIVO	CONJUNTIVO	IMPERATIVO
Presente	posso podes pode podemos podeis podem	possa possas possa possamos possais possam	 pode podei

	INDICATIVO	CONJUNTIVO	CONDICIONAL
Pret. imperfeito	podia podias podia podíamos podíeis podiam	pudesse pudesses pudesse pudéssemos pudésseis pudessem	poderia poderias poderia poderíamos poderíeis poderiam

	INDICATIVO	CONJUNTIVO	INFINITIVO PESSOAL
Futuro imperfeito	poderei poderás poderá poderemos podereis poderão	puder puderes puder pudermos puderdes puderem	poder poderes poder podermos poderdes poderem

	INDICATIVO		FORMAS NOMINAIS		FORMA ADVERBAL
P. perfeito simples	pude pudeste pôde pudemos pudestes puderam	**Infinitivo impes.**	poder	**Gerúndio**	podendo
P. mais-que-perfeito	pudera puderas pudera pudéramos pudéreis puderam	**Particípio**	podido		• Há quem afirme que, por razões semânticas, o imperativo deste verbo «é desusado»; também há quem afirme que o «não tem». No pret. perf. teve as formas (arcaicas *pudi* e *podo*.

202 polir

	INDICATIVO	CONJUNTIVO	IMPERATIVO
Presente	pulo pules pule polimos polis pulem	pula pulas pula pulamos pulais pulam	 pule poli
			CONDICIONAL
Pret. imperfeito	polia polias polia políamos políeis poliam	polisse polisses polisse políssemos polísseis polissem	poliria polirias poliria poliríamos poliríeis poliriam
			INFINITIVO PESSOAL
Futuro imperfeito	polirei polirás polirá poliremos polireis polirão	polir polires polir polirmos polirdes polirem	polir polires polir polirmos polirdes polirem
		FORMAS NOMINAIS	FORMA ADVERBAL
P. perfeito simples	poli poliste poliu polimos polistes poliram	Infinitivo impes.: polir	Gerúndio: polindo
P. mais-que-perfeito	polira poliras polira políramos políreis poliram	Particípio: polido	

203 pôr

	INDICATIVO	CONJUNTIVO	IMPERATIVO
Presente	ponho	ponha	
	pões	ponhas	põe
	põe	ponha	
	pomos	ponhamos	
	pondes	ponhais	ponde
	põem	ponham	
			CONDICIONAL
Pret. imperfeito	punha	pusesse	poria
	punhas	pusesses	porias
	punha	pusesse	poria
	púnhamos	pusséssemos	poríamos
	púnheis	pusésseis	poríeis
	punham	pusessem	poriam
			INFINITIVO PESSOAL
Futuro imperfeito	porei	puser	pôr
	porás	puseres	pores
	porá	puser	pôr
	poremos	pusermos	pormos
	poreis	puserdes	pordes
	porão	puserem	porem
		FORMAS NOMINAIS	**FORMA ADVERBAL**
P. perfeito simples	pus	Infinitivo impes.	Gerúndio
	puseste	pôr	pondo
	pôs		
	pusemos		
	pusestes		
	puseram		
P. mais-que-perfeito	pusera	Particípio	
	puseras	posto	
	pusera		
	puséramos		
	puséreis		
	puseram		

• Com o pronome enclítico *(l)o*, a 3ª pess. sing. do pres. do ind. e a 2ª do sing. do imper. são *põe-no*. Como *pôr* se conjugam os seus compostos, mas não levam acento circunflexo as formas em *-or*. No pret. perf. teve a forma (arcaica) *puso*.

204 precaver

	INDICATIVO	CONJUNTIVO	IMPERATIVO
Presente	....	....	
	precaves	....	precave
	precave	....	
	precavemos	....	
	precaveis	....	precavei
	precavem	....	
			CONDICIONAL
Pret. imperfeito	precavia	precavesse	precaveria
	precavias	precavesses	precaverias
	precavia	precavesse	precaveria
	precavíamos	precavêssemos	precaveríamos
	precavíeis	precavêsseis	precaveríeis
	precaviam	precavessem	precaveriam
			INFINITIVO PESSOAL
Futuro imperfeito	precaverei	precaver	precaver
	precaverás	precaveres	precaveres
	precaverá	precaver	precaver
	precaveremos	precavermos	precavermos
	precavereis	precaverdes	precaverdes
	precaverão	precaverem	precaverem
		FORMAS NOMINAIS	**FORMA ADVERBAL**
P. perfeito simples	precavi	Infinitivo impes.: precaver	Gerúndio: precavendo
	precaveste		
	precaveu		
	precavemos		
	precavestes		
	precaveram		
P. mais-que-perfeito	precavera	Particípio: precavido	
	precaveras		
	precavera		
	precavêramos		
	precavêreis		
	precaveram		

• Embora a generalidade dos autores negue a existência da 1ª pessoa do sing. do pres. do indic. e as do pres. do conj., R. Sá Nogueira reputa este critério injustificável e atribui-lhes *precavo* e *precava, precavas*, etc. Também há quem aceite apenas as formas arrizotónicas.

205 precisar

	INDICATIVO	CONJUNTIVO
Presente	preciso precisas precisa precisamos precisais precisam	precise precises precise precisemos preciseis precisem
Pret. imperfeito	precisava precisavas precisava precisávamos precisáveis precisavam	precisasse precisasses precisasse precisássemos precisásseis precisassem
Futuro imperfeito	precisarei precisarás precisará precisaremos precisareis precisarão	precisar precisares precisar precisarmos precisardes precisarem
P. perfeito simples	precisei precisaste precisou precisámos precisastes precisaram	
P. mais-que-perfeito	precisara precisaras precisara precisáramos precisáreis precisaram	

IMPERATIVO

precisa

precisai

CONDICIONAL

precisaria
precisarias
precisaria
precisaríamos
precisaríeis
precisariam

INFINITIVO PESSOAL

precisar
prccisares
precisar
precisarmos
precisardes
precisarem

FORMAS NOMINAIS

Infinitivo impes.	precisar
Particípio	precisado

FORMA ADVERBAL

Gerúndio	precisando

206 preferir

	INDICATIVO	CONJUNTIVO	IMPERATIVO
Presente	prefiro preferes prefere preferimos preferis preferem	prefira prefiras prefira prefiramos prefirais prefiram	prefere preferi
			CONDICIONAL
Pret. imperfeito	preferia preferias preferia preferíamos preferíeis preferiam	preferisse preferisses preferisse preferíssemos preferísseis preferissem	preferiria preferirias preferiria preferiríamos preferiríeis prefeririam
			INFINITIVO PESSOAL
Futuro imperfeito	preferirei preferirás preferirá preferiremos preferireis preferirão	preferir preferires preferir preferirmos preferirdes preferirem	preferir preferires preferir preferirmos preferirdes preferirem
		FORMAS NOMINAIS	FORMA ADVERBAL
P. perfeito simples	preferi preferiste preferiu preferimos preferistes preferiram	Infinitivo impes.: preferir	Gerúndio: preferindo
P. mais-que-perfeito	preferira preferiras preferira preferíramos preferíreis preferiram	Particípio: preferido	

207 pregar

	INDICATIVO	CONJUNTIVO	IMPERATIVO
Presente	prego pregas prega pregamos pregais pregam	pregue pregues pregue preguemos pregueis preguem	 prega pregai
			CONDICIONAL
Pret. imperfeito	pregava pregavas pregava pregávamos pregáveis pregavam	pregasse pregasses pregasse pregássemos pregásseis pregassem	pregaria pregarias pregaria pregaríamos pregaríeis pregariam
			INFINITIVO PESSOAL
Futuro imperfeito	pregarei pregarás pregará pregaremos pregareis pregarão	pregar pregares pregar pregarmos pregardes pregarem	pregar pregares pregar pregarmos pregardes pregarem
		FORMAS NOMINAIS	**FORMA ADVERBAL**
P. perfeito simples	preguei pregaste pregou pregámos pregastes pregaram	Infinitivo impes.: pregar	Gerúndio: pregando
P. mais-que-perfeito	pregara pregaras pregara pregáramos pregáreis pregaram	Particípio: pregado	

• «És um pexote, não passas dum troixa, prego-te com o baralho no focinho estanhado...» Aquilino, *O Malhadinhas*, Bertrand, 26.

208 premir

	INDICATIVO	CONJUNTIVO	IMPERATIVO
Presente	primo primes prime premimos premis primem	prima primas prima primamos primais primam	 prime premi
			CONDICIONAL
Pret. imperfeito	premia premias premia premíamos premíeis premiam	premisse premisses premisse premíssemos premísseis premissem	premiria premirias premiria premiríamos premiríeis premiriam
			INFINITIVO PESSOAL
Futuro imperfeito	premirei premirás premirá premiremos premireis premirão	premir premires premir premirmos premirdes premirem	premir premires premir premirmos premirdes premirem
		FORMAS NOMINAIS	**FORMA ADVERBAL**
P. perfeito simples	premi premiste premiu premimos premistes premiram	Infinitivo impes.: premir	Gerúndio: premindo
P. mais-que-perfeito	premira premiras premira premíramos premíreis premiram	Particípio: premido	

209 prescindir

	INDICATIVO	CONJUNTIVO	IMPERATIVO
Presente	prescindo prescindes prescinde prescindimos prescindis prescindem	prescinda prescindas prescinda prescindamos prescindais prescindam	 prescinde prescindi

	INDICATIVO	CONJUNTIVO	CONDICIONAL
Pret. imperfeito	prescindia prescindias prescindia prescindíamos prescindíeis prescindiam	prescindisse prescindisses prescindisse prescindíssemos prescindísseis prescindissem	prescindiria prescindirias prescindiria prescindiríamos prescindiríeis prescindiriam

	INDICATIVO	CONJUNTIVO	INFINITIVO PESSOAL
Futuro imperfeito	prescindirei prescindirás prescindirá prescindiremos prescindireis prescindirão	prescindir prescindires prescindir prescindirmos prescindirdes prescindirem	prescindir prescindires prescindir prescindirmos prescindirdes prescindirem

	INDICATIVO		FORMAS NOMINAIS		FORMA ADVERBAL
P. perfeito simples	prescindi prescindiste prescindiu prescindimos prescindistes prescindiram	Infinitivo impes.	prescindir	Gerúndio	prescindindo
P. mais-que-perfeito	prescindira prescindiras prescindira prescindíramos prescindíreis prescindiram	Particípio	prescindido		• «Prescindir de despedir-se é que ele não pôde». Camilo, *Bas. F. Enxertado*, Par. A. M. Per., 3ª ed., 95.

210 presenciar

	INDICATIVO	CONJUNTIVO	IMPERATIVO
Presente	presencio ou -eio presencias ou -eias presencia ou -eia presenciamos presenciais presenciam ou -eiam	presencie ou -eie presencies ou -eies presencie ou -eie presenciemos presencieis presenciem ou -eiem	 presencia ou -eia presenciai
			CONDICIONAL
Pret. imperfeito	presenciava presenciavas presenciava presenciávamos presenciáveis presenciavam	presenciasse presenciasses presenciasse presenciássemos presenciásseis presenciassem	presenciaria presenciarias presenciaria presenciaríamos presenciaríeis presenciariam
			INFINITIVO PESSOAL
Futuro imperfeito	presenciarei presenciarás presenciará presenciaremos presenciareis presenciarão	presenciar presenciares presenciar presenciarmos presenciardes presenciarem	presenciar presenciares presenciar presenciarmos presenciardes presenciarem
		FORMAS NOMINAIS	**FORMA ADVERBAL**
P. perfeito simples	presenciei presenciaste presenciou presenciámos presenciastes presenciaram	Infinitivo impes.: presenciar	Gerúndio: presenciando
P. mais-que-perfeito	presenciara presenciaras presenciara presenciáramos presenciáreis presenciaram	Particípio: presenciado	

211 prevenir

	INDICATIVO	CONJUNTIVO	IMPERATIVO
Presente	previno	previna	
	prevines	previnas	previne
	previne	previna	
	prevenimos	previnamos	
	prevenis	previnais	preveni
	previnem	previnam	
			CONDICIONAL
Pret. imperfeito	prevenia	prevenisse	preveniria
	prevenias	prevenisses	prevenirias
	prevenia	prevenisse	preveniria
	preveníamos	prevenissemos	preveniríamos
	preveníeis	prevenísseis	preveniríeis
	preveniam	prevenissem	preveniriam
			INFINITIVO PESSOAL
Futuro imperfeito	prevenirei	prevenir	prevenir
	prevenirás	prevenires	prevenires
	prevenirá	prevenir	prevenir
	preveniremos	prevenirmos	prevenirmos
	prevenireis	prevenirdes	prevenirdes
	prevenirão	prevenirem	prevenirem
		FORMAS NOMINAIS	FORMA ADVERBAL
P. perfeito simples	preveni	Infinitivo impes.: prevenir	Gerúndio: prevenindo
	preveniste		
	preveniu		
	prevenimos		
	prevenistes		
	preveniram		
P. mais-que-perfeito	prevenira	Particípio: prevenido	• Rebelo Gonçalves, no *Vocabulário da Língua Portuguesa,* regista um segundo particípio, *prevento*, de sentido jurídico.
	preveniras		
	prevenira		
	preveníramos		
	preveníreis		
	preveniram		

212 procurar

	INDICATIVO	CONJUNTIVO	IMPERATIVO
Presente	procuro procuras procura procuramos procurais procuram	procure procures procure procuremos procureis procurem	 procura procurai
			CONDICIONAL
Pret. imperfeito	procurava procuravas procurava procurávamos procuráveis procuravam	procurasse procurasses procurasse procurássemos procurásseis procurassem	procuraria procurarias procuraria procuraríamos procuraríeis procurariam
			INFINITIVO PESSOAL
Futuro imperfeito	procurarei procurarás procurará procuraremos procurareis procurarão	procurar procurares procurar procurarmos procurardes procurarem	procurar procurares procurar procurarmos procurardes procurarem
		FORMAS NOMINAIS	**FORMA ADVERBAL**
P. perfeito simples	procurei procuraste procurou procurámos procurastes procuraram	Infinitivo impes.: procurar	Gerúndio: procurando
P. mais-que-perfeito	procurara procuraras procurara procuráramos procuráreis procuraram	Particípio: procurado	

213 proibir

INDICATIVO

Presente	proíbo proíbes proíbe proibimos proibis proíbem
Pret. imperfeito	proibia proibias proibia proibíamos proibíeis proibiam
Futuro imperfeito	proibirei proibirás proibirá proibiremos proibireis proibirão
P. perfeito simples	proibi proibiste proibiu proibimos proibistes proibiram
P. mais-que-perfeito	proibira proibiras proibira proibíramos proibíreis proibiram

CONJUNTIVO

Presente	proíba proíbas proíba proibamos proibais proíbam
Pret. imperfeito	proibisse proibisses proibisse proibíssemos proibísseis proibissem
Futuro imperfeito	proibir proibires proibir proibirmos proibirdes proibirem

FORMAS NOMINAIS

Infinitivo impes.	proibir
Particípio	proibido

IMPERATIVO

proíbe

proibi

CONDICIONAL

proibiria
proibirias
proibiria
proibiríamos
proibiríeis
proibiriam

INFINITIVO PESSOAL

proibir
proibires
proibir
proibirmos
proibirdes
proibirem

FORMA ADVERBAL

Gerúndio	proibindo

214 prolongar

	INDICATIVO	CONJUNTIVO	IMPERATIVO
Presente	prolongo prolongas prolonga prolongamos prolongais prolongam	prolongue prolongues prolongue prolonguemos prolongueis prolonguem	prolonga prolongai
			CONDICIONAL
Pret. imperfeito	prolongava prolongavas prolongava prolongávamos prolongáveis prolongavam	prolongasse prolongasses prolongasse prolongássemos prolongásseis prolongassem	prolongaria prolongarias prolongaria prolongaríamos prolongaríeis prolongariam
			INFINITIVO PESSOAL
Futuro imperfeito	prolongarei prolongarás prolongará prolongaremos prolongareis prolongarão	prolongar prolongares prolongar prolongarmos prolongardes prolongarem	prolongar prolongares prolongar prolongarmos prolongardes prolongarem
		FORMAS NOMINAIS	**FORMA ADVERBAL**
P. perfeito simples	prolonguei prolongaste prolongou prolongámos prolongastes prolongaram	Infinitivo impes.: prolongar	Gerúndio: prolongando
P. mais-que-perfeito	prolongara prolongaras prolongara prolongáramos prolongáreis prolongaram	Particípio: prolongado	

215 proteger

INDICATIVO

Presente

protejo
proteges
protege
protegemos
protegeis
protegem

Pret. imperfeito

protegia
protegias
protegia
protegíamos
protegíeis
protegiam

Futuro imperfeito

protegerei
protegerás
protegerá
protegeremos
protegereis
protegerão

P. perfeito simples

protegi
protegeste
protegeu
protegemos
protegestes
protegeram

P. mais-que-perfeito

protegera
protegeras
protegera
protegêramos
protegêreis
protegeram

CONJUNTIVO

Presente

proteja
protejas
proteja
protejamos
protejais
protejam

Pret. imperfeito

protegesse
protegesses
protegesse
protegêssemos
protegêsseis
protegessem

Futuro imperfeito

proteger
protegeres
proteger
protegermos
protegerdes
protegerem

IMPERATIVO

protege
protegei

CONDICIONAL

protegeria
protegerias
protegeria
protegeríamos
protegeríeis
protegeriam

INFINITIVO PESSOAL

proteger
protegeres
proteger
protegermos
protegerdes
protegerem

FORMAS NOMINAIS

Infinitivo impes.

proteger

Particípio

protegido

FORMA ADVERBAL

Gerúndio

protegendo

216 prover

	INDICATIVO	CONJUNTIVO	IMPERATIVO
Presente	provejo provês provê provemos provedes provêem	proveja provejas proveja provejamos provejais provejam	 provê provede
			CONDICIONAL
Pret. imperfeito	provia provias provia províamos províeis proviam	provesse provesses provesse provêssemos provêsseis provessem	proveria proverias proveria proveríamos proveríeis proveriam
			INFINITIVO PESSOAL
Futuro imperfeito	proverei proverás proverá proveremos provereis proverão	prover proveres prover provermos proverdes proverem	prover proveres prover provermos proverdes proverem

		FORMAS NOMINAIS		FORMA ADVERBAL
P. perfeito simples	provi proveste proveu provemos provestes proveram	Infinitivo impes.	prover	Gerúndio: provendo
P. mais-que-perfeito	provera proveras provera provêramos provêreis proveram	Particípio	provido	• Conjugação interessante. A. Morais e Silva, *Dic. da Língua Port.*, 3.ª ed., 1823, chama a atenção para o “uso dos clássicos” e salienta a “imitação de *ver*, sua raiz”.

217 provir

	INDICATIVO	CONJUNTIVO	IMPERATIVO
Presente	provenho provéns provém provimos provindes provêm	provenha provenhas provenha provenhamos provenhais provenham	 provém provinde

	INDICATIVO	CONJUNTIVO	CONDICIONAL
Pret. imperfeito	provinha provinhas provinha provínhamos provínheis provinham	proviesse proviesses proviesse proviéssemos proviésseis proviessem	proviria provirias proviria proviríamos proviríeis proviriam

	INDICATIVO	CONJUNTIVO	INFINITIVO PESSOAL
Futuro imperfeito	provirei provirás provirá proviremos provireis provirão	provier provieres provier proviermos provierdes provierem	provir provires provir provirmos provirdes provirem

	INDICATIVO	FORMAS NOMINAIS		FORMA ADVERBAL	
P. perfeito simples	provim provieste proveio proviemos proviestes provieram	Infinitivo impes.	provir	Gerúndio	provindo
P. mais-que-perfeito	proviera provieras proviera proviéramos proviéreis provieram	Particípio	provindo		

218 pugnar

	INDICATIVO	CONJUNTIVO	IMPERATIVO
Presente	pugno pugnas pugna pugnamos pugnais pugnam	pugne pugnes pugne pugnemos pugneis pugnem	 pugna pugnai

	INDICATIVO	CONJUNTIVO	CONDICIONAL
Pret. imperfeito	pugnava pugnavas pugnava pugnávamos pugnáveis pugnavam	pugnasse pugnasses pugnasse pugnássemos pugnásseis pugnassem	pugnaria pugnarias pugnaria pugnaríamos pugnaríeis pugnariam

	INDICATIVO	CONJUNTIVO	INFINITIVO PESSOAL
Futuro imperfeito	pugnarei pugnarás pugnará pugnaremos pugnareis pugnarão	pugnar pugnares pugnar pugnarmos pugnardes pugnarem	pugnar pugnares pugnar pugnarmos pugnardes pugnarem

	INDICATIVO		FORMAS NOMINAIS		FORMA ADVERBAL
P. perfeito simples	pugnei pugnaste pugnou pugnámos pugnastes pugnaram	Infinitivo impes.	pugnar	Gerúndio	pugnando
P. mais-que-perfeito	pugnara pugnaras pugnara pugnáramos pugnáreis pugnaram	Particípio	pugnado		

219 punir

	INDICATIVO	CONJUNTIVO	IMPERATIVO
Presente	puno punes pune punimos punis punem	puna punas puna punamos punais punam	 pune puni

	INDICATIVO	CONJUNTIVO	CONDICIONAL
Pret. imperfeito	punia punias punia puníamos puníeis puniam	punisse punisses punisse punissemos punísseis punissem	puniria punirias puniria puniríamos puniríeis puniriam

	INDICATIVO	CONJUNTIVO	INFINITIVO PESSOAL
Futuro imperfeito	punirei punirás punirá puniremos punireis punirão	punir punires punir punirmos punirdes punirem	punir punires punir punirmos punirdes punirem

	INDICATIVO		FORMAS NOMINAIS		FORMA ADVERBAL
P. perfeito simples	puni puniste puniu punimos punistes puniram	Infinitivo impes.	punir	Gerúndio	punindo
P. mais-que-perfeito	punira puniras punira puníramos puníreis puniram	Particípio	punido		

• Há quem o considere defectivo, como combalir, 67 (cf. *Nova Gramática do Português Contemporâneo*, 3.ª ed., 1986, p. 446).

220 querer

	INDICATIVO	CONJUNTIVO	IMPERATIVO
Presente	quero queres quer queremos quereis querem	queira queiras queira queiramos queirais queiram	quere (quer) querei
Pret. imperfeito	queria querias queria queríamos queríeis queriam	quisesse quisesses quisesse quiséssemos quisésseis quisessem	**CONDICIONAL** quereria quererias quereria quereríamos quereríeis quereriam
Futuro imperfeito	quererei quererás quererá quereremos querereis quererão	quiser quiseres quiser quisermos quiserdes quiserem	**INFINITIVO PESSOAL** querer quereres querer querermos quererdes quererem

	INDICATIVO		FORMAS NOMINAIS		FORMA ADVERBAL
P. perfeito simples	quis quiseste quis quisemos quisestes quiseram	Infinitivo impes.	querer	Gerúndio	querendo
P. mais-que-perfeito	quisera quiseras quisera quiséramos quiséreis quiseram	Particípio	querido		• Razões semânticas levam alguns autores à não aceitação do imperativo deste verbo. (Cp. v. *poder*). Com o pron. enclítico *(l)o*, a 3ª pess. do sing. do pres. do ind. é *quere-o*, sendo *quer-lo* e *qué-lo* ant. e pop. (Cfr. Rebelo Gonçalves).

221 reagir

	INDICATIVO	CONJUNTIVO	IMPERATIVO
Presente	reajo reages reage reagimos reagis reagem	reaja reajas reaja reajamos reajais reajam	 reage reagi

	INDICATIVO	CONJUNTIVO	CONDICIONAL
Pret. imperfeito	reagia reagias reagia reagíamos reagíeis reagiam	reagisse reagisses reagisse reagíssemos reagísseis reagissem	reagiria reagirias reagiria reagiríamos reagiríeis reagiriam

	INDICATIVO	CONJUNTIVO	INFINITIVO PESSOAL
Futuro imperfeito	reagirei reagirás reagirá reagiremos reagireis reagirão	reagir reagires reagir reagirmos reagirdes reagirem	reagir reagires reagir reagirmos reagirdes reagirem

	INDICATIVO		FORMAS NOMINAIS		FORMA ADVERBAL
P. perfeito simples	reagi reagiste reagiu reagimos reagistes reagiram	Infinitivo impes.	reagir	Gerúndio	reagindo
P. mais-que-perfeito	reagira reagiras reagira reagíramos reagíreis reagiram	Particípio	reagido		

222 reaver

	INDICATIVO	CONJUNTIVO	IMPERATIVO
Presente	.... reavemos reaveis	....	.... reavei

	INDICATIVO	CONJUNTIVO	CONDICIONAL
Pret. imperfeito	reavia reavias reavia reavíamos reavíeis reaviam	reouvesse reouvesses reouvesse reouvéssemos reouvésseis reouvessem	reaveria reaverias reaveria reaveríamos reaveríeis reaveriam

	INDICATIVO	CONJUNTIVO	INFINITIVO PESSOAL
Futuro imperfeito	reaverei reaverás reaverá reaveremos reavereis reaverão	reouver reouveres reouver reouvermos reouverdes reouverem	reaver reaveres reaver reavermos reaverdes reaverem

	INDICATIVO	FORMAS NOMINAIS	FORMA ADVERBAL
P. perfeito simples	reouve reouveste reouve reouvemos reouvestes reouveram	Infinitivo impes.: reaver	Gerúndio: reavendo
P. mais-que-perfeito	reouvera reouveras reouvera reouvéramos reouvéreis reouveram	Particípio: reavido	• Verbo defectivo. Emprega-se apenas nas formas em que o verbo *haver* tem *v*.

223 reflectir

	INDICATIVO	CONJUNTIVO	IMPERATIVO
Presente	reflicto reflectes reflecte reflectimos reflectis reflectem	reflicta reflictas reflicta reflictamos reflictais reflictam	 reflecte reflecti

	INDICATIVO	CONJUNTIVO	CONDICIONAL
Pret. imperfeito	reflectia reflectias reflectia reflectíamos reflectíeis reflectiam	reflectisse reflectisses reflectisse reflectíssemos reflectísseis reflectissem	reflectiria reflectirias reflectiria reflectiríamos reflectiríeis reflectiriam

	INDICATIVO	CONJUNTIVO	INFINITIVO PESSOAL
Futuro imperfeito	reflectirei reflectirás reflectirá reflectiremos reflectireis reflectirão	reflectir reflectires reflectir reflectirmos reflectirdes reflectirem	reflectir reflectires reflectir reflectirmos reflectirdes reflectirem

	INDICATIVO	FORMAS NOMINAIS		FORMA ADVERBAL	
P. perfeito simples	reflecti reflectiste reflectiu reflectimos reflectistes reflectiram	Infinitivo impes.	reflectir	Gerúndio	reflectindo
P. mais-que-perfeito	reflectira reflectiras reflectira reflectíramos reflectíreis reflectiram	Particípio	reflectido		

224 registar

	INDICATIVO	CONJUNTIVO	IMPERATIVO
Presente	registo registas regista registamos registais registam	registe registes registe registemos registeis registem	regista registai
			CONDICIONAL
Pret. imperfeito	registava registavas registava registávamos registáveis registavam	registasse registasses registasse registássemos registásseis registassem	registaria registarias registaria registaríamos registaríeis registariam
			INFINITIVO PESSOAL
Futuro imperfeito	registarei registarás registará registaremos registareis registarão	registar registares registar registarmos registardes registarem	registar registares registar registarmos registardes registarem
		FORMAS NOMINAIS	**FORMA ADVERBAL**
P. perfeito simples	registei registaste registou registámos registastes registaram	Infinitivo impes.: registar	Gerúndio: registando
P. mais-que-perfeito	registara registaras registara registáramos registáreis registaram	Particípio: registado	

225 remediar

	INDICATIVO	CONJUNTIVO	IMPERATIVO
Presente	remedeio remedeias remedeia remediamos remediais remedeiam	remedeie remedeies remedeie remediemos remedieis remedeiem	remedeia remediai

	INDICATIVO	CONJUNTIVO	CONDICIONAL
Pret. imperfeito	remediava remediavas remediava remediávamos remediáveis remediavam	remediasse remediasses remediasse remediássemos remediásseis remediassem	remediaria remediarias remediaria remediaríamos remediaríeis remediariam

	INDICATIVO	CONJUNTIVO	INFINITIVO PESSOAL
Futuro imperfeito	remediarei remediarás remediará remediaremos remediareis remediarão	remediar remediares remediar remediarmos remediardes remediarem	remediar remediares remediar remediarmos remediardes remediarem

	INDICATIVO	FORMAS NOMINAIS		FORMA ADVERBAL	
P. perfeito simples	remediei remediaste remediou remediámos remediastes remediaram	Infinitivo impes.	remediar	Gerúndio	remediando
P. mais-que-perfeito	remediara remediaras remediara remediáramos remediáreis remediaram	Particípio	remediado		

226 remir

	INDICATIVO	CONJUNTIVO	IMPERATIVO
Presente	redimo redimes redime remimos remis redimem	redima redimas redima redimamos redimais redimam	 redime remi

	INDICATIVO	CONJUNTIVO	CONDICIONAL
Pret. imperfeito	remia remias remia remíamos remíeis remiam	remisse remisses remisse remíssemos remísseis remissem	remiria remirias remiria remiríamos remiríeis remiriam

	INDICATIVO	CONJUNTIVO	INFINITIVO PESSOAL
Futuro imperfeito	remirei remirás remirá remiremos remireis remirão	remir remires remir remirmos remirdes remirem	remir remires remir remirmos remirdes remirem

	INDICATIVO	FORMAS NOMINAIS		FORMA ADVERBAL	
P. perfeito simples	remi remiste remiu remimos remistes remiram	Infinitivo impes.	remir	Gerúndio	remindo
P. mais-que-perfeito	remira remiras remira remíramos remíreis remiram	Particípio	remido		

• Como e verbo *remir* só possui as formas em que mantém o *i*, as outras formas são supridas pelas do verbo *redimir.*

227 repetir

	INDICATIVO	CONJUNTIVO	IMPERATIVO
Presente	repito repetes repete repetimos repetis repetem	repita repitas repita repitamos repitais repitam	 repete repeti

	INDICATIVO	CONJUNTIVO	CONDICIONAL
Pret. imperfeito	repetia repetias repetia repetíamos repetíeis repetiam	repetisse repetisses repetisse repetíssemos repetísseis repetissem	repetiria repetirias repetiria repetiríamos repetiríeis repetiriam

	INDICATIVO	CONJUNTIVO	INFINITIVO PESSOAL
Futuro imperfeito	repetirei repetirás repetirá repetiremos repetireis repetirão	repetir repetires repetir repetirmos repetirdes repetirem	repetir repetires repetir repetirmos repetirdes repetirem

	INDICATIVO	FORMAS NOMINAIS		FORMA ADVERBAL	
P. perfeito simples	repeti repetiste repetiu repetimos repetistes repetiram	Infinitivo impes.	repetir	Gerúndio	repetindo
P. mais-que-perfeito	repetira repetiras repetira repetíramos repetíreis repetiram	Particípio	repetido		

228 requerer

	INDICATIVO	CONJUNTIVO	IMPERATIVO
Presente	requeiro requeres requer requeremos requereis requerem	requeira requeiras requeira requeiramos requeirais requeiram	requere requerei
			CONDICIONAL
Pret. imperfeito	requeria requerias requeria requeríamos requeríeis requeriam	requeresse requeresses requeresse requerêssemos requerêsseis requeressem	requereria requererias requereria requereríamos requereríeis requereriam
			INFINITIVO PESSOAL
Futuro imperfeito	requererei requererás requererá requereremos requerereis requererão	requerer requereres requerer requerermos requererdes requererem	requerer requereres requerer requerermos requererdes requererem
		FORMAS NOMINAIS	**FORMA ADVERBAL**
P. perfeito simples	requeri requereste requereu requeremos requerestes requereram	**Infinitivo impes.** requerer	**Gerúndio** requerendo
P. mais-que-perfeito	requerera requereras requerera requerêramos requerêreis requereram	**Particípio** requerido	• A 3ª pess. do sing. do presente do indicativo, com o pronome enclítico *(l)o*, é *requere-o.*

229 reservar

	INDICATIVO	CONJUNTIVO	IMPERATIVO
Presente	reservo reservas reserva reservamos reservais reservam	reserve reserves reserve reservemos reserveis reservem	reserva reservai
			CONDICIONAL
Pret. imperfeito	reservava reservavas reservava reservávamos reserváveis reservavam	reservasse reservasses reservasse reservássemos reservásseis reservassem	reservaria reservarias reservaria reservaríamos reservaríeis reservariam
			INFINITIVO PESSOAL
Futuro imperfeito	reservarei reservarás reservará reservaremos reservareis reservarão	reservar reservares reservar reservarmos reservardes reservarem	reservar reservares reservar reservarmos reservardes reservarem
		FORMAS NOMINAIS	**FORMA ADVERBAL**
P. perfeito simples	reservei reservaste reservou reservámos reservastes reservaram	**Infinitivo impes.** reservar	**Gerúndio** reservando
P. mais-que-perfeito	reservara reservaras reservara reserváramos reserváreis reservaram	**Particípio** reservado	

230 resignar

	INDICATIVO	CONJUNTIVO	IMPERATIVO
Presente	resigno resignas resigna resignamos resignais resignam	resigne resignes resigne resignemos resigneis resignem	 resigna resignai

	INDICATIVO	CONJUNTIVO	CONDICIONAL
Pret. imperfeito	resignava resignavas resignava resignávamos resignáveis resignavam	resignasse resignasses resignasse resignássemos resignásseis resignassem	resignaria resignarias resignaria resignaríamos resignaríeis resignariam

	INDICATIVO	CONJUNTIVO	INFINITIVO PESSOAL
Futuro imperfeito	resignarei resignarás resignará resignaremos resignareis resignarão	resignar resignares resignar resignarmos resignardes resignarem	resignar resignares resignar resignarmos resignardes resignarem

	INDICATIVO
P. perfeito simples	resignei resignaste resignou resignámos resignastes resignaram
P. mais-que-perfeito	resignara resignaras resignara resignáramos resignáreis resignaram

FORMAS NOMINAIS	
Infinitivo impes.	resignar
Particípio	resignado

FORMA ADVERBAL	
Gerúndio	resignando

231 resolver

	INDICATIVO	CONJUNTIVO	IMPERATIVO
Presente	resolvo resolves resolve resolvemos resolveis resolvem	resolva resolvas resolva resolvamos resolvais resolvam	resolve resolvei
			CONDICIONAL
Pret. imperfeito	resolvia resolvias resolvia resolvíamos resolvíeis resolviam	resolvesse resolvesses resolvesse resolvêssemos resolvêsseis resolvessem	resolveria resolverias resolveria resolveríamos resolveríeis resolveriam
			INFINITIVO PESSOAL
Futuro imperfeito	resolverei resolverás resolverá resolveremos resolvereis resolverão	resolver resolveres resolver resolvermos resolverdes resolverem	resolver resolveres resolver resolvermos resolverdes resolverem
		FORMAS NOMINAIS	**FORMA ADVERBAL**
P. perfeito simples	resolvi resolveste resolveu resolvemos resolvestes resolveram	Infinitivo impes.: resolver	Gerúndio: resolvendo
P. mais-que-perfeito	resolvera resolveras resolvera resolvêramos resolvêreis resolveram	Particípio: resolvido	• Registam-se os princípios antigos *resolto* e *resoluto*.

232 responder

	INDICATIVO	CONJUNTIVO	IMPERATIVO
Presente	respondo respondes responde respondemos respondeis respondem	responda respondas responda respondamos respondais respondam	responde respondei
			CONDICIONAL
Pret. imperfeito	respondia respondias respondia respondíamos respondíeis respondiam	respondesse respondesses respondesse respondêssemos respondêsseis respondessem	responderia responderias responderia responderíamos responderíeis responderiam
			INFINITIVO PESSOAL
Futuro imperfeito	responderei responderás responderá responderemos respondereis responderão	responder responderes responder respondermos responderdes responderem	responder responderes responder respondermos responderdes responderem
		FORMAS NOMINAIS	**FORMA ADVERBAL**
P. perfeito simples	respondi respondeste respondeu respondemos respondestes responderam	Infinitivo impes.: responder	Gerúndio: respondendo
P. mais-que-perfeito	respondera responderas respondera respondêramos respondêreis responderam	Particípio: respondido	• Note-se, no sentido de «dar resposta», a diferença entre *responder a alguém* e *responder alguma coisa.*

233 restaurar

	INDICATIVO	CONJUNTIVO
Presente	restauro restauras restaura restauramos restaurais restauram	restaure restaures restaure restauremos restaureis restaurem
Pret. imperfeito	restaurava restauravas restaurava restaurávamos restauráveis restauravam	restaurasse restaurasses restaurasse restaurássemos restaurásseis restaurassem
Futuro imperfeito	restaurarei restaurarás restaurará restauraremos restaurareis restaurarão	restaurar restaurares restaurar restaurarmos restaurardes restaurarem
P. perfeito simples	restaurei restauraste restaurou restaurámos restaurastes restauraram	
P. mais-que-perfeito	restaurara restauraras restaurara restauráramos restauráreis restauraram	

FORMAS NOMINAIS	
Infinitivo impes.	restaurar
Particípio	restaurado

IMPERATIVO
restaura
restaurai

CONDICIONAL
restauraria restaurarias restauraria restauraríamos restauraríeis restaurariam

INFINITIVO PESSOAL
restaurar restaurares restaurar restaurarmos restaurardes restaurarem

FORMA ADVERBAL	
Gerúndio	restaurando

234 resumir

	INDICATIVO	CONJUNTIVO	IMPERATIVO
Presente	resumo resumes resume resumimos resumis resumem	resuma resumas resuma resumamos resumais resumam	 resume resumi
			CONDICIONAL
Pret. imperfeito	resumia resumias resumia resumíamos resumíeis resumiam	resumisse resumisses resumisse resumíssemos resumísseis resumissem	resumiria resumirias resumiria resumiríamos resumiríeis resumiriam
			INFINITIVO PESSOAL
Futuro imperfeito	resumirei resumirás resumirá resumiremos resumireis resumirão	resumir resumires resumir resumirmos resumirdes resumirem	resumir resumires resumir resumirmos resumirdes resumirem
		FORMAS NOMINAIS	**FORMA ADVERBAL**
P. perfeito simples	resumi resumiste resumiu resumimos resumistes resumiram	Infinitivo impes.: resumir	Gerúndio: resumindo
P. mais-que-perfeito	resumira resumiras resumira resumíramos resumíreis resumiram	Particípio: resumido	

235 retouçar

	INDICATIVO	CONJUNTIVO	IMPERATIVO
Presente	retouço retouças retouça retouçamos retouçais retouçam	retouce retouces retouce retoucemos retouceis retoucem	 retouça retouçai
			CONDICIONAL
Pret. imperfeito	retouçava retouçavas retouçava retouçávamos retouçáveis retouçavam	retouçasse retouçasses retouçasse retouçássemos retouçásseis retouçassem	retouçaria retouçarias retouçaria retouçaríamos retouçaríeis retouçariam
			INFINITIVO PESSOAL
Futuro imperfeito	retouçarei retouçarás retouçará retouçaremos retouçareis retouçarão	retouçar retouçares retouçar retouçarmos retouçardes retouçarem	retouçar retouçares retouçar retouçarmos retouçardes retouçarem
		FORMAS NOMINAIS	**FORMA ADVERBAL**
P. perfeito simples	retoucei retouçaste retouçou retouçámos retouçastes retouçaram	Infinitivo impes.: retouçar	Gerúndio: retouçando
P. mais-que-perfeito	retouçara retouçaras retouçara retouçáramos retouçáreis retouçaram	Particípio: retouçado	

236 reunir

	INDICATIVO	CONJUNTIVO	IMPERATIVO
Presente	reúno reúnes reúne reunimos reunis reúnem	reúna reúnas reúna reunamos reunais reúnam	 reúne reuni

	INDICATIVO	CONJUNTIVO	CONDICIONAL
Pret. imperfeito	reunia reunias reunia reuníamos reuníeis reuniam	reunisse reunisses reunisse reuníssemos reunísseis reunissem	reuniria reunirias reuniria reuniríamos reuniríeis reuniriam

	INDICATIVO	CONJUNTIVO	INFINITIVO PESSOAL
Futuro imperfeito	reunirei reunirás reunirá reuniremos reunireis reunirão	reunir reunires reunir reunirmos reunirdes reunirem	reunir reunires reunir reunirmos reunirdes reunirem

	INDICATIVO	FORMAS NOMINAIS		FORMA ADVERBAL	
P. perfeito simples	reuni reuniste reuniu reunimos reunistes reuniram	Infinitivo impes.	reunir	Gerúndio	reunindo
P. mais-que-perfeito	reunira reuniras reunira reuníramos reuníreis reuniram	Particípio	reunido		

237 rezar

	INDICATIVO	CONJUNTIVO	IMPERATIVO
Presente	rezo rezas reza rezamos rezais rezam	reze rezes reze rezemos rezeis rezem	reza rezai
			CONDICIONAL
Pret. imperfeito	rezava rezavas rezava rezávamos rezáveis rezavam	rezasse rezasses rezasse rezássemos rezásseis rezassem	rezaria rezarias rezaria rezaríamos rezaríeis rezariam
			INFINITIVO PESSOAL
Futuro imperfeito	rezarei rezarás rezará rezaremos rezareis rezarão	rezar rezares rezar rezarmos rezardes rezarem	rezar rezares rezar rezarmos rezardes rezarem
		FORMAS NOMINAIS	**FORMA ADVERBAL**
P. perfeito simples	rezei rezaste rezou rezámos rezastes rezaram	**Infinitivo impes.** rezar	**Gerúndio** rezando
P. mais-que-perfeito	rezara rezaras rezara rezáramos rezáreis rezaram	**Particípio** rezado	

238 rir

	INDICATIVO	CONJUNTIVO	IMPERATIVO
Presente	rio ris ri rimos rides riem	ria rias ria riamos riais riam	 ri ride

	INDICATIVO	CONJUNTIVO	CONDICIONAL
Pret. imperfeito	ria rias ria ríamos ríeis riam	risse risses risse ríssemos rísseis rissem	riria ririas riria riríamos riríeis ririam

	INDICATIVO	CONJUNTIVO	INFINITIVO PESSOAL
Futuro imperfeito	rirei rirás rirá riremos rireis rirão	rir rires rir rirmos rirdes rirem	rir rires rir rirmos rirdes rirem

	INDICATIVO		FORMAS NOMINAIS		FORMA ADVERBAL
P. perfeito simples	ri riste riu rimos ristes riram	Infinitivo impes.	rir	Gerúndio	rindo
P. mais-que-perfeito	rira riras rira ríramos ríreis riram	Particípio	rido		

239 riscar

INDICATIVO

Presente	risco riscas risca riscamos riscais riscam
Pret. imperfeito	riscava riscavas riscava riscávamos riscáveis riscavam
Futuro imperfeito	riscarei riscarás riscará riscaremos riscareis riscarão
P. perfeito simples	risquei riscaste riscou riscámos riscastes riscaram
P. mais-que-perfeito	riscara riscaras riscara riscáramos riscáreis riscaram

CONJUNTIVO

risque risques risque risquemos risqueis risquem
riscasse riscasses riscasse riscássemos riscásseis riscassem
riscar riscares riscar riscarmos riscardes riscarem

FORMAS NOMINAIS

Infinitivo impes.	riscar
Particípio	riscado

IMPERATIVO

risca

riscai

CONDICIONAL

riscaria
riscarias
riscaria
riscaríamos
riscaríeis
riscariam

INFINITIVO PESSOAL

riscar
riscares
riscar
riscarmos
riscardes
riscarem

FORMA ADVERBAL

Gerúndio	riscando

240 rogar

	INDICATIVO	CONJUNTIVO	IMPERATIVO
Presente	rogo rogas roga rogamos rogais rogam	rogue rogues rogue roguemos rogueis roguem	 roga rogai

	INDICATIVO	CONJUNTIVO	CONDICIONAL
Pret. imperfeito	rogava rogavas rogava rogávamos rogáveis rogavam	rogasse rogasses rogasse rogássemos rogásseis rogassem	rogaria rogarias rogaria rogaríamos rogaríeis rogariam

	INDICATIVO	CONJUNTIVO	INFINITIVO PESSOAL
Futuro imperfeito	rogarei rogarás rogará rogaremos rogareis rogarão	rogar rogares rogar rogarmos rogardes rogarem	rogar rogares rogar rogarmos rogardes rogarem

	INDICATIVO		FORMAS NOMINAIS		FORMA ADVERBAL
P. perfeito simples	roguei rogaste rogou rogámos rogastes rogaram	Infinitivo impes.	rogar	Gerúndio	rogando
P. mais-que-perfeito	rogara rogaras rogara rogáramos rogáreis rogaram	Particípio	rogado		

241 romper

	INDICATIVO	CONJUNTIVO	IMPERATIVO
Presente	rompo rompes rompe rompemos rompeis rompem	rompa rompas rompa rompamos rompais rompam	rompe rompei
			CONDICIONAL
Pret. imperfeito	rompia rompias rompia rompíamos rompíeis rompiam	rompesse rompesses rompesse rompêssemos rompêsseis rompessem	romperia romperias romperia romperíamos romperíeis romperiam
			INFINITIVO PESSOAL
Futuro imperfeito	romperei romperás romperá romperemos rompereis romperão	romper romperes romper rompermos romperdes romperem	romper romperes romper rompermos romperdes romperem
		FORMAS NOMINAIS	**FORMA ADVERBAL**
P. perfeito simples	rompi rompeste rompeu rompemos rompestes romperam	Infinitivo impes.: romper	Gerúndio: rompendo
P. mais-que-perfeito	rompera romperas rompera rompêramos rompêreis romperam	Particípio: rompido/roto	• «Olha, lá rompe a sua filarmónica...», Aquilino, *Mina de Diamantes*, Bertrand, 271.

242 roncar

INDICATIVO

Presente	ronco roncas ronca roncamos roncais roncam
Pret. imperfeito	roncava roncavas roncava roncávamos roncáveis roncavam
Futuro imperfeito	roncarei roncarás roncará roncaremos roncareis roncarão
P. perfeito simples	ronquei roncaste roncou roncámos roncastes roncaram
P. mais-que-perfeito	roncara roncaras roncara roncáramos roncáreis roncaram

CONJUNTIVO

ronque
ronques
ronque
ronquemos
ronqueis
ronquem

roncasse
roncasses
roncasse
roncássemos
roncásseis
roncassem

roncar
roncares
roncar
roncarmos
roncardes
roncarem

FORMAS NOMINAIS

Infinitivo impes.	roncar
Particípio	roncado

IMPERATIVO

ronca

roncai

CONDICIONAL

roncaria
roncarias
roncaria
roncaríamos
roncaríeis
roncariam

INFINITIVO PESSOAL

roncar
roncares
roncar
roncarmos
roncardes
roncarem

FORMA ADVERBAL

Gerúndio	roncando

243 roubar

	INDICATIVO	CONJUNTIVO
Presente	roubo roubas rouba roubamos roubais roubam	roube roubes roube roubemos roubeis roubem
Pret. imperfeito	roubava roubavas roubava roubávamos roubáveis roubavam	roubasse roubasses roubasse roubássemos roubásseis roubassem
Futuro imperfeito	roubarei roubarás roubará roubaremos roubareis roubarão	roubar roubares roubar roubarmos roubardes roubarem
P. perfeito simples	roubei roubaste roubou roubámos roubastes roubaram	
P. mais-que-perfeito	roubara roubaras roubara roubáramos roubáreis roubaram	

IMPERATIVO
rouba roubai

CONDICIONAL
roubaria roubarias roubaria roubaríamos roubaríeis roubariam

INFINITIVO PESSOAL
roubar roubares roubar roubarmos roubardes roubarem

FORMAS NOMINAIS	
Infinitivo impes.	roubar
Particípio	roubado

FORMA ADVERBAL	
Gerúndio	roubando

244 saber

	INDICATIVO	CONJUNTIVO	IMPERATIVO
Presente	sei sabes sabe sabemos sabeis sabem	saiba saibas saiba saibamos saibais saibam	sabe sabei
			CONDICIONAL
Pret. imperfeito	sabia sabias sabia sabíamos sabíeis sabiam	soubesse soubesses soubesse soubéssemos soubésseis soubessem	saberia saberias saberia saberíamos saberíeis saberiam
			INFINITIVO PESSOAL
Futuro imperfeito	saberei saberás saberá saberemos sabereis saberão	souber souberes souber soubermos souberdes souberem	saber saberes saber sabermos saberdes saberem
		FORMAS NOMINAIS	**FORMA ADVERBAL**
P. perfeito simples	soube soubeste soube soubemos soubestes souberam	Infinitivo impes.: saber	Gerúndio: sabendo
P. mais-que-perfeito	soubera souberas soubera soubéramos soubéreis souberam	Particípio: sabido	

245 sagrar

	INDICATIVO	CONJUNTIVO	IMPERATIVO
Presente	sagro sagras sagra sagramos sagrais sagram	sagre sagres sagre sagremos sagreis sagrem	 sagra sagrai

	INDICATIVO	CONJUNTIVO	CONDICIONAL
Pret. imperfeito	sagrava sagravas sagrava sagrávamos sagráveis sagravam	sagrasse sagrasses sagrasse sagrássemos sagrásseis sagrassem	sagraria sagrarias sagraria sagraríamos sagraríeis sagrariam

	INDICATIVO	CONJUNTIVO	INFINITIVO PESSOAL
Futuro imperfeito	sagrarei sagrarás sagrará sagraremos sagrareis sagrarão	sagrar sagrares sagrar sagrarmos sagrardes sagrarem	sagrar sagrares sagrar sagrarmos sagrardes sagrarem

	INDICATIVO	FORMAS NOMINAIS		FORMA ADVERBAL	
P. perfeito simples	sagrei sagraste sagrou sagrámos sagrastes sagraram	Infinitivo impes.	sagrar	Gerúndio	sagrando
P. mais-que-perfeito	sagrara sagraras sagrara sagráramos sagráreis sagraram	Particípio	sagrado		

246 salgar

	INDICATIVO	CONJUNTIVO	IMPERATIVO
Presente	salgo salgas salga salgamos salgais salgam	salgue salgues salgue salguemos salgueis salguem	 salga salgai
			CONDICIONAL
Pret. imperfeito	salgava salgavas salgava salgávamos salgáveis salgavam	salgasse salgasses salgasse salgássemos salgásseis salgassem	salgaria salgarias salgaria salgaríamos salgaríeis salgariam
			INFINITIVO PESSOAL
Futuro imperfeito	salgarei salgarás salgará salgaremos salgareis salgarão	salgar salgares salgar salgarmos salgardes salgarem	salgar salgares salgar salgarmos salgardes salgarem
		FORMAS NOMINAIS	**FORMA ADVERBAL**
P. perfeito simples	salguei salgaste salgou salgámos salgastes salgaram	Infinitivo impes.: salgar	Gerúndio: salgando
P. mais-que-perfeito	salgara salgaras salgara salgáramos salgáreis salgaram	Particípio: salgado	

247 saltar

	INDICATIVO	CONJUNTIVO	IMPERATIVO
Presente	salto saltas salta saltamos saltais saltam	salte saltes salte saltemos salteis saltem	 salta saltai
			CONDICIONAL
Pret. imperfeito	saltava saltavas saltava saltávamos saltáveis saltavam	saltasse saltasses saltasse saltássemos saltásseis saltassem	saltaria saltarias saltaria saltaríamos saltaríeis saltariam
			INFINITIVO PESSOAL
Futuro imperfeito	saltarei saltarás saltará saltaremos saltareis saltarão	saltar saltares saltar saltarmos saltardes saltarem	saltar saltares saltar saltarmos saltardes saltarem
		FORMAS NOMINAIS	**FORMA ADVERBAL**
P. perfeito simples	saltei saltaste saltou saltámos saltastes saltaram	Infinitivo impes.: saltar	Gerúndio: saltando
P. mais-que-perfeito	saltara saltaras saltara saltáramos saltáreis saltaram	Particípio: saltado	

248 saudar

	INDICATIVO	CONJUNTIVO	IMPERATIVO
Presente	saúdo saúdas saúda saudamos saudais saúdam	saúde saúdes saúde saudemos saudeis saúdem	 saúda saudai
			CONDICIONAL
Pret. imperfeito	saudava saudavas saudava saudávamos saudáveis saudavam	saudasse saudasses saudasse saudássemos saudásseis saudassem	saudaria saudarias saudaria saudaríamos saudaríeis saudariam
			INFINITIVO PESSOAL
Futuro imperfeito	saudarei saudarás saudará saudaremos saudareis saudarão	saudar saudares saudar saudarmos saudardes saudarem	saudar saudares saudar saudarmos saudardes saudarem
		FORMAS NOMINAIS	**FORMA ADVERBAL**
P. perfeito simples	saudei saudaste saudou saudámos saudastes saudaram	Infinitivo impes.: saudar	Gerúndio: saudando
P. mais-que-perfeito	saudara saudaras saudara saudáramos saudáreis saudaram	Particípio: saudado	

249 seguir

	INDICATIVO	CONJUNTIVO	IMPERATIVO
Presente	sigo segues segue seguimos seguis seguem	siga sigas siga sigamos sigais sigam	 segue segui
			CONDICIONAL
Pret. imperfeito	seguia seguias seguia seguíamos seguíeis seguiam	seguisse seguisses seguisse seguíssemos seguísseis seguissem	seguiria seguirias seguiria seguiríamos seguiríeis seguiriam
			INFINITIVO PESSOAL
Futuro imperfeito	seguirei seguirás seguirá seguiremos seguireis seguirão	seguir seguires seguir seguirmos seguirdes seguirem	seguir seguires seguir seguirmos seguirdes seguirem
		FORMAS NOMINAIS	**FORMA ADVERBAL**
P. perfeito simples	segui seguiste seguiu seguimos seguistes seguiram	Infinitivo impes.: seguir	Gerúndio: seguindo
P. mais-que-perfeito	seguira seguiras seguira seguíramos seguíreis seguiram	Particípio: seguido	• Registam-se as formas antigas do presente do ind. e imper. *sigues, sigue* e *siguem.*

250 semear

	INDICATIVO	CONJUNTIVO	IMPERATIVO
Presente	semeio semeias semeia semeamos semeais semeiam	semeie semeies semeie semeemos semeeis semeiem	 semeia semeai
			CONDICIONAL
Pret. imperfeito	semeava semeavas semeava semeávamos semeáveis semeavam	semeasse semeasses semeasse semeássemos semeásseis semeassem	semearia semearias semearia semearíamos semearíeis semeariam
			INFINITIVO PESSOAL
Futuro imperfeito	semearei semearás semeará semearemos semeareis semearão	semear semeares semear semearmos semeardes semearem	semear semeares semear semearmos semeardes semearem
		FORMAS NOMINAIS	**FORMA ADVERBAL**
P. perfeito simples	semeei semeaste semeou semeámos semeastes semearam	Infinitivo impes.: semear	Gerúndio: semeando
P. mais-que-perfeito	semeara semearas semeara semeáramos semeáreis semearam	Particípio: semeado	

251 sentir

	INDICATIVO	CONJUNTIVO	IMPERATIVO
Presente	sinto sentes sente sentimos sentis sentem	sinta sintas sinta sintamos sintais sintam	 sente senti
			CONDICIONAL
Pret. imperfeito	sentia sentias sentia sentíamos sentíeis sentiam	sentisse sentisses sentisse sentíssemos sentísseis sentissem	sentiria sentirias sentiria sentiríamos sentiríeis sentiriam
			INFINITIVO PESSOAL
Futuro imperfeito	sentirei sentirás sentirá sentiremos sentireis sentirão	sentir sentires sentir sentirmos sentirdes sentirem	sentir sentires sentir sentirmos sentirdes sentirem
		FORMAS NOMINAIS	**FORMA ADVERBAL**
P. perfeito simples	senti sentiste sentiu sentimos sentistes sentiram	Infinitivo impes.: sentir	Gerúndio: sentindo
P. mais-que-perfeito	sentira sentiras sentira sentíramos sentíreis sentiram	Particípio: sentido	• São arcaicas as formas do presente do indicativo *senço* e *sento.*

252 ser

	INDICATIVO	CONJUNTIVO	IMPERATIVO
Presente	sou és é somos sois são	seja sejas seja sejamos sejais sejam	 sê sede
			CONDICIONAL
Pret. imperfeito	era eram era éramos éreis eram	fosse fosses fosse fôssemos fôsseis fossem	seria serias seria seríamos seríeis seriam
			INFINITIVO PESSOAL
Futuro imperfeito	serei serás será seremos sereis serão	for fores for formos fordes forem	ser seres sermos sermos serdes serem
		FORMAS NOMINAIS	**FORMA ADVERBAL**
P. perfeito simples	fui foste foi fomos fostes foram	Infinitivo impes.: ser	Gerúndio: sendo
P. mais-que-perfeito	fora foras fora fôramos fôreis foram	Particípio: sido	

253 servir

	INDICATIVO	CONJUNTIVO
Presente	sirvo serves serve servimos servis servem	sirva sirvas sirva sirvamos sirvais sirvam
Pret. imperfeito	servia servias servia servíamos servíeis serviam	servisse servisses servisse servíssemos servísseis servissem
Futuro imperfeito	servirei servirás servirá serviremos servireis servirão	servir servires servir servirmos servirdes servirem
P. perfeito simples	servi serviste serviu servimos servistes serviram	
P. mais-que-perfeito	servira serviras servira servíramos servíreis serviram	

	FORMAS NOMINAIS
Infinitivo impes.	servir
Particípio	servido

IMPERATIVO
serve servi

CONDICIONAL
serviria servirias serviria serviríamos serviríeis serviriam

INFINITIVO PESSOAL
servir servires servir servirmos servirdes servirem

	FORMA ADVERBAL
Gerúndio	servindo

254 sofrer

	INDICATIVO	CONJUNTIVO	IMPERATIVO
Presente	sofro sofres sofre sofremos sofreis sofrem	sofra sofras sofra soframos sofrais sofram	 sofre sofrei
			CONDICIONAL
Pret. imperfeito	sofria sofrias sofria sofríamos sofríeis sofriam	sofresse sofresses sofresse sofrêssemos sofrêsseis sofressem	sofreria sofrerias sofreria sofreríamos sofreríeis sofreriam
			INFINITIVO PESSOAL
Futuro imperfeito	sofrerei sofrerás sofrerrá sofreremos sofrereis sofrerão	sofrer sofreres sofrer sofrermos sofrerdes sofrerem	sofrer sofreres sofrer sofrermos sofrerdes sofrerem
		FORMAS NOMINAIS	**FORMA ADVERBAL**
P. perfeito simples	sofri sofreste sofreu sofremos sofrestes sofreram	Infinitivo impes.: sofrer	Gerúndio: sofrendo
P. mais-que-perfeito	sofrera sofreras sofrera sofrêramos sofrêreis sofreram	Particípio: sofrido	

255 soldar

	INDICATIVO	CONJUNTIVO	IMPERATIVO
Presente	soldo soldas solda soldamos soldais soldam	solde soldes solde soldemos soldeis soldem	 solda soldai
			CONDICIONAL
Pret. imperfeito	soldava soldavas soldava soldávamos soldáveis soldavam	soldasse soldasses soldasse soldássemos soldásseis soldassem	soldaria soldarias soldaria soldaríamos soldaríeis soldariam
			INFINITIVO PESSOAL
Futuro imperfeito	soldarei soldarás soldará soldaremos soldareis soldarão	soldar soldares soldar soldarmos soldardes soldarem	soldar soldares soldar soldarmos soldardes soldarem
		FORMAS NOMINAIS	**FORMA ADVERBAL**
P. perfeito simples	soldei soldaste soldou soldámos soldastes soldaram	Infinitivo impes.: soldar	Gerúndio: soldando
P. mais-que-perfeito	soldara soldaras soldara soldáramos soldáreis soldaram	Particípio: soldado	

256 soltar

	INDICATIVO	CONJUNTIVO	IMPERATIVO
Presente	solto soltas solta soltamos soltais soltam	solte soltes solte soltemos solteis soltem	 solta soltai

	INDICATIVO	CONJUNTIVO	CONDICIONAL
Pret. imperfeito	soltava soltavas soltava soltávamos soltáveis soltavam	soltasse soltasses soltasse soltássemos soltásseis soltassem	soltaria soltarias soltaria soltaríamos soltaríeis soltariam

	INDICATIVO	CONJUNTIVO	INFINITIVO PESSOAL
Futuro imperfeito	soltarei soltarás soltará soltaremos soltareis soltarão	soltar soltares soltar soltarmos soltardes soltarem	soltar soltares soltar soltarmos soltardes soltarem

	INDICATIVO	FORMAS NOMINAIS		FORMA ADVERBAL	
P. perfeito simples	soltei soltaste soltou soltámos soltastes soltaram	Infinitivo impes.	soltar	Gerúndio	soltando
P. mais-que-perfeito	soltara soltaras soltara soltáramos soltáreis soltaram	Particípio	soltado		

257 somar

	INDICATIVO	CONJUNTIVO	IMPERATIVO
Presente	somo somas soma somamos somais somam	some somes some somemos someis somem	 soma somai

	INDICATIVO	CONJUNTIVO	CONDICIONAL
Pret. imperfeito	somava somavas somava somávamos somáveis somavam	somasse somasses somasse somássemos somásseis somassem	somaria somarias somaria somaríamos somaríeis somariam

	INDICATIVO	CONJUNTIVO	INFINITIVO PESSOAL
Futuro imperfeito	somarei somarás somará somaremos somareis somarão	somar somares somar somarmos somardes somarem	somar somares somar somarmos somardes somarem

	INDICATIVO	FORMAS NOMINAIS	FORMA ADVERBAL
P. perfeito simples	somei somaste somou somámos somastes somaram	Infinitivo impes.: somar	Gerúndio: somando
P. mais-que-perfeito	somara somaras somara somáramos somáreis somaram	Particípio: somado	

258 sonhar

	INDICATIVO	CONJUNTIVO	IMPERATIVO
Presente	sonho sonhas sonha sonhamos sonhais sonham	sonhe sonhes sonhe sonhemos sonheis sonhem	 sonha sonhai

	INDICATIVO	CONJUNTIVO	CONDICIONAL
Pret. imperfeito	sonhava sonhavas sonhava sonhávamos sonháveis sonhavam	sonhasse sonhasses sonhasse sonhássemos sonhásseis sonhassem	sonharia sonharias sonharia sonharíamos sonharíeis sonhariam

	INDICATIVO	CONJUNTIVO	INFINITIVO PESSOAL
Futuro imperfeito	sonharei sonharás sonhará sonharemos sonhareis sonharão	sonhar sonhares sonhar sonharmos sonhardes sonharem	sonhar sonhares sonhar sonharmos sonhardes sonharem

	INDICATIVO		FORMAS NOMINAIS		FORMA ADVERBAL
P. perfeito simples	sonhei sonhaste sonhou sonhámos sonhastes sonharam	Infinitivo impes.	sonhar	Gerúndio	sonhando
P. mais-que-perfeito	sonhara sonharas sonhara sonháramos sonháreis sonharam	Particípio	sonhado		

259 suar

	INDICATIVO	CONJUNTIVO	IMPERATIVO
Presente	suo suas sua suamos suais suam	sue sues sue suemos sueis suem	 sua suai
			CONDICIONAL
Pret. imperfeito	suava suavas suava suávamos suáveis suavam	suasse suasses suasse suássemos suásseis suassem	suaria suarias suaria suaríamos suaríeis suariam
			INFINITIVO PESSOAL
Futuro imperfeito	suarei suarás suará suaremos suareis suarão	suar suares suar suarmos suardes suarem	suar suares suar suarmos suardes suarem
		FORMAS NOMINAIS	**FORMA ADVERBAL**
P. perfeito simples	suei suaste suou suámos suastes suaram	Infinitivo impes.: suar	Gerúndio: suando
P. mais-que-perfeito	suara suaras suara suáramos suáreis suaram	Particípio: suado	

260 subtrair

	INDICATIVO
Presente	subtraio subtrais subtrai subtraímos subtraís subtraem
Pret. imperfeito	subtraía subtraías subtraía subtraíamos subtraíeis subtraíam
Futuro imperfeito	subtrairei subtrairás subtrairá subtrairemos subtraireis subtrairão
P. perfeito simples	subtraí subtraíste subtraiu subtraímos subtraístes subtraíram
P. mais-que-perfeito	subtraíra subtraíras subtraíra subtraíramos subtraíreis subtraíram

CONJUNTIVO
subtraia subtraias subtraia subtraiamos subtraiais subtraiam
subtraísse subtraísses subtraísse subtraíssemos subtraísseis subtraíssem
subtrair subtraíres subtrair subtrairmos subtrairdes subtraírem

	FORMAS NOMINAIS
Infinitivo impes.	subtrair
Particípio	subtraído

IMPERATIVO
subtrai subtraí

CONDICIONAL
subtrairia subtrairias subtrairia subtrairíamos subtrairíeis subtrairiam

INFINITIVO PESSOAL
subtrair subtraíres subtrair subtrairmos subtrairdes subtraírem

	FORMA ADVERBAL
Gerúndio	subtraindo

261 sucumbir

	INDICATIVO	CONJUNTIVO	IMPERATIVO
Presente	sucumbo sucumbes sucumbe sucumbimos sucumbis sucumbem	sucumba sucumbas sucumba sucumbamos sucumbais sucumbam	 sucumbe sucumbi
			CONDICIONAL
Pret. imperfeito	sucumbia sucumbias sucumbia sucumbíamos sucumbíeis sucumbiam	sucumbisse sucumbisses sucumbisse sucumbíssemos sucumbísseis sucumbissem	sucumbiria sucumbirias sucumbiria sucumbiríamos sucumbiríeis sucumbiriam
			INFINITIVO PESSOAL
Futuro imperfeito	sucumbirei sucumbirás sucumbirá sucumbiremos sucumbireis sucumbirão	sucumbir sucumbires sucumbir sucumbirmos sucumbirdes sucumbirem	sucumbir sucumbires sucumbir sucumbirmos sucumbirdes sucumbirem
		FORMAS NOMINAIS	**FORMA ADVERBAL**
P. perfeito simples	sucumbi sucumbiste sucumbiu sucumbimos sucumbistes sucumbiram	Infinitivo impes.: sucumbir	Gerúndio: sucumbindo
P. mais-que-perfeito	sucumbira sucumbiras sucumbira sucumbíramos sucumbíreis sucumbiram	Particípio: sucumbido	

262 sulcar

	INDICATIVO		CONJUNTIVO		IMPERATIVO
Presente	sulco sulcas sulca sulcamos sulcais sulcam		sulque sulques sulque sulquemos sulqueis sulquem		 sulca sulcai
					CONDICIONAL
Pret. imperfeito	sulcava sulcavas sulcava sulcávamos sulcáveis sulcavam		sulcasse sulcasses sulcasse sulcássemos sulcásseis sulcassem		sulcaria sulcarias sulcaria sulcaríamos sulcaríeis sulcariam
					INFINITIVO PESSOAL
Futuro imperfeito	sulcarei sulcarás sulcará sulcaremos sulcareis sulcarão		sulcar sulcares sulcar sulcarmos sulcardes sulcarem		sulcar sulcares sulcar sulcarmos sulcardes sulcarem
			FORMAS NOMINAIS		**FORMA ADVERBAL**
P. perfeito simples	sulquei sulcaste sulcou sulcámos sulcastes sulcaram	Infinitivo impes.	sulcar	Gerúndio	sulcando
P. mais-que-perfeito	sulcara sulcaras sulcara sulcáramos sulcáreis sulcaram	Particípio	sulcado		

263 surgir

	INDICATIVO	CONJUNTIVO	IMPERATIVO
Presente	surjo surges surge surgimos surgis surgem	surja surjas surja surjamos surjais surjam	 surge surgi

	INDICATIVO	CONJUNTIVO	CONDICIONAL
Pret. imperfeito	surgia surgias surgia surgíamos surgíeis surgiam	surgisse surgisses surgisse surgíssemos surgísseis surgissem	surgiria surgirias surgiria surgiríamos surgiríeis surgiriam

	INDICATIVO	CONJUNTIVO	INFINITIVO PESSOAL
Futuro imperfeito	surgirei surgirás surgirá surgiremos surgireis surgirão	surgir surgires surgir surgirmos surgirdes surgirem	surgir surgires surgir surgirmos surgirdes surgirem

	INDICATIVO
P. perfeito simples	surgi surgiste surgiu surgimos surgistes surgiram
P. mais-que-perfeito	surgira surgiras surgira surgíramos surgíreis surgiram

FORMAS NOMINAIS	
Infinitivo impes.	surgir
Particípio	surgido

FORMA ADVERBAL	
Gerúndio	surgindo

264 tardar

	INDICATIVO	CONJUNTIVO	IMPERATIVO
Presente	tardo tardas tarda tardamos tardais tardam	tarde tardes tarde tardemos tardeis tardem	 tarda tardai

	INDICATIVO	CONJUNTIVO	CONDICIONAL
Pret. imperfeito	tardava tardavas tardava tardávamos tardáveis tardavam	tardasse tardasses tardasse tardássemos tardásseis tardassem	tardaria tardarias tardaria tardaríamos tardaríeis tardariam

	INDICATIVO	CONJUNTIVO	INFINITIVO PESSOAL
Futuro imperfeito	tardarei tardarás tardará tardaremos tardareis tardarão	tardar tardares tardar tardarmos tardardes tardarem	tardar tardares tardar tardarmos tardardes tardarem

	INDICATIVO	FORMAS NOMINAIS		FORMA ADVERBAL	
P. perfeito simples	tardei tardaste tardou tardámos tardastes tardaram	Infinitivo impes.	tardar	Gerúndio	tardando
P. mais-que-perfeito	tardara tardaras tardara tardáramos tardáreis tardaram	Particípio	tardado		

265 tentar

	INDICATIVO	CONJUNTIVO	IMPERATIVO
Presente	tento tentas tenta tentamos tentais tentam	tente tentes tente tentemos tenteis tentem	 tenta tentai

	INDICATIVO	CONJUNTIVO	CONDICIONAL
Pret. imperfeito	tentava tentavas tentava tentávamos tentáveis tentavam	tentasse tentasses tentasse tentássemos tentásseis tentassem	tentaria tentarias tentaria tentaríamos tentaríeis tentariam

	INDICATIVO	CONJUNTIVO	INFINITIVO PESSOAL
Futuro imperfeito	tentarei tentarás tentará tentaremos tentareis tentarão	tentar tentares tentar tentarmos tentardes tentarem	tentar tentares tentar tentarmos tentardes tentarem

	INDICATIVO	FORMAS NOMINAIS		FORMA ADVERBAL	
P. perfeito simples	tentei tentaste tentou tentámos tentastes tentaram	Infinitivo impes.	tentar	Gerúndio	tentando
P. mais-que-perfeito	tentara tentaras tentara tentáramos tentáreis tentaram	Particípio	tentado		

266 ter

INDICATIVO

Presente	tenho tens tem temos tendes têm
Pret. imperfeito	tinha tinhas tinha tínhamos tínheis tinham
Futuro imperfeito	terei terás terá teremos tereis terão
P. perfeito simples	tive tiveste teve tivemos tivestes tiveram
P. mais-que-perfeito	tivera tiveras tivera tivéramos tivéreis tiveram

CONJUNTIVO

Presente	tenha tenhas tenha tenhamos tenhais tenham
Pret. imperfeito	tivesse tivesses tivesse tivéssemos tivésseis tivessem
Futuro imperfeito	tiver tiveres tiver tivermos tiverdes tiverem

FORMAS NOMINAIS

Infinitivo impes.	ter
Particípio	tido

IMPERATIVO

tem

tende

CONDICIONAL

teria
terias
teria
teríamos
teríeis
teriam

INFINITIVO PESSOAL

ter
teres
ter
termos
terdes
terem

FORMA ADVERBAL

Gerúndio	tendo

• Conhecem-se formas arcaicas do pret. perf. e do futuro, respectivamente, *tivi* e *terrei.*

267 terminar

	INDICATIVO	CONJUNTIVO	
Presente	termino terminas termina terminamos terminais terminam	termine termines termine terminemos termineis terminem	
Pret. imperfeito	terminava terminavas terminava terminávamos termináveis terminavam	terminasse terminasses terminasse terminássemos terminásseis terminassem	
Futuro imperfeito	terminarei terminarás terminará terminaremos terminareis terminarão	terminar terminares terminar terminarmos terminardes terminarem	
P. perfeito simples	terminei terminaste terminou terminámos terminastes terminaram		
P. mais-que-perfeito	terminara terminaras terminara termináramos termináreis terminaram		

IMPERATIVO
termina terminai

CONDICIONAL
terminaria terminarias terminaria terminaríamos terminaríeis terminariam

INFINITIVO PESSOAL
terminar terminares terminar terminarmos terminardes terminarem

FORMAS NOMINAIS	
Infinitivo impes.	terminar
Particípio	terminado

FORMA ADVERBAL	
Gerúndio	terminando

268 testemunhar

	INDICATIVO	CONJUNTIVO	IMPERATIVO
Presente	testemunho testemunhas testemunha testemunhamos testemunhais testemunham	testemunhe testemunhes testemunhe testemunhemos testemunheis testemunhem	testemunha testemunhai

			CONDICIONAL
Pret. imperfeito	testemunhava testemunhavas testemunhava testemunhávamos testemunháveis testemunhavam	testemunhasse testemunhasses testemunhasse testemunhássemos testemunhásseis testemunhassem	testemunharia testemunharias testemunharia testemunharíamos testemunharíeis testemunhariam

			INFINITIVO PESSOAL
Futuro imperfeito	testemunharei testemunharás testemunhará testemunharemos testemunhareis testemunharão	testemunhar testemunhares testemunhar testemunharmos testemunhardes testemunharem	testemunhar testemunhares testemunhar testemunharmos testemunhardes testemunharem

		FORMAS NOMINAIS		FORMA ADVERBAL	
P. perfeito simples	testemunhei testemunhaste testemunhou testemunhámos testemunhastes testemunharam	Infinitivo impes.	testemunhar	Gerúndio	testemunhando
P. mais-que-perfeito	testemunhara testemunharas testemunhara testemunháramos testemunháreis testemunharam	Particípio	testemunhado		

269 tirar

	INDICATIVO	CONJUNTIVO	IMPERATIVO
Presente	tiro tiras tira tiramos tirais tiram	tire tires tire tiremos tireis tirem	 tira tirai
			CONDICIONAL
Pret. imperfeito	tirava tiravas tirava tirávamos tiráveis tiravam	tirasse tirasses tirasse tirássemos tirásseis tirassem	tiraria tirarias tiraria tiraríamos tiraríeis tirariam
			INFINITIVO PESSOAL
Futuro imperfeito	tirarei tirarás tirará tiraremos tirareis tirarão	tirar tirares tirar tirarmos tirardes tirarem	tirar tirares tirar tirarmos tirardes tirarem

		FORMAS NOMINAIS		FORMA ADVERBAL
P. perfeito simples	tirei tiraste tirou tirámos tirastes tiraram	Infinitivo impes.	tirar	Gerúndio: tirando
P. mais-que-perfeito	tirara tiraras tirara tiráramos tiráreis tiraram	Particípio	tirado	

270 tomar

INDICATIVO

Presente	tomo tomas toma tomamos tomais tomam
Pret. imperfeito	tomava tomavas tomava tomávamos tomáveis tomavam
Futuro imperfeito	tomarei tomarás tomará tomaremos tomareis tomarão
P. perfeito simples	tomei tomaste tomou tomámos tomastes tomaram
P. mais-que-perfeito	tomara tomaras tomara tomáramos tomáreis tomaram

CONJUNTIVO

Presente	tome tomes tome tomemos tomeis tomem
Pret. imperfeito	tomasse tomasses tomasse tomássemos tomásseis tomassem
Futuro imperfeito	tomar tomares tomar tomarmos tomardes tomarem

IMPERATIVO

toma
tomai

CONDICIONAL

tomaria
tomarias
tomaria
tomaríamos
tomaríeis
tomariam

INFINITIVO PESSOAL

tomar
tomares
tomar
tomarmos
tomardes
tomarem

FORMAS NOMINAIS

Infinitivo impes.	tomar
Particípio	tomado

FORMA ADVERBAL

Gerúndio	tomando

271 tombar

	INDICATIVO	CONJUNTIVO	IMPERATIVO
Presente	tombo tombas tomba tombamos tombais tombam	tombe tombes tombe tombemos tombeis tombem	 tomba tombai
			CONDICIONAL
Pret. imperfeito	tombava tombavas tombava tombávamos tombáveis tombavam	tombasse tombasses tombasse tombássemos tombásseis tombassem	tombaria tombarias tombaria tombaríamos tombaríeis tombariam
			INFINITIVO PESSOAL
Futuro imperfeito	tombarei tombarás tombará tombaremos tombareis tombarão	tombar tombares tombar tombarmos tombardes tombarem	tombar tombares tombar tombarmos tombardes tombarem
P. perfeito simples	tombei tombaste tombou tombámos tombastes tombaram		
P. mais-que-perfeito	tombara tombaras tombara tombáramos tombáreis tombaram		

FORMAS NOMINAIS	
Infinitivo impes.	tombar
Particípio	tombado

FORMA ADVERBAL	
Gerúndio	tombando

272 torcer

	INDICATIVO	CONJUNTIVO	IMPERATIVO
Presente	torço torces torce torcemos torceis torcem	torça torças torça torçamos torçais torçam	 torce torcei

	INDICATIVO	CONJUNTIVO	CONDICIONAL
Pret. imperfeito	torcia torcias torcia torcíamos torcíeis torciam	torcesse torcesses torcesse torcêssemos torcêsseis torcessem	torceria torcerias torceria torceríamos torceríeis torceriam

	INDICATIVO	CONJUNTIVO	INFINITIVO PESSOAL
Futuro imperfeito	torcerei torcerás torcerá torceremos torcereis torcerão	torcer torceres torcer torcermos torcerdes torcerem	torcer torceres torcer torcermos torcerdes torcerem

	INDICATIVO	FORMAS NOMINAIS		FORMA ADVERBAL	
P. perfeito simples	torci torceste torceu torcemos torcestes torceram	Infinitivo impes.	torcer	Gerúndio	torcendo
P. mais-que-perfeito	torcera torceras torcera torcêramos torcêreis torceram	Particípio	torcido		

273 tossir

	INDICATIVO	CONJUNTIVO	IMPERATIVO
Presente	tusso tosses tosse tossimos tossis tossem	tussa tussas tussa tussamos tussais tussam	 tosse tossi

	INDICATIVO	CONJUNTIVO	CONDICIONAL
Pret. imperfeito	tossia tossias tossia tossíamos tossíeis tossiam	tossisse tossisses tossisse tossíssemos tossísseis tossissem	tossiria tossirias tossiria tossiríamos tossiríeis tossiriam

	INDICATIVO	CONJUNTIVO	INFINITIVO PESSOAL
Futuro imperfeito	tossirei tossirás tossirá tossiremos tossireis tossirão	tossir tossires tossir tossirmos tossirdes tossirem	tossir tossires tossir tossirmos tossirdes tossirem

	INDICATIVO
P. perfeito simples	tossi tossiste tossiu tossimos tossistes tossiram
P. mais-que-perfeito	tossira tossiras tossira tossíramos tossíreis tossiram

FORMAS NOMINAIS

Infinitivo impes.	tossir
Particípio	tossido

FORMA ADVERBAL

Gerúndio	tossindo

274 toucar

	INDICATIVO	CONJUNTIVO	IMPERATIVO
Presente	touco toucas touca toucamos toucais toucam	touque touques touque touquemos touqueis touquem	 touca toucai
			CONDICIONAL
Pret. imperfeito	toucava toucavas toucava toucávamos toucáveis toucavam	toucasse toucasses toucasse toucássemos toucásseis toucassem	toucaria toucarias toucaria toucaríamos toucaríeis toucariam
			INFINITIVO PESSOAL
Futuro imperfeito	toucarei toucarás toucará toucaremos toucareis toucarão	toucar toucares toucar toucarmos toucardes toucarem	toucar toucares toucar toucarmos toucardes toucarem
		FORMAS NOMINAIS	**FORMA ADVERBAL**
P. perfeito simples	touquei toucaste toucou toucámos toucastes toucaram	Infinitivo impes.: toucar	Gerúndio: toucando
P. mais-que-perfeito	toucara toucaras toucara toucáramos toucáreis toucaram	Particípio: toucado	

275 trabalhar

	INDICATIVO	CONJUNTIVO	IMPERATIVO
Presente	trabalho trabalhas trabalha trabalhamos trabalhais trabalham	trabalhe trabalhes trabalhe trabalhemos trabalheis trabalhem	 trabalha trabalhai
			CONDICIONAL
Pret. imperfeito	trabalhava trabalhavas trabalhava trabalhávamos trabalháveis trabalhavam	trabalhasse trabalhasses trabalhasse trabalhássemos trabalhásseis trabalhassem	trabalharia trabalharias trabalharia trabalharíamos trabalharíeis trabalhariam
			INFINITIVO PESSOAL
Futuro imperfeito	trabalharei trabalharás trabalhará trabalharemos trabalhareis trabalharão	trabalhar trabalhares trabalhar trabalharmos trabalhardes trabalharem	trabalhar trabalhares trabalhar trabalharmos trabalhardes trabalharem
		FORMAS NOMINAIS	**FORMA ADVERBAL**
P. perfeito simples	trabalhei trabalhaste trabalhou trabalhámos trabalhastes trabalharam	Infinitivo impes.: trabalhar	Gerúndio: trabalhando
P. mais-que-perfeito	trabalhara trabalharas trabalhara trabalháramos trabalháreis trabalharam	Particípio: trabalhado	

276 trazer

	INDICATIVO	CONJUNTIVO	IMPERATIVO
Presente	trago trazes traz trazemos trazeis trazem	traga tragas traga tragamos tragais tragam	 traz (traze) trazei

	INDICATIVO	CONJUNTIVO	CONDICIONAL
Pret. imperfeito	trazia trazias trazia trazíamos trazíeis traziam	trouxesse trouxesses trouxesse trouxéssemos trouxésseis trouxessem	traria trarias traria traríamos traríeis trariam

	INDICATIVO	CONJUNTIVO	INFINITIVO PESSOAL
Futuro imperfeito	trarei trarás trará traremos trareis trarão	trouxer trouxeres trouxer trouxermos trouxerdes trouxerem	trazer trazeres trazer trazermos trazerdes trazerem

	INDICATIVO		FORMAS NOMINAIS		FORMA ADVERBAL
P. perfeito simples	trouxe trouxeste trouxeu trouxemos trouxestes trouxeram	Infinitivo impes.	trazer	Gerúndio	trazendo
P. mais-que-perfeito	trouxera trouxeras trouxera trouxéramos trouxéreis trouxeram	Particípio	trazido		

277 tremer

	INDICATIVO	CONJUNTIVO	IMPERATIVO
Presente	tremo tremes treme trememos tremeis tremem	trema tremas trema tremamos tremais tremam	 treme tremei
			CONDICIONAL
Pret. imperfeito	tremia tremias tremia tremíamos tremíeis tremiam	tremesse tremesses tremesse tremêssemos tremêsseis tremessem	tremeria tremerias tremeria tremeríamos tremeríeis tremeriam
			INFINITIVO PESSOAL
Futuro imperfeito	tremerei tremerás tremerá tremeremos tremereis tremerão	tremer tremeres tremer tremermos tremerdes tremerem	tremer tremeres tremer tremermos tremerdes tremerem
		FORMAS NOMINAIS	**FORMA ADVERBAL**
P. perfeito simples	tremi tremeste tremeu trememos tremestes tremeram	Infinitivo impes.: tremer	Gerúndio: tremendo
P. mais-que-perfeito	tremera tremeras tremera tremêramos tremêreis tremeram	Particípio: tremido	

278 utilizar

	INDICATIVO	CONJUNTIVO	IMPERATIVO
Presente	utilizo utilizas utiliza utilizamos utilizais utilizam	utilize utilizes utilize utilizemos utilizeis utilizem	 utiliza utilizai

	INDICATIVO	CONJUNTIVO	CONDICIONAL
Pret. imperfeito	utilizava utilizavas utilizava utilizávamos utilizáveis utilizavam	utilizasse utilizasses utilizasse utilizássemos utilizásseis utilizassem	utilizaria utilizarias utilizaria utilizaríamos utilizaríeis utilizariam

	INDICATIVO	CONJUNTIVO	INFINITIVO PESSOAL
Futuro imperfeito	utilizarei utilizarás utilizará utilizaremos utilizareis utilizarão	utilizar utilizares utilizar utilizarmos utilizardes utilizarem	utilizar utilizares utilizar utilizarmos utilizardes utilizarem

	INDICATIVO
P. perfeito simples	utilizei utilizaste utilizou utilizámos utilizastes utilizaram
P. mais-que-perfeito	utilizara utilizaras utilizara utilizáramos utilizáreis utilizaram

FORMAS NOMINAIS	
Infinitivo impes.	utilizar
Particípio	utilizado

FORMA ADVERBAL	
Gerúndio	utilizando

279 valer

	INDICATIVO	CONJUNTIVO	IMPERATIVO
Presente	valho vales vale valemos valeis valem	valha valhas valha valhamos valhais valham	 vale valei

	INDICATIVO	CONJUNTIVO	CONDICIONAL
Pret. imperfeito	valia valias valia valíamos valíeis valiam	valesse valesses valesse valêssemos valêsseis valessem	valeria valerias valeria valeríamos valeríeis valeriam

	INDICATIVO	CONJUNTIVO	INFINITIVO PESSOAL
Futuro imperfeito	valerei valerás valerá valeremos valereis valerão	valer valeres valer valermos valerdes valerem	valer valeres valer valermos valerdes valerem

	INDICATIVO
P. perfeito simples	vali valeste valeu valemos valestes valeram
P. mais-que-perfeito	valera valeras valera valêramos valêreis valeram

FORMAS NOMINAIS

Infinitivo impes.	valer
Particípio	valido

FORMA ADVERBAL

Gerúndio	valendo

• «... um meu sobrinho, a quem escrevo se valha do patrocínio de V. S.ª em seus requerimentos». Vieira, *Cartas*, Cl. Sá da Costa, II, 110.

280 vencer

	INDICATIVO	CONJUNTIVO	IMPERATIVO
Presente	venço vences vence vencemos venceis vencem	vença venças vença vençamos vençais vençam	 vence vencei

	INDICATIVO	CONJUNTIVO	CONDICIONAL
Pret. imperfeito	vencia vencias vencia vencíamos vencíeis venciam	vencesse vencesses vencesse vencêssemos vencêsseis vencessem	venceria vencerias venceria venceríamos venceríeis venceriam

	INDICATIVO	CONJUNTIVO	INFINITIVO PESSOAL
Futuro imperfeito	vencerei vencerás vencerá venceremos vencereis vencerão	vencer venceres vencer vencermos vencerdes vencerem	vencer venceres vencer vencermos vencerdes vencerem

	INDICATIVO		FORMAS NOMINAIS		FORMA ADVERBAL
P. perfeito simples	venci venceste venceu vencemos vencestes venceram	Infinitivo impes.	vencer	Gerúndio	vencendo
P. mais-que-perfeito	vencera venceras vencera vencêramos vencêreis venceram	Particípio	vencido		

281 ver

INDICATIVO		CONJUNTIVO		IMPERATIVO
Presente	vejo vês vê vemos vedes vêem		veja vejas veja vejamos vejais vejam	 vê vede
				CONDICIONAL
Pret. imperfeito	via vias via víamos víeis viam		visse visses visse víssemos vísseis vissem	veria verias veria veríamos veríeis veriam
				INFINITIVO PESSOAL
Futuro imperfeito	verei verás verá veremos vereis verão		vir vires vir virmos virdes virem	ver veres ver vermos verdes verem
		FORMAS NOMINAIS		**FORMA ADVERBAL**
P. perfeito simples	vi viste viu vimos vistes viram	Infinitivo impes.	ver	Gerúndio: vendo
P. mais-que-perfeito	vira viras vira víramos víreis viram	Particípio	visto	

282 vergar

	INDICATIVO	CONJUNTIVO	IMPERATIVO
Presente	vergo vergas verga vergamos vergais vergam	vergue vergues vergue verguemos vergueis verguem	verga vergai
			CONDICIONAL
Pret. imperfeito	vergava vergavas vergava vergávamos vergáveis vergavam	vergasse vergasses vergasse vergássemos vergásseis vergassem	vergaria vergarias vergaria vergaríamos vergaríeis vergariam
			INFINITIVO PESSOAL
Futuro imperfeito	vergarei vergarás vergará vergaremos vergareis vergarão	vergar vergares vergar vergarmos vergardes vergarem	vergar vergares vergar vergarmos vergardes vergarem
		FORMAS NOMINAIS	**FORMA ADVERBAL**
P. perfeito simples	verguei vergaste vergou vergámos vergastes vergaram	Infinitivo impes.: vergar	Gerúndio: vergando
P. mais-que-perfeito	vergara vergaras vergara vergáramos vergáreis vergaram	Particípio: vergado	

283 verter

	INDICATIVO	CONJUNTIVO	IMPERATIVO
Presente	verto	verta	
	vertes	vertas	verte
	verte	verta	
	vertemos	vertamos	
	verteis	vertais	vertei
	vertem	vertam	

	INDICATIVO	CONJUNTIVO	CONDICIONAL
Pret. imperfeito	vertia	vertesse	verteria
	vertias	vertesses	verterias
	vertia	vertesse	verteria
	vertíamos	vertêssemos	verteríamos
	vertíeis	vertêsseis	verteríeis
	vertiam	vertessem	verteriam

	INDICATIVO	CONJUNTIVO	INFINITIVO PESSOAL
Futuro imperfeito	verterei	verter	verter
	verterás	verteres	verteres
	verterá	verter	verter
	verteremos	vertermos	vertermos
	vertereis	verterdes	verterdes
	verterão	verterem	verterem
P. perfeito simples	verti		
	verteste		
	verteu		
	vertemos		
	vertestes		
	verteram		
P. mais-que-perfeito	vertera		
	verteras		
	vertera		
	vertêramos		
	vertêreis		
	verteram		

FORMAS NOMINAIS

Infinitivo impes.: verter

Particípio: vertido

FORMA ADVERBAL

Gerúndio: vertendo

284 vestir

	INDICATIVO	CONJUNTIVO	IMPERATIVO
Presente	visto	vista	
	vestes	vistas	veste
	veste	vista	
	vestimos	vistamos	
	vestis	vistais	vesti
	vestem	vistam	

	INDICATIVO	CONJUNTIVO	CONDICIONAL
Pret. imperfeito	vestia	vestisse	vestiria
	vestias	vestisses	vestirias
	vestia	vestisse	vestiria
	vestíamos	vestíssemos	vestiríamos
	vestíeis	vestísseis	vestiríeis
	vestiam	vestissem	vestiriam

	INDICATIVO	CONJUNTIVO	INFINITIVO PESSOAL
Futuro imperfeito	vestirei	vestir	vestir
	vestirás	vestires	vestires
	vestirá	vestir	vestir
	vestiremos	vestirmos	vestirmos
	vestireis	vestirdes	vestirdes
	vestirão	vestirem	vestirem

	INDICATIVO		FORMAS NOMINAIS		FORMA ADVERBAL
P. perfeito simples	vesti	Infinitivo impes.		Gerúndio	
	vestiste				
	vestiu		vestir		vestindo
	vestimos				
	vestistes				
	vestiram				
P. mais-que-perfeito	vestira	Particípio			
	vestiras				
	vestira		vestido		
	vestíramos				
	vestíreis				
	vestiram				

285 vingar

	INDICATIVO	CONJUNTIVO	IMPERATIVO
Presente	vingo vingas vinga vingamos vingais vingam	vingue vingues vingue vinguemos vingueis vinguem	 vinga vingai
			CONDICIONAL
Pret. imperfeito	vingava vingavas vingava vingávamos vingáveis vingavam	vingasse vingasses vingasse vingássemos vingásseis vingassem	vingaria vingarias vingaria vingaríamos vingaríeis vingariam
			INFINITIVO PESSOAL
Futuro imperfeito	vingarei vingarás vingará vingaremos vingareis vingarão	vingar vingares vingar vingarmos vingardes vingarem	vingar vingares vingar vingarmos vingardes vingarem
		FORMAS NOMINAIS	**FORMA ADVERBAL**
P. perfeito simples	vinguei vingaste vingou vingámos vingastes vingaram	Infinitivo impes.: vingar	Gerúndio: vingando
P. mais-que-perfeito	vingara vingaras vingara vingáramos vingáreis vingaram	Particípio: vingado	

286 vir

INDICATIVO

Presente	venho vens vem vimos vindes vêm
Pret. imperfeito	vinha vinhas vinha vínhamos vínheis vinham
Futuro imperfeito	virei virás virá viremos vireis virão
P. perfeito simples	vim vieste veio viemos viestes vieram
P. mais-que-perfeito	viera vieras viera viéramos viéreis vieram

CONJUNTIVO

venha
venhas
venha
venhamos
venhais
venham

viesse
viesses
viesse
viéssemos
viésseis
viessem

vier
vieres
vier
viermos
vierdes
vierem

FORMAS NOMINAIS

Infinitivo impes.	vir
Particípio	vindo

IMPERATIVO

vem

vinde

CONDICIONAL

viria
virias
viria
viríamos
viríeis
viriam

INFINITIVO PESSOAL

vir
vires
vir
virmos
virdes
virem

FORMA ADVERBAL

Gerúndio	vindo

287 vislumbrar

	INDICATIVO		CONJUNTIVO		IMPERATIVO
Presente	vislumbro vislumbras vislumbra vislumbramos vislumbrais vislumbram		vislumbre vislumbres vislumbre vislumbremos vislumbreis vislumbrem		vislumbra vislumbrai
					CONDICIONAL
Pret. imperfeito	vislumbrava vislumbravas vislumbrava vislumbrávamos vislumbráveis vislumbravam		vislumbrasse vislumbrasses vislumbrasse vislumbrássemos vislumbrásseis vislumbrassem		vislumbraria vislumbrarias vislumbraria vislumbraríamos vislumbraríeis vislumbrariam
					INFINITIVO PESSOAL
Futuro imperfeito	vislumbrarei vislumbrarás vislumbrará vislumbraremos vislumbrareis vislumbrarão		vislumbrar vislumbrares vislumbrar vislumbrarmos vislumbrardes vislumbrarem		vislumbrar vislumbrares vislumbrar vislumbrarmos vislumbrardes vislumbrarem
			FORMAS NOMINAIS		**FORMA ADVERBAL**
P. perfeito simples	vislumbrei vislumbraste vislumbrou vislumbrámos vislumbrastes vislumbraram	Infinitivo impes.	vislumbrar	Gerúndio	vislumbrando
P. mais-que-perfeito	vislumbrara vislumbraras vislumbrara vislumbráramos vislumbráreis vislumbraram	Particípio	vislumbrado		

288 viver

	INDICATIVO	CONJUNTIVO	IMPERATIVO
Presente	vivo	viva	
	vives	vivas	vive
	vive	viva	
	vivemos	vivamos	
	viveis	vivais	vivei
	vivem	vivam	

	INDICATIVO	CONJUNTIVO	CONDICIONAL
Pret. imperfeito	vivia	vivesse	viveria
	vivias	vivesses	viverias
	vivia	vivesse	viveria
	vivíamos	vivêssemos	viveríamos
	vivíeis	vivêsseis	viveríeis
	viviam	vivessem	viveriam

	INDICATIVO	CONJUNTIVO	INFINITIVO PESSOAL
Futuro imperfeito	viverei	viver	viver
	viverás	viveres	viveres
	viverá	viver	viver
	viveremos	vivermos	vivermos
	vivereis	viverdes	viverdes
	viverão	viverem	viverem

	INDICATIVO	FORMAS NOMINAIS		FORMA ADVERBAL	
P. perfeito simples	vivi	Infinitivo impes.	viver	Gerúndio	vivendo
	viveste				
	viveu				
	vivemos				
	vivestes				
	viveram				
P. mais-que-perfeito	vivera	Particípio	vivido		
	viveras				
	vivera				
	vivêramos				
	vivêreis				
	viveram				

289 voltar

	INDICATIVO	CONJUNTIVO	IMPERATIVO
Presente	volto voltas volta voltamos voltais voltam	volte voltes volte voltemos volteis voltem	 volta voltai

			CONDICIONAL
Pret. imperfeito	voltava voltavas voltava voltávamos voltáveis voltavam	voltasse voltasses voltasse voltássemos voltásseis voltassem	voltaria voltarias voltaria voltaríamos voltaríeis voltariam

			INFINITIVO PESSOAL
Futuro imperfeito	voltarei voltarás voltará voltaremos voltareis voltarão	voltar voltares voltar voltarmos voltardes voltarem	voltar voltares voltar voltarmos voltardes voltarem

		FORMAS NOMINAIS		FORMA ADVERBAL	
P. perfeito simples	voltei voltaste voltou voltámos voltastes voltaram	Infinitivo impes.	voltar	Gerúndio	voltando
P. mais-que-perfeito	voltara voltaras voltara voltáramos voltáreis voltaram	Particípio	voltado		

290 xurdir

	INDICATIVO	CONJUNTIVO	IMPERATIVO
Presente	xurdo xurdes xurde xurdimos xurdis xurdem	xurda xurdas xurda xurdamos xurdais xurdam	 xurde xurdi
			CONDICIONAL
Pret. imperfeito	xurdia xurdias xurdia xurdíamos xurdíeis xurdiam	xurdisse xurdisses xurdisse xurdíssemos xurdísseis xurdissem	xurdiria xurdirias xurdiria xurdiríamos xurdiríeis xurdiriam
			INFINITIVO PESSOAL
Futuro imperfeito	xurdirei xurdirás xurdirá xurdiremos xurdireis xurdirão	xurdir xurdires xurdir xurdirmos xurdirdes xurdirem	xurdir xurdires xurdir xurdirmos xurdirdes xurdirem
		FORMAS NOMINAIS	**FORMA ADVERBAL**
P. perfeito simples	xurdi xurdiste xurdiu xurdimos xurdistes xurdiram	Infinitivo impes.: xurdir	Gerúndio: xurdindo
P. mais-que-perfeito	xurdira xurdiras xurdira xurdíramos xurdíreis xurdiram	Particípio: xurdido	

291 zaranzar

	INDICATIVO	CONJUNTIVO	IMPERATIVO
Presente	zaranzo zaranzas zaranza zaranzamos zaranzais zaranzam	zaranze zaranzes zaranze zaranzemos zaranzeis zaranzem	 zaranza zaranzai

	INDICATIVO	CONJUNTIVO	CONDICIONAL
Pret. imperfeito	zaranzava zaranzavas zaranzava zaranzávamos zaranzáveis zaranzavam	zaranzasse zaranzasses zaranzasse zaranzássemos zaranzásseis zaranzassem	zaranzaria zaranzarias zaranzaria zaranzaríamos zaranzaríeis zaranzariam

	INDICATIVO	CONJUNTIVO	INFINITIVO PESSOAL
Futuro imperfeito	zaranzarei zaranzarás zaranzará zaranzaremos zaranzareis zaranzarão	zaranzar zaranzares zaranzar zaranzarmos zaranzardes zaranzarem	zaranzar zaranzares zaranzar zaranzarmos zaranzardes zaranzarem

	INDICATIVO	FORMAS NOMINAIS	FORMA ADVERBAL
P. perfeito simples	zaranzei zaranzaste zaranzou zaranzámos zaranzastes zaranzaram	Infinitivo impes.: zaranzar	Gerúndio: zaranzando
P. mais-que-perfeito	zaranzara zaranzaras zaranzara zaranzáramos zaranzáreis zaranzaram	Particípio: zaranzado	

292 zargunchar

	INDICATIVO	CONJUNTIVO	IMPERATIVO
Presente	zarguncho	zargunche	
	zarguncha s	zargunches	zarguncha
	zarguncha	zargunche	
	zarguncha mos	zarguncheмos	
	zarguncha is	zargunche is	zarguncha i
	zarguncha m	zarguncheм	

	INDICATIVO	CONJUNTIVO	CONDICIONAL
Pret. imperfeito	zarguncha va	zarguncha sse	zargunchar ia
	zarguncha vas	zarguncha sses	zargunchar ias
	zarguncha va	zarguncha sse	zargunchar ia
	zarguncha vamos	zarguncha ssemos	zargunchar íamos
	zarguncha veis	zarguncha sseis	zargunchar íeis
	zarguncha vam	zarguncha ssem	zargunchar iam

	INDICATIVO	CONJUNTIVO	INFINITIVO PESSOAL
Futuro imperfeito	zarguncha rei	zargunchar	zargunchar
	zarguncha rás	zarguncha res	zarguncha res
	zarguncha rá	zargunchar	zargunchar
	zarguncha remos	zarguncha rmos	zarguncha rmos
	zarguncha reis	zarguncha rdes	zarguncha rdes
	zarguncha rão	zarguncha rem	zarguncha rem

	INDICATIVO	FORMAS NOMINAIS		FORMA ADVERBAL	
P. perfeito simples	zarguncheі	Infinitivo impes.		Gerúndio	
	zarguncha ste				
	zargunchou		zargunchar		zarguncha ndo
	zargunchámos				
	zarguncha stes				
	zarguncha ram				
P. mais-que-perfeito	zarguncha ra	Particípio			
	zarguncha ras				
	zarguncha ra		zarguncha do		
	zargunchár amos				
	zargunchár eis				
	zarguncha ram				

293 zarolhar

	INDICATIVO	CONJUNTIVO	IMPERATIVO
Presente	zarolho zarolhas zarolha zarolhamos zarolhais zarolham	zarolhe zarolhes zarolhe zarolhemos zarolheis zarolhem	zarolha zarolhai

	INDICATIVO	CONJUNTIVO	CONDICIONAL
Pret. imperfeito	zarolhava zarolhavas zarolhava zarolhávamos zarolháveis zarolhavam	zarolhasse zarolhasses zarolhasse zarolhássemos zarolhásseis zarolhassem	zarolharia zarolharias zarolharia zarolharíamos zarolharíeis zarolhariam

	INDICATIVO	CONJUNTIVO	INFINITIVO PESSOAL
Futuro imperfeito	zarolharei zarolharás zarolhará zarolharemos zarolhareis zarolharão	zarolhar zarolhares zarolhar zarolharmos zarolhardes zarolharem	zarolhar zarolhares zarolhar zarolharmos zarolhardes zarolharem

	INDICATIVO	FORMAS NOMINAIS		FORMA ADVERBAL	
P. perfeito simples	zarolhei zarolhaste zarolhou zarolhámos zarolhastes zarolharam	Infinitivo impes.	zarolhar	Gerúndio	zarolhando
P. mais-que-perfeito	zarolhara zarolharas zarolhara zarolháramos zarolháreis zarolharam	Particípio	zarolhado		

294 zimbrar

	INDICATIVO	CONJUNTIVO	IMPERATIVO
Presente	zimbro zimbras zimbra zimbramos zimbrais zimbram	zimbre zimbres zimbre zimbremos zimbreis zimbrem	 zimbra zimbrai
			CONDICIONAL
Pret. imperfeito	zimbrava zimbravas zimbrava zimbrávamos zimbráveis zimbravam	zimbrasse zimbrasses zimbrasse zimbrássemos zimbrásseis zimbrassem	zimbraria zimbrarias zimbraria zimbraríamos zimbraríeis zimbrariam
			INFINITIVO PESSOAL
Futuro imperfeito	zimbrarei zimbrarás zimbrará zimbraremos zimbrareis zimbrarão	zimbrar zimbrares zimbrar zimbrarmos zimbrardes zimbrarem	zimbrar zimbrares zimbrar zimbrarmos zimbrardes zimbrarem
		FORMAS NOMINAIS	**FORMA ADVERBAL**
P. perfeito simples	zimbrei zimbraste zimbrou zimbrámos zimbrastes zimbraram	Infinitivo impes.: zimbrar	Gerúndio: zimbrando
P. mais-que-perfeito	zimbrara zimbraras zimbrara zimbráramos zimbráreis zimbraram	Particípio: zimbrado	

295 zonchar

INDICATIVO

Presente	zoncho zonchas zoncha zonchamos zonchais zoncham
Pret. imperfeito	zonchava zonchavas zonchava zonchávamos zonchávеis zonchavam
Futuro imperfeito	zoncharei zoncharás zonchará zoncharemos zonchareis zoncharão
P. perfeito simples	zonchei zonchaste zonchou zonchámos zonchastes zoncharam
P. mais-que-perfeito	zonchara zoncharas zonchara zoncháramos zoncháreis zoncharam

CONJUNTIVO

Presente	zonche zonches zonche zonchemos zoncheis zonchem
Pret. imperfeito	zonchasse zonchasses zonchasse zonchássemos zonchásseis zonchassem
Futuro imperfeito	zonchar zonchares zonchar zoncharmos zonchardes zoncharem

FORMAS NOMINAIS

Infinitivo impes.	zonchar
Particípio	zonchado

IMPERATIVO

zoncha

zonchai

CONDICIONAL

zoncharia
zoncharias
zoncharia
zoncharíamos
zoncharíeis
zonchariam

INFINITIVO PESSOAL

zonchar
zonchares
zonchar
zoncharmos
zonchardes
zoncharem

FORMA ADVERBAL

Gerúndio	zonchando

296 zumbar

	INDICATIVO	CONJUNTIVO	IMPERATIVO
Presente	zumbo zumbas zumba zumbamos zumbais zumbam	zumbe zumbes zumbe zumbemos zumbeis zumbem	 zumba zumbai
			CONDICIONAL
Pret. imperfeito	zumbava zumbavas zumbava zumbávamos zumbáveis zumbavam	zumbasse zumbasses zumbasse zumbássemos zumbásseis zumbassem	zumbaria zumbarias zumbaria zumbaríamos zumbaríeis zumbariam
			INFINITIVO PESSOAL
Futuro imperfeito	zumbarei zumbarás zumbará zumbaremos zumbareis zumbarão	zumbar zumbares zumbar zumbarmos zumbardes zumbarem	zumbar zumbares zumbar zumbarmos zumbardes zumbarem
		FORMAS NOMINAIS	**FORMA ADVERBAL**
P. perfeito simples	zumbei zumbaste zumbou zumbámos zumbastes zumbaram	Infinitivo impes.: zumbar	Gerúndio: zumbando
P. mais-que-perfeito	zumbara zumbaras zumbara zumbáramos zumbáreis zumbaram	Particípio: zumbado	

297 zurzir

	INDICATIVO	CONJUNTIVO	IMPERATIVO
Presente	zurzo zurzes zurze zurzimos zurzis zurzem	zurza zurzas zurza zurzamos zurzais zurzam	zurze zurzi

	INDICATIVO	CONJUNTIVO	CONDICIONAL
Pret. imperfeito	zurzia zurzias zurzia zurzíamos zurzíeis zurziam	zurzisse zurzisses zurzisse zurzíssemos zurzísseis zurzissem	zurziria zurzirias zurziria zurziríamos zurziríeis zurziriam

	INDICATIVO	CONJUNTIVO	INFINITIVO PESSOAL
Futuro imperfeito	zurzirei zurzirás zurzirá zurziremos zurzireis zurzirão	zurzir zurzires zurzir zurzirmos zurzirdes zurzirem	zurzir zurzires zurzir zurzirmos zurzirdes zurzirem

	INDICATIVO	FORMAS NOMINAIS	FORMA ADVERBAL
P. perfeito simples	zurzi zurziste zurziu zurzimos zurzistes zurziram	Infinitivo impes.: zurzir	Gerúndio: zurzindo
P. mais-que-perfeito	zurzira zurziras zurzira zurzíramos zurzíreis zurziram	Particípio: zurzido	

ÍNDICE ALFABÉTICO

Os números remetem para os **modelos** por que se conjugam os verbos. O **asterisco** (*) indica que o verbo se encontra conjugado.

Os verbos defectivos impessoais e os defectivos unipessoais vêm seguidos de dois números: o 1.° indica o verbo que na afirmativa possui as mesmas pessoas por cada tempo; o 2.° indica o modelo de conjugação.

Como nalgumas palavras podem ser usados, indistintamente, os ditongos **ou** ou **oi**, sempre que não se encontre a grafia em **oi**, deve procurar-se em **ou** — e vice-versa.

a

ababalhar **275**
ababosar **21**
abacalhoar **198**
abaçanar **24**
abacelar **129**
abacinar **267**
abadar **93**
abadernar **148**
abadessar **73**
abadiar **41**
abaetar **129**
abafar **93**
abagaçar **3**
abaganhar **132**
abagoar **198**
abainhar **55**
abaionetar **129**
abairrar **45**
abaiucar * **1**
abaixar **45**
abajoujar **38**
abalançar **91**
abalar **93**
abalaustrar **248**
abalienar **184**
abalistar **224**
abalizar **278**
abaloar **198**
abalofar **21**
abalroar **198**
abalsar **247**
abalseirar **139**
abaluartar **264**
abambolinar **267**
abananar **90A**
abanar **90A**
abancar **37**
abandalhar **275**
abandar **57**
abandear **250**
abandeirar **139**
abandejar **99**
abandidar **9**
abandoar **198**
abandonar **270**
abanicar **169**
abanquetar **129**
abaquetar **129**
abar **93**
abaratar **93**
abarbar **264**
abarbarar **69**
abarbarizar **278**
abarbatar **93**
abarbelar **129**
abarbetar **129**
abarbilhar **190**
abarcar **110**
abargantar **57**
abaritonar **270**
abaronar 270
abarracar **42**
abarrancar **37**
abarregar **194**
abarreirar **139**
abarretar **129**
abarretinar **267**
abarricar **169**
abarrigar **162**
abarrilar **9**
abarrocar **83**
abarrotar **180**
abasbacar **42**
abastar **14**
abastardar **264**
abastardear **250**
abastecer **165**
abastionar **183**
abastonar **270**
abatatar **93**
abatelar **129**
abater **47**
abatinar **267**
abatocar **83**
abaular **248**
abaunilhar **190**
abceder **167**
abdicar **169**
abduzir **72**
abeatar **93**
abeberar **22**
abecedar **129**
abeirar **139**
abeleirar **139**
abelgar **282**
abelhar **8**
abelhudar **176**
abelidar **9**
abemolar **180**
abençoar **198**
abendiçoar **198**
aberrar **125**
aberturar **212**
abesantar **57**
abesoirar **185**
abespinhar **55**
abestalhar **275**
abestiar **41**
abetumar **146**
abeverar **22**
abexigar **162**
abibliotecar **192**
abicar **169**
abichar * **2**
abigodar **180**
abiombar **271**
abirritar **9**
abiscoitar **199**
abismar **63**
abisonhar **258**
abispar **224**
abitar **9**
abitolar **180**
abivacar **92**

abjudicar 169
abjugar 23
abjungir 178
abjurar 212
abjurgar 106
ablactar 79
ablaquear 250
ablegar 194
abluir 82
abnegar 194
abnodar 180
abnuir 82
aboar 198
abobadar 93
abobalhar 275
abobar 180
aboborar 171
abocanhar 132
abocar 83
aboçar 20
abocetar 129
abochornar 85
abodegar 194
abodocar 83
aboiar 31
abojar 21
abolachar 7
abolar 180
abolçar 141
aboldriar 41
aboleimar 139
aboletar 129
abolhar 257
abolinar 267
abolir [1] 67
abolorecer 165
abolorentar 265
abolsar 256
abominar 267
abonançar 91
abonar 270
abondar 32
abonecar 192
aboquejar 99
aborbitar 9
aborbulhar 166
abordar 85
abordoar 198
aborletar 129
abornalar 93

aborrascar 98
aborrecer 165
aborregar 60
abortar 85
abostelar 129
abotequinar 269
aboticar 169
abotijar 9
abotinar 267
abotoar 198
aboubar 243
aboucar 274
abougar 44
abraçar * 3
abrandar 57
abrandecer 165
abranger * 4
abrasar 58
abrasear 250
abrasileirar 139
abrasoar 198
abrasonar 183
abrejar 99
abrejeirar 139
abrenhar 100
abrenunciar 183A
abrevar 237
abreviar 41
abrigar 162
abrilhantar 57
abrir * 5
abrocadar 93
abrochar 180
ab-rogar 240
abrolhar 293
abronzear 250
abroquelar 129
abrotar 180
abrumar 146
abrutalhar 275
abrutar 176
abrutecer 165
absceder 167
absconder 232
absintar 200
absintiar 41
absolutizar 278
absolver 231
absorver 231
abster 81

absterger 215
abstrair 260
abstruir 77
abular 212
abundar 16
abunhar 268
aburacar 42
aburelar 129
aburguesar 121
aburilar 9
aburrar 146
abusar 212
abuzinar 267
acabaçar 3
acabanar 90A
acabar 93
acabelar 129
acabramar 24
acabrunhar 268
açacalar 93
acaçapar 93
acachafundar 16
acachapar 93
acachimbar 163
acachoar 198
acacifar 174
acadeirar 139
academiar 41
academizar 278
acadimar 267
açafatar 93
acafelar 129
acafetar 129
açafrar 245
açafroar 198
açaimar 30
acairelar 129
acajadar 93
acalantar 57
acalcanhar 132
acalcar 110
acalçar 54
acalentar 265
acalhoar 198
acalmar 247
acalorar 171
acamar 24
açamar 24
acamaradar 93
açambarcar 110

[1] Geralmente, os autores brasileiros só lhe negam a 1.ª pessoa do singular do presente do indicativo e o presente do conjuntivo.

acambetar 129
acamboar 198
acambulhar 166
acamelar 129
acampainhar 55
acampanar 90A
acampar* 6
acamurçar 112
acanalar 93
acanalhar 275
acanastrar 159
acanavear 250
acancelar 129
acanelar 129
acanhar 132
acanhoar 198
acanteirar 139
acantoar 198
acontonar 270
acanudar 176
acanular 212
acapachar 7
acapangar 56
açapar 93
acaparar 69
acapelar 129
acapitular 212
acapotar 180
acaramelar 129
acaramular 212
acarapinhar 55
acarapuçar 112
acarar 69
acardumar 61/146
acarear 250
acariciar 183A
acaridar 9
acarinhar 55
acarminar 267
acarneirar 139
acaroar 198
acarraçar 3
acarrancar 42
acarrapatar 93
acarrar 25
acarrear 250
acarrejar 99
acarretar 129
acartar 264
acartolar 180
acartonar 270
acartuchar 176
acasacar 42
acasalar 93
acasamatar 93
acasernar 148
acasmurrar 212
acasquilhar 190
acastanhar 132
acastelar 129
acastelhanar 90A
acastiçar 64
acastoar 198
acastorar 171
acasular 212
acatar 93
acatassolar 180
acatitar 9
acaudalar 93
acaudatar 93
acaudelar 129
acaudilhar 190
acautelar 129
acavalar 93
acavaleirar 139
acavaletar 129
accionar 183
aceder 167
aceirar 139
aceitar 95
aceleirar 139
acelerar 22
acenar 184
acender 94
acendrar 122
acentuar 259
acepilhar 190
acepipar 9
acerar 22
acerbar 29
acercar 59
acerejar 99
acertar 29
acervar 229
acervejar 99
ocesoar 198
acetar 129
acetificar 169
acetinar 267
acevadar 93
achacar 42
achafundar 16
achamboar 198
achanar 90A
achanzar 291
achaparrar 25
achar * 7
acharoar 198
achatar 93
achavascar 98
achegar 60
achibantar 57
achicanar 90A
achicar 169
achinar 267
achincalhar 275
achinelar 129
achinesar 121
achinfrinar 267
achocalhar 275
achocolatar 93
achouriçar 64
achumaçar 3
achumbar 296
acicatar 93
acicatear 250
acicular 212
acidar 9
acidentar 265
acidificar 169
acidrar 34
acidular 212
aciganar 90A
acimar 267
acinzar 200
acinzentar 265
acirandar 57
acirrar 130
acitrinar 267
aclamar 24
aclarar 69
aclerizar 278
aclimar 267
aclimatar 93
acoalhar 275
acobardar 264
acobertar 29
acobrear 250
acocar 89
acochar 180
acochichar 2
acocorar 171
açodar 180
acoelhar 8
acofiar 41
acogular 212
acoimar 199
acoirelar 129
acoitar 199

açoitar 199
acolchetar 129
acolchoar 198
acolher 126
acolherar 22
acolitar 9
acomadrar 245
acometer 167
acomodar 180
acompadrar 245
acompanhar 132
acompassar 26
acompridar 9
acomunar 146
aconchegar 60
acondicionar 183
acondiçoar 198
acondimentar 265
aconfeitar 95
aconfradar 93
aconselhar * 8
aconsoantar 57
acontecer[1] 165
acoplar 65
açorar 171
acorçoar 198
acorcovar 180
acordar 85
acordoar 198
acornar 85
acoroçoar 198
acoronhar 258
acorrentar 265
acorrer 84
acorrilhar 190
acortinar 267
acoruchar 268
acossar 180
acostar 147
acostumar 146
acotiar 41
acotinhar 55
acotoar 198
acotovelar 129
acourelar 129
acoutar 199
açoutar 199
acovar 180
acovardar 264
acovilhar 190
acravar 93
acravelhar 8
acreditar * 9
acrescentar 265
acrescer 88
acriançar 91
acrisolar 180
acromatizar 278
activar 174
actualizar 278
actuar 259
acuar 259
açucarar 69
acuchilar 9
acucular 212
açudar 176
acudir * 10
açular 212
aculear 250
aculturar 212
acumear 250
acuminar 267
acumpliciar 183A
acumular 212
acunhar 268
acunhear 250
acupremir 208
acupuncturar 212
acurar 212
acurralar 93
acurvar 19
acurvilhar 190
acusar 176
acutilar 9
adagiar 41
adamar 24
adamascar 98
adaptar 79
adarvar 264
adastrar 159
adegar 207
adejar 99
adelgaçar 3
adensar 196
adentar 265
adentrar 122
adequar[2] 28
adereçar 68
adergar 282
aderir 206
adernar 148
adestrar 195
adiamantar 57
adiantar 57
adiar 41
adicionar 183
adietar 129
adilar 9
adir[3] 67
aditar 9
adivinhar 55
adjazer 156
adjectivar 174
adjudicar 169
adjungir 178
adjurar 212
adjuvar 176
adligar 162
administrar 34
admirar 269
admitir * 11
admoestar 111
adnumerar 22
adobar 180
adoçar 20
adocicar 169
adoecer 165
adoentar 265
adoestar 111
adoidar 199
adolescer 88
adomingar 285
adonisar 205
adoptar 180
adorar 171
adormecer 165
adormentar 265
adormir 108
adornar 85
adquirir * 12
adregar 194
adriçar 64
ad-rogar 240
adscrever 127

[1] É empregado como verbo unipessoal.
[2] Alguns autores consideram-no defectivo — empregado apenas nas formas arrizotónicas.
[3] Não o considerando defectivo, Rodrigo Sá Nogueira conjuga-o como *invadir* (154).

adsorver 231
adstringir 43
aduanar 90A
adubar 176
aduchar 268
adufar 176
adular 212
adulçorar 171
adulterar 22
adunar 146
aduncar 109
aduzir 72
adversar 229
advertir * 13
advir 217
advogar 240
aerificar 169
aerizar 278
afadigar 162
afadistar 224
afagar 188
afaimar 30
afainar 30
afalar 93
afalcoar 198
afamar 24
afanar 90A
afastar * 14
afatiar 41
afaxinar 267
afazendar 265
afazer 137
afear 250
afectar 101
afeiçoar 198
afeitar 95
afelear 250
afemear 250
afeminar 267
aferir 206
aferrar 125
aferrenhar 100
aferretoar 198
aferroar 198
aferrolhar 293
afervar 229
aferventar 265
afervorar 171
afestoar 198
afiambrar 287
afiançar 91
afiar 41
afidalgar 246
afifar 174
afigurar 212
afilar 9
afilhar 190
afiliar 41
afinar 267
afincar 49
afincoar 198
afirmar 74
afistular 212
afitar 9
afivelar 129
afixar* 15
aflar 245
aflautar 118
afleimar 95
aflumar 184
afligir 102
aflorar 171
afluir 82
afobar 180
afocinhar 55
afofar 257
afogar 240
afoguear 250
afoitar 199
afolar 180
afolhar 293
afolozar 180
afomear 250
aforar 171
aformosear 250
aformosentar 265
aforquilhar 190
aforrar 180
afortalezar 237
afortunar 146
afracar 42
afragatar 93
afrancesar 121
afranzinar 267
afrechar 140
afreguesar 121
afreimar 95
afrentar 265
afrescar 59
afretar 129
africanar 90A
africanizar 278
afroixar 199
afroixelar 129
afrontar 32
afrouxar 185
afrouxelar 129
afrutar 176
afugentar 265
afuliginar 267
afulvar 177
afumar 146
afundar * 16
afundir 75
afunilar 9
afuroar 198
afusar 176
afutricar 169
afuzilar 9
agachar 7
agadanhar 132
agafanhar 132
agaiatar 93
agalanar 90A
agalegar 60
agalhar 275
agaloar 198
aganar 90A
agarnochar 7
agarotar 180
agarrar 25
agarrochar 180
agarrotar 180
agarrachar 176
agasalhar 275
agastar 14
agatafunhar 268
agatanhar 132
agatificar 169
agavelar 129
agazuar 259
agazular 212
agenciar 210
agermanar 90A
agigantar 57
agilitar 9
agilizar 278
agiotar 180
agir [1] 221
agitar 9
aglomerar 22
aglutinar 267
agodelhar 8

[1] Há autores que lhe atribuem apenas as formas arrizotónicas — o que lhe fere a prática corrente.

agoirar 185
agoirentar 265
agolpear 250
agomar 257
agongorar 171
agoniar 41
agonizar 278
agorentar 265
agostar 147
agourar 185
agourentar 265
agraciar 183A
agradar 93
agradecer 165
agrafar 93
agranar 90A
agrar 245
agraudar 248
agravar 93
agraviar 41
agredir * 17
agregar 194
agremiar 41
agricultar 177
agrilhetar 129
agrilhoar 198
agrimar 267
agrimensar 196
agrinaldar 247
agrisalhar 275
agrumelar 129
agrupar 176
aguar 28
aguardar 264
aguardentar 265
aguarelar 129
aguarentar 265
aguaritar 9
aguçar 112
agudizar 278
agueirar 139
aguentar 265
aguerrear 250
aguerrilhar 190
aguerrir 67
aguiar 41
aguilhar 190
aguilhoar 198
aguisar 205
aguitarrar 25
agulhar 166
aiar 120
airar 30
ajaezar 237
ajambrar 287
ajanotar 180
ajantarar 69
ajardinar 267
ajavardar 264
ajeirar 139
ajeitar 95
ajoelhar 8
ajornalar 93
ajoujar 243
ajudar 176
ajuizar* 18
ajular 212
ajuntar 16
ajuramentar 265
ajustar * 19
ajustiçar 64
alabar 93
alabarar 69
alabardar 264
alabastrizar 278
alabirintar 200
alabregar 60
alacaiar 120
alacar 42
alactar 79
alagar 188
alambarar 69
alambazar 93
alambicar 169
alamborar 171
alamedar 129
alampar 6
alancar 37
alancear 250
alanguidar 9
alanhar 132
alanzoar 198
alapar 93
alapardar 264
alapuzar 176
alar 93
alaranjar 38
alarar 69
alardear 250
alargar 158
alarmar 264
alarvejar 99
alassar 26
alastrar 159
alatinar 267
alatoar 198
alaudar 248
albardar 264
albergar 281
albificar 169
alborcar 119
alborotar 180
albufeirar 139
alcachinar 267
alcaguetar 129
alcaiotar 180
alcalificar 169
alcalinizar 278
alcalizar 278
alcançar 91
alcandorar 171
alcanforar 171
alcantilar 9
alcaparrar 25
alçapremar 184
alçar 54
alcatear 250
alcatifar 174
alcatroar 198
alcatruzar 176
alcear 250
alcofar 180
alcoolificar 169
alcoolizar 278
alcovitar 9
alcunhar 268
aldeagar 188
aldear 250
aldrabar 93
aldravar 93
alegar 194
alegorizar 278
alegrar 195
aleijar 95
aleirar 139
aleitar 95
alembrar 160
alentar 265
alentecer 165
alerdar 29
alertar 29
alesmar 111
aletargar 158
aletradar 93
alevantar 57
alevedar 129
alfabetar 129
alfabetizar 278
alfaiar 120

alfaiatar 93
alfandegar 194
alfar 247
alfarrobar 180
olfazemar 184
alfenar 184
alfeninar 267
alfinetar 129
alfinetear 250
alfombrar 70
alforjar 85
alforrar 180
alforriar 41
algaliar 41
algaraviar 41
algazarrar 25
algebrizar 278
algemar 184
algodoar 198
algozar 180
alguergar 282
alhanar 90A
alhear 250
aliançar 91
aliar 41
alicerçar 68
alicercear 250
aliciar 41
alienar 184
aligar 162
aligeirar 139
alijar 9
alimentar 265
alimpar 200
alindar 200
alinear 250
alinhar 55
alinhavar 93
alisar 205
alistar 224
aliterar 22
aliviar 41
aljofarar 69
aljofrar 65
almagrar 245
almajarrar 25
almecegar 194
almejar 99
almiscarar 69
almoçar * 20
almocrevar 129
almoedar 129
almofaçar 3
almofadar 93
almofreixar 96
almotaçar 3
almudar 176
alocar 83
aloirar 185
aloisar 199
alojar * 21
alombar 271
alomborar 171
alongar 214
alopatizar 278
alotar 180
aloucar 274
alourar 185
alousar 243
alpardecer 165
alpendrar 122
alpinar 267
alporcar 119
alquebrar 219
alqueirar 139
alqueivar 139
alquilar 9
alquimiar 41
altanar 90A
altear 250
alterar * 22
altercar 59
alternar 148
aluar 259
alucinar 267
aludir 150
alugar * 23
aluir 82
alumbrar 287
alumiar 41
aluminar 267
aluminizar 278
alunar 146
alutar 176
aluviar 41
aluxar 176
alvacentar 265
alvaiadar 93
alvear 250
alveitarar 69
alvejar 99
alvescer 88
alvidrar 34
alvissarar 69
alvitrar 34
alvorar 171
alvorear 250
alvorecer 62/165
alvorejar 99
alvoriçar 64
alvoroçar 20
alvorotar 180
amacacar 42
amaçar 3
amaçarocar 83
amachucar 109
amaciar 183A
amadeirar 139
amadornar 85
amadorrar 180
amadrinhar 55
amadurar 212
amadurecer 165
amagar 188
amagotar 180
amainar 30
amaldiçoar 198
amalgamar 24
amalhar 275
amalhoar 198
amalocar 83
amaltar 247
amalucar 109
amamentar 265
amancebar 129
amaneirar 139
amanequinar 267
amanhar 132
amanhecer 62/165
amaninhar 55
amansar 57
amantar 57
amanteigar 162
amantelar 129
amantilhar 190
amantizar 278
amaquiar 41
amar * 24
amarar 69
amarasmar 14
amarelar 129
amarelecer 165
amarelejar 99
amarfalhar 275
amarfanhar 132
amargar 158
amargurar 212
amariçar 64
amaricar 169

amaridar........................ 9
amarinhar..................... 55
amarizar........................ 278
amarotar....................... 180
amarrar *....................... 25
amarrecar...................... 192
amarroar....................... 198
amarrotar...................... 180
amartelar...................... 129
amarujar....................... 176
amasiar......................... 41
amassar *...................... 26
amassecar..................... 192
amatalar....................... 93
amatalotar.................... 180
amatilhar...................... 190
amatular....................... 212
amatutar....................... 176
amazelar....................... 129
ambicionar.................... 183
ambientar..................... 265
ambrear........................ 250
ambular........................ 212
ameaçar........................ 3
amealhar...................... 275
amear........................... 250
amedalhar.................... 275
amedrontar................... 32
ameigar........................ 162
ameijoar....................... 198
amelaçar...................... 3
ameninar...................... 267
amenizar...................... 278
amentar....................... 265
amercear...................... 250
amergulhar.................. 166
americanizar............... 278
amerujar...................... 176
amesendar................... 265
amesquinhar............... 55
amestrar..................... 195
ametalar...................... 93
amezinhar.................... 55
amichelar.................... 129
amidoar...................... 198
amigar........................ 162
amilhar....................... 190
amimalhar.................. 275
amimar...................... 267
amiserar.................... 22
amistar...................... 224
amisular.................... 212
amiudar..................... 248
amnesiar..................... 41
amnistiar.................... 41
amocambar................ 6
amocar...................... 83
amochar.................... 258
amochilar.................. 9
amodernar................ 148
amodorrar................ 257
amoedar.................. 129
amoestar.................. 111
amofinar.................. 267
amoinar................... 199
amoirar................... 185
amoiriscar............... 239
amoitar.................... 199
amojar..................... 21
amolancar............... 37
amolar..................... 180
amoldar................... 255
amoldurar............... 212
amolecar................ 192
amolecer................ 165
amolegar................ 194
amolengar.............. 60
amolentar.............. 265
amolgar................. 186
amontanhar.......... 132
amontar................ 32
amontijar.............. 9
amontilhar............ 190
amontoar.............. 198
amonturar............ 212
amoralizar............ 278
amorar................. 171
amorcegar............ 194
amordaçar........... 3
amorenar............. 184
amoriscar............ 239
amornar.............. 85
amornecer........... 165
amorrinhar.......... 55
amorroar............. 198
amorsegar........... 194
amortalhar.......... 275
amortecer........... 165
amortiçar............ 64
amortizar............ 278
amossar.............. 180
amossegar.......... 194
amostardar......... 264
amostrar............. 173
amotar................ 180
amotinar............. 267
amoucar.............. 274
amourar.............. 185
amouriscar......... 239
amouroar........... 198
amover.............. 175
amoxamar......... 24
amparar............ 69
ampliar............. 41
amplificar......... 169
amputar............ 176
amuar.............. 259
amulatar.......... 93
amulherar........ 22
amumiar.......... 41
amunhecar....... 192
amuniciar........ 183A
amuralhar....... 275
amurar........... 212
anaçar........... 3
anacarar........ 69
anacreontizar.. 278
anacronizar.... 278
anafar........... 93
anagalhar...... 275
anagar.......... 188
anagramatizar.. 278
analgizar...... 278
analisar....... 205
ananicar...... 169
anarquizar... 278
anastomosar.. 171
anatar......... 93
anateirar..... 139
anatematizar.. 278
anatomizar.. 278
anavalhar... 275
ancilosar.... 171
ancinhar.... 55
ancorar...... 171
andaimar... 30
andar........ 57
andarilhar.. 190
andejar..... 99
andoar...... 198
anediar..... 41
anedotizar.. 278
anegar...... 194
anegrar..... 195
anegrejar.. 99
anejar...... 99
anelar...... 129
anemiar.... 41
anemizar.. 278

Verbo	Nº
anestesiar	41
anexar*	27
angariar	41
angelizar	278
anglicizar	278
anglomanizar	278
angular	212
angustiar	41
anichar	2
anielar	129
aniilar	9
anilar	9
anilhaçar	3
anilhar	190
anilinar	267
animadvertir	13
animalizar	278
animar	267
amimizar	278
aninar	267
aninhar	55
aniquilar	9
anisar	205
anivelar	129
aniversariar	41
anodizar	278
anogueirar	139
anoitecer	62/165
anojar	21
anonimar	267
anordestear	250
anortear	250
anotar	180
anoutecer	62/165
anovear	250
anovelar	129
anquilosar	180
ansiar	225
antagonizar	278
antar	57
anteceder	167
antecipar	9
antedar	92
antedatar	93
antedizer	107
anteferir	206
antefruir	82
antegostar	147
antegozar	180
antemostrar	173
antemover	175
antemurar	212
anteocupar	176
antepagar	188
anteparar	69
antepassar	26
antepor	203
anteriorizar	278
antessentir	251
antever	281
anteverter	283
antevir	286
antevoar	198
antipatizar	278
antiquar	28
antojar	21
antolhar	293
antropomorfizar	278
anuir	82
anular	212
anunciar	183A
anuviar	62/41
apacificar	169
apadrinhar	55
apadroar	198
apagar	188
apainelar	129
apaiolar	180
apaisanar	90A
apaisar	205
apaixonar	183
apajar	58
apajear	250
apalaçar	3
apalacianar	90A
apaladar	93
apalancar	37
apalavrar	245
apalear	250
apalermar	148
apalhaçar	3
apalmar	247
apalpar	247
apancar	37
apandar	57
apandilhar	190
apanhar	132
apanicar	169
apaniguar	28
apantufar	176
apaparicar	169
aparabolar	180
aparafusar	176
aparaltar	247
aparamentar	265
aparar	69
aparatar	93
aparceirar	139
aparcelar	129
apardaçar	3
aparecer	165
aparelhar	8
aparentar	265
aparentelar	129
aparoquianar	90A
aparoquiar	41
aparrar	25
aparreirar	139
apartamentar	265
apartar	264
apartear	250
aparvajar	93
aparvalhar	275
aparvar	264
aparvoar	198
apascaçar	3
apascentar	265
apascoar	198
apassamanar	90A
apassivar	174
apastorar	171
apatanhar	132
apatetar	129
apatifar	9
apatizar	278
apatrulhar	166
apaular	248
apavesar	121
apavonar	183
apavorar	171
apaziguar *	28
apeaçar	3
apeanhar	132
apear	250
apeçonhar	258
apeçonhentar	265
apedar	129
apedourar	185
apedrar	195
apedregulhar	166
apedrejar	99
apeganhar	132
apegar	194
apeguilhar	190
apeirar	139
apejar	99
apelar	129
apelidar	9
apelintrar	164

apenar 184
apendar 265
apender 94
apendoar 198
apensar 196
apensionar 183
apenumbrar 287
apepinar 267
apequenar 184
aperaltar 247
aperalvilhar 190
aperceber 167
aperfeiçoar 198
aperfiar 41
aperfilhar 190
apergaminhar 55
apernar 148
aperolar 180
aperrar 125
aperrear 250
apertar* 29
aperuar 259
apesarar 69
apesentar 265
apestar 111
apetar 129
apetecer 165
apetitar 9
apetrechar 140
apezinhar 55
apezunhar 268
apichelar 129
apicoar 198
apiedar 129
apilarar 69
apilhar 190
apiloar 198
apimentar 265
apimpolhar 293
apimponar 183
apincelar 129
apingentar 265
apinhar 55
apinhoar 198
apintalhar 275
apintoar 198
apipar 9
apisoar 198
apitar 9
aplacar 42
aplainar * 30
aplanar 90A
aplastar 14
aplaudir 154
aplebear 250
aplicar 169
aplumar 146
apoceirar 139
apocopar 180
apodar 180
apoderar 22
apodrecer 165
apodrentar 265
apodrir 67
apoiar * 31
apoitar 199
apojar 21
apolazar 93
apolear 250
apolegar 194
apolejar 99
apolentar 265
apologizar 278
apoltronar 270
apolvilhar 190
apontar* 32
apontear 250
apontoar 198
apoquentar 265
apor 203
aprocalhar 275
aporfiar 41
aporrear 250
aporretar 129
aporrinhar 55
aportar 85
aportilhar 190
aportuguesar 121
aposentar 265
apossar 180
apossuir 82
apostar 147
apostatar 93
apostemar 184
apostiçar 64
apostilar 9
apostolar 180
apostolizar 278
apostrofar 180
apotentar 265
apoteosar 180
apoucar 274
apoutar 243
aprazar 93
aprazer* 33
apreçar 68
apreciar 183A
apreender 94
aprefixar 15
apregoar 198
apremer 277
aprender 94
apresar 121
apresentar 265
apresigar 162
apresilhar 190
apressar 73
apressurar 212
uprestar 111
aprimorar 171
aprincesar 121
apriscar 239
aprisionar 183
aproar 198
aprochegar 60
aproejar 99
aprofundar 16
aprontar 32
apropinquar[1] 28
apropositar 9
apropriar 41
aprosar 180
aprovar 180
aproveitar 95
aprovisionar 183
aproximar 267
aprumar 146
aptificar 169
apuar 259
apunhalar 93
apunhar 268
apupar 176
apurar 212
aquadrelar 129
aquadrilhar 190
aquartelar 129
aquartilhar 190
aquatizar 278
aquebrantar 57
aquecer 165

[1] É admitida, nas formas rizotónicas, a acentuação *apropinquo* ou *apropínquo*, etc. *apropinqúe* ou *apropínque*, etc., *apropinqua* ou *apropínqua*.

aquedar 129
aquelar 129
aquentar 265
aquerenciar 183A
aquiescer 88
aquietar 129
aquilatar 93
aquinhoar 198
aquistar 224
arabescar 59
arabizar 278
aradar 93
aragear 290
aramar 24
arar 69
araviar 41
arbitrar * 34
arborescer 88
arborizar 278
arcabuzar 176
arcaizar 18
arcar 110
arco-irisar 205
arcuar 259
arder * 35
ardosiar 41
arear 250
arejar 99
arengar 60
arensar 196
arestizar 278
arfar 264
argamassar 26
argentar 265
argentear 250
argolar 180
arguciar 183A
argueirar 139
arguir * 36
argumentar 265
arianizar 278
ariar 41
aricar 169
aridificar 169
arietar 129
aripar 9
ariscar 239
aristocratizar 278
arjoar 198
armar 264
armazenar 184
arminhar 55
armoriar 41
arneirar 139
arnesar 121
aromar 257
aromatizar 278
arpar 264
arpear 250
arpejar 99
arpoar 198
arquear 250
arquejar 99
arquitectar 101
arquivar 174
arrabar 93
arrabeirar 139
arrabujar 176
arraçar 3
arracimar 267
arraçoar 198
arraiar 120
arraigar 162
arrair 260
arralentar 265
arramalhar 275
arramar 24
arrancar* 37
arranchar 57
arrancorar 171
arranhar 132
arranjar* 38
arrapazar 93
arrapinar 267
arraposar 257
arrarar 69
arrasar 58
arrastar 14
arratelar 129
arrazoar 198
arrear 250
arreatar 93
arrebanhar 132
arrebatar 93
arrebentar 265
arrebicar 169
arrebitar 9
arrebolar 180
arrebunhar 268
arrecadar 93
arrecear 250
arrecuar 259
arredar 129
arredondar 32
arrefanhar 132
arrefeçar 68
arrefecer 165
arrefentar 265
arrefertar 29
arregaçar 3
arregalar 93
arreganhar 132
arregimentar 265
arregoar 198
arregrar 195
arregueirar 139
arreguilar 9
arreigar 162
arreitar 95
arrelampar 62/6
arrelhar 8
arreliar 41
arrelvar 229
arremangar 56
arremansar 57
arrematar 93
arremedar 129
arremelgar 282
arremessar 73
arremeter 167
arreminar 267
arrendar 265
arrenegar 194
arrentar 265
arrepanhar 132
arrepelar 129
arrepender 94
arrepiar 41
arrepolhar 293
arrequifar 9
arrestar 111
arretar 129
arrevesar 121
arrevessar 73
arriar[1] 41
arribar 9
arriçar 64

[1] Além das formas em *-io, -ias,* etc., tem variantes em *-eio, -eias,* etc., Rebelo Gonçalves, *Voc. da Língua Portuguesa*, refere a expressão *quem não pode arreia.*

arridar 9
arrifar 9
arrijar 9
arrimar 267
arrincoar 198
arriscar 239
arrizar 278
arrobar 257
arrochar 180
arrochelar 129
arrodelar 129
arrodilhar 190
arrogar 240
arroiar 31
arrojar 21
arrojeitar 95
arrolar 180
arrolhar 293
arromançar 91
arrombar 271
arrostar 147
arrotar 180
arrotear 250
arroubar 243
arroxar 180
arroxear 250
arruaçar 3
arruar 259
arrufar 176
arrugar 23
arruinar * 39
arrulhar 61/166
arrumar 146
arrunhar 268
artefactar 79
arterializar 278
artesanizar 278
artesoar 198
articular 212
artificializar 278
artificiar 183A
artilhar 190
artistificar 169
artolar 180
arvoar 198
arvorar 171
arvorejar 99
asar 58
ascender 94
ascetizar 278
asfaltar 247
asfixiar 41
asilar 9
asir[1] 154
asnear 250
asneirar 139
aspar 14
aspear 250
aspergir[2] 105
aspirar 269
assaborar 171
assaborear 250
assacar 42
assalariar 41
assalganhar 132
assaltar 247
assaltear 250
assanhar 132
assapar 93
assapatar 93
assapateirar 139
assar 26
assarapantar 57
assassinar 267
assazoar 198
assazonar 183
assear 250
assedar 129
assedenhar 100
assediar 41
assegurar 212
asseitar 95
asselar 129
asselvajar 93
assemelhar 8
assenhorar 171
assenhorear 250
assentar 265
assentir 251
assepsiar 41
asserenar 184
asserir 206
assertar 29
assertoar 198
assessorar 171
assestar 111
assetar 129
assetear 250
asseverar 22
assezoar 198
assibilar 9
assidrar 34
assimilar 9
assinalar 93
assinar 267
assingelar 129
assisar 205
assistir * 40
assoalhar 275
assoar 198
assobarcar 110
assoberbar 29
assobiar * 41
assobradar 93
assocar 83
assocializar 278
associar 183A
assolapar 93
assolar 180
assoldadar 93
assoldar 255
assolear 250
assoleimar 95
assolhar 293
assomar 257
assombrar 70
assombrear 250
assonar 183
assopear 250
assoprar 65
assorear 250
assossegar 194
assotar 180
assovacar 42
assovelar 129
assoviar 41
assovinar 267
assovinhar 55
assuar 259
assucatar 93
assumir 234
assuntar 16
assustar 19
asticar 159
astralizar 278
astuciar 183A
atabacar 42

[1] Alguns autores só consideram utilizáveis as formas arrizotónicas.

[2] Alguns autores atribuem-lhe um *e* semifechado [e] na 1.ª pessoa do singular do presente do indicativo e em todo o presente do conjuntivo.

atabafar ... 93
atabalar ... 93
atabalhoar ... 198
atabernar ... 148
atabular ... 176
atacanhar ... 132
atacar * ... 42
atacoar ... 198
atafegar ... 194
atafular ... 176
atafulhar ... 166
ataganhar ... 132
atagantar ... 57
atalaiar ... 120
atalassar ... 26
atalhar ... 275
atamancar ... 37
atanar ... 90A
atanazar ... 93
atanchar ... 7
atapetar ... 129
atapulhar ... 166
atar ... 93
atarantar ... 57
atardar ... 264
atarefar ... 129
ataroucar ... 274
atarracar ... 42
atarraxar ... 93
atarugar ... 23
atascar ... 98
atassalhar ... 275
atauxiar ... 41
atavernar ... 148
ataviar ... 41
atazanar ... 90A
atear ... 250
atediar ... 41
ateimar ... 95
atemorizar ... 278
atempar ... 110A
atemperar ... 22
atenazar ... 93
atendar ... 265
atender ... 94
atenorar ... 171
atenrar ... 196
atentar ... 265
atenuar ... 259
ater ... 81
aterecer ... 165
aterraplanar ... 90A
aterrar ... 125
aterrissar ... 9
aterrorar ... 171
aterrorizar ... 278
atesar ... 121
atestar ... 111
atibiar ... 41
atiçar ... 64
atiçoar ... 198
atijolar ... 180
atilar ... 9
atinar ... 267
atingir * ... 43
atintar ... 200
atirar ... 269
atitar ... 61/9
atoalhar ... 275
atoar ... 198
atocaiar ... 120
atochar ... 180
atoiçar ... 46
atolambar ... 6
atolar ... 180
atoldoar ... 198
atoleimar ... 95
atomatar ... 93
atombar ... 271
atomizar ... 278
atonar ... 257
atonizar ... 278
atontar ... 32
atopetar ... 129
atorar ... 171
atorçoar ... 198
atordoar ... 198
atormentar ... 265
atorrear ... 250
atorresmar ... 111
atoucinhar ... 55
atoxicar ... 169
atrabelhar ... 8
atracar ... 42
atrafegar ... 194
atraiçoar ... 198
atrair ... 260
atralhoar ... 198
atramar ... 24
atrambolhar ... 293
atrancar ... 37
atrangalhar ... 275
atrapalhar ... 275
atrapar ... 93
atrasar ... 58
atravancar ... 37
atravessar ... 73
atravincar ... 49
atrecer ... 165
atreguar ... 28
atrelar ... 129
atremar ... 184
atrepar ... 129
atrever ... 127
atribuir ... 82
atribular ... 212
atributar ... 176
atrigar ... 162
atrincheirar ... 139
atritar ... 9
atroar ... 198
atroçoar ... 198
atrofiar ... 41
atrogalhar ... 275
atrolhar ... 293
atrombar ... 271
atropar ... 180
atropelar ... 129
atropilhar ... 190
atuar ... 259
atucanar ... 90A
atufar ... 176
atuir ... 82
atulhar ... 166
atumultuar ... 259
atundir ... 75
atupir ... 123
aturar ... 212
aturdir ... 290
aturdizar ... 278
auferir ... 206
augar ... 44
augurar ... 212
aumentar ... 265
aureolar ... 180
aurificar ... 169
auriluzir ... 72
aurorar ... 171
aurorescer ... 62/88
auscultar ... 177
ausentar ... 265
auspicar ... 169
auspiciar ... 183A
austar ... 19
austerizar ... 278
autenticar ... 169
autentificar ... 169
auto-abastecer ... 165
autocopiar ... 41

autodefinir ... **135**
autodenominar ... **267**
autodestruir ... **77**
autodeterminar ... **267**
autofinanciar ... **183A**
autografar ... **93**
autolimitar ... **9**
automatizar ... **278**
automobilizar ... **278**
autonomizar ... **278**
autonomear ... **250**
autopromover ... **175**
autopsiar ... **41**
autorizar ... **278**
auto-sugestionar ... **183**
autuar ... **259**
auxiliar ... **41**
avacalhar ... **275**
avagarar ... **69**
avaladar ... **93**
avaliar ... **41**
avalizar ... **278**
avaloar ... **198**
avaluar ... **259**
avançar ... **91**
avantajar ... **93**
avariar ... **41**
avassalar ... **93**
avecer ... **165**
avelar ... **129**
avelhacar ... **42**
avelhar ... **8**
avelhentar ... **265**
aveludar ... **176**
aventar ... **265**
aventurar ... **212**
averbar ... **29**
averdugar ... **23**
avergalhar ... **275**
avergoar ... **198**
averiguar ... **28**
avermelhar ... **8**
averrugar ... **23**
averrumar ... **146**
avessar ... **73**
avezar ... **237**
avezeirar ... **139**
aviar ... **41**
aviesar ... **121**
avigorar ... **171**
avilanar ... **90A**
aviltar * ... **43A**
avinagrar ... **245**
avincar ... **49**
avinhar ... **55**
avioletar ... **129**
avir ... **217**
avisar ... **205**
avistar ... **224**
avitualhar ... **275**
avivar ... **174**
aviventar ... **265**
avizinhar ... **55**
avocar ... **83**
avolumar ... **146**
avozear ... **250**
avultar ... **177**
axadrezar ... **237**
axicarar ... **69**
axungiar ... **41**
azabumbar ... **296**
azafamar ... **24**
azagaiar ... **120**
azamboar ... **198**
azar ... **93**
azaranzar ... **291**
azarar ... **69**
azarolhar ... **293**
azebrar ... **195**
azedar ... **129**
azeitar ... **95**
azeitonar ... **183**
azerar ... **22**
azevichar ... **2**
aziumar[1] ... **146**
azoar ... **198**
azoinar ... **199**
azoratar ... **93**
azorragar ... **188**
azotar ... **180**
azougar * ... **44**
azucrinar ... **257**
azular ... **212**
azulejar ... **99**
azulinar ... **267**
azumbrar ... **287**
azurrar ... **61/176**
azurzir ... **297**

b

babar ... **93**
babujar ... **176**
bacanalizar ... **278**
bacelar ... **129**
bacharelar ... **129**
bachicar ... **169**
bacilizar ... **278**
bacorejar ... **99**
bacorinhar ... **55**
badalar ... **93**
badalejar ... **99**
badanar ... **90A**
badernar ... **148**
bafar ... **93**
bafejar ... **99**
baforar ... **171**
bafordar ... **85**
bafurdar ... **51**
bagar ... **188**
baiar ... **120**
bailar ... **45**
bailarinar ... **267**
bainhar ... **55**
baixar* ... **45**
bajoular ... **243**
bajular ... **212**
balançar ... **91**
balancear ... **250**
balar ... **61/93**
balastrar ... **159**
balaustrar[2] ... **151**
balbuciar ... **183A**
balburdiar ... **41**
baldar ... **247**
baldear ... **250**
baldoar ... **198**
baldrocar ... **83**
balear ... **250**
balir ... **61/154**
balizar ... **278**
balnear ... **250**
baloiçar* ... **46**
balsamar ... **24**
balsamizar ... **278**
bambalear ... **250**
bambar ... **6**

---

[1] O *u* das formas rizotónicas acentua-se, como o de saudar (248).
[2] Atente-se na acentuação do *u* nas formas rizotónicas (cfr. *saudar* — 248).

bambear **250**
bambinar **267**
bamboar **198**
bambochar **180**
bambolear **250**
bamburrar **176**
banalizar **278**
bancar **37**
bandar **57**
bandarilhar **190**
bandarrear **250**
bandear **250**
bandeirar **139**
bandejar **99**
bandolear **250**
bandurrar **176**
bandurrear **250**
banhar **132**
banir[1] **143**
banquetear **250**
banzar **291**
banzear **250**
baptizar **278**
baquear **250**
baquetar **129**
baquetear **250**
barachar **7**
barafustar **19**
baralhar **275**
baratar **93**
baratear **250**
baratinar **267**
barbar **264**
barbarizar **278**
barbear **250**
barbechar **138**
barbelar **129**
bardar **264**
barganhar **132**
bargantear **250**
barlaventear **250**
barlaventejar **99**
baronizar **278**
barquear **250**
barquejar **99**
barrar **25**
barrear **250**
barregar **194**
barreirar **139**
barrejar **99**
borrenar **184**
barricar **169**
barrotar **180**
barrotear **250**
barrufar **176**
barruntar **16**
barulhar **166**
basculhar **166**
basear **250**
basificar **169**
bastar **14**
bastardear **250**
bastear **250**
bastecer **165**
bastir **191**
batalhar **275**
batear **250**
bater* **47**
batilhar **190**
batocar **83**
batotar **180**
batotear **250**
batucar **109**
batumar **146**
bazofiar **210**
beatificar **169**
beber **167**
beberar **22**
bebericar **169**
beberricar **169**
bedelhar **8**
beijar **95**
beijocar **83**
beiradear **250**
beirar **139**
beliscar **239**
bem-aventurar **212**
bem-dizer **107**
bem-fazer **137**
bem-merecer **165**
bemolar **180**
bemolizar **278**
bem-querer[2] **220**
bendizer **107**
beneficiar **183A**
benfeitorizar **278**
benquistar **224**
benzer **94**
beriberizar **278**
bernear **250**
berrar **125**
berregar **194**
besantar **57**
besoirar **199**
bestializar **278**
bestar **111**
bestificar **169**
bestuntar **16**
besuntar **16**
betar **129**
betonar **183**
betumar **146**
bexigar **162**
bezoar **198**
bibliografar **93**
bicar **169**
bichanar **90A**
bichar **2**
bifar **9**
bifurcar **52**
bigamizar **278**
bigodear **250**
bilhardar **264**
bilontrar **114**
bimbalhar **275**
bimbar **200**
binar **267**
binoculizar **278**
biografar **93**
bipartir **191**
birrar **130**
birutar **176**
bisar **205**
bisbilhotar **180**
biscar **239**
biscatar **93**
biscatear **250**
biscoitar **199**
biselar **129**
bisnagar **188**
bispar **224**
bispotear **250**
bissectar **101**
bissegmentar **265**
bisturizar **278**
bitolar **180**
bivacar **42**

---

[1] A maior parte dos autores portugueses consideram desusadas as formas em que o *i* temático não aparece.

[2] O particípio é *benquisto*.

bizantinizar.................... 278
bizarrear........................ 250
biziar............................ 41
blandiciar........................183A
blasfemar........................ 184
blasonar........................ 183
blaterar..........................61/22
blindar.......................... 200
blocar............................ 83
bloquear........................ 250
boatar............................ 93
bobear........................... 250
bobinar.......................... 267
bocar............................. 83
boçar............................. 20
bocejar........................... 99
bocelar.......................... 129
bochechar...................... 140
bodejar........................... 99
bofar............................. 180
bofetear......................... 250
boiar *........................... 48
boiçar............................ 46
boicotar......................... 180
boicotear....................... 250
bojar............................. 21
bolachar......................... 7
bolar............................. 180
bolchevizar.................... 278
bolear........................... 250
boletar.......................... 129
bolhar........................... 293
bolinar.......................... 267
bolorecer....................... 165
bolsar........................... 255
bombar.......................... 271
bombardear.................... 250
bombear........................ 250
bonançar........................ 91
bondar........................... 32
bonificor....................... 169
boquear......................... 250
boquejar........................ 99
boquiabrir...................... 5
borboletear.................... 250
borbotar........................ 180
borbulhar....................... 166
bordar........................... 85
bordear......................... 250
bordejar........................ 99
bornear......................... 250
borraçar........................ 62/3
borrar........................... 180
borratar......................... 93
borregar........................ 194
borriçar......................... 64
borrifar......................... 174
borriscar.......................62/239
bosquejar...................... 99
bostar........................... 147
bostear......................... 250
botar............................ 180
botinar.......................... 267
botocar......................... 83
bouçar.......................... 235
bracear......................... 250
bracejar........................ 99
bradar.......................... 93
bradejar....................... 99
bramar......................... 24
bramir..........................61/154
brandear....................... 250
brandecer..................... 165
brandir [1]..................... 143
branquear..................... 250
branquejar.................... 99
braquear...................... 250
brasoar........................ 198
brasonar...................... 183
bravatear..................... 250
bravear........................ 250
bravejar....................... 99
brear........................... 250
brecar......................... 192
brechar....................... 140
brejeirar...................... 139
brevetar...................... 129
bridar.......................... 9
brigar.......................... 162
brilhar......................... 190
brincar *...................... 49
brindar........................ 200
briquetar..................... 129
briquitar...................... 9
britanizar.................... 278
britar........................... 9
brocar.......................... 83
brochar........................ 270
bromar........................ 257
bronzear...................... 250
broquear...................... 250
broquelar..................... 129
brossar........................ 180
brotar.......................... 180
broxar......................... 180
brunir.......................... 219
brutalizar.................... 278
brutificar..................... 169
bruxar......................... 176
bruxear....................... 250
bruxulear....................62/250
bucolizar..................... 278
bufar.......................... 176
bufonear..................... 250
bugiar......................... 41
buir............................ 82
bular.......................... 212
bulhar........................ 166
bulir *........................ 50
bumbar....................... 296
buracar...................... 42
burburejar.................. 99
burburinhar................ 55
burgar....................... 106
burilar....................... 9
burlar *..................... 51
burlesquear............... 250
burocratizar.............. 278
burrificar................... 169
buscar *.................... 52
butucar..................... 109
buzinar..................... 267

c

cabalar...................... 93
cabear....................... 250
cabecear.................... 250
caber*........................ 53
cabortear................... 250
cabotar...................... 180
caboucar.................... 274
cabrazar..................... 93
cabrear...................... 250
cabrejar..................... 99
cabrestear.................. 250
cabriolar.................... 180
cabritar...................... 9
cabular....................... 212
caçapear.................... 250
caçar.......................... 3
cacarejar....................61/99
cacear........................ 250
cacetear..................... 250
cachar........................ 7
cachear...................... 250
cachetar..................... 129
cachimbar.................. 200

cachinar 267
cachoar 198
cachoeirar 139
cachondear 250
cachuchar 176
cacicar 169
caçoar 198
cacofoniar 41
cacografar 93
cacuminalizar 278
cadabulhar 166
cadastrar 159
cadenciar 210
cadinhar 55
caducar 109
cagar 188
caiar 120
cainhar 61/55
cair 260
cairelar 129
calacear 250
calafetar 129
calamocar 83
calar 93
calcar 110
calçar* 54
calcetar 129
calcificar 169
calcinar 267
calcografar 93
calcorrear 250
calcular 212
caldar 247
caldear 250
caldeirar 139
calear 250
calejar 99
calemburar 212
calhar 275
calhoar 198
calibrar 34
caliginar 267
caligrafar 93
calmar 247
calmorrear 250
calorificar 169
calotear 250
caluniar 41
calvar 247

calvejar 99
camarinhar 55
camartelar 129
cambalachar 7
cambalear 250
cambalhotar 180
cambar 6
cambetear 250
cambiar 41
camboar 198
cambolar 180
camear 250
caminhar* 55
campar 6
campear 250
camuflar 153
canalizar 278
cancanar 90A
cancelar: 129
cancerar 22
cancerizar 278
canchear 250
candear 250
candidatar 93
candilar 9
candongar 214
canelar 129
canforar 171
cangar * 56
canguinhar 55
canhar 132
canhonar 183
canhonear 250
canonizar 278
cansar 57
cantar * 57
cantarejar 99
cantaridar 9
cantarolar 180
caotizar 278
capacitar 9
capar 93
capatazar 93
capear 250
capengar 60
capinar 267
capiscar 239
capistrar 34
capitalizar 278

capitanear 250
capitar 9
capitular 212
capoeirar 139
capotar 180
capotear 250
caprichar 2
caprificar 169
capsular 212
captar 79
capturar 212
capuchar 176
caquear 250
caracolar 180
caracolear 250
caracterizar 278
carambolar 180
caramelizar 278
caramunhar 268
caranguejar 99
carapetar 129
carbonar 183
carbonatar 93
carbonizar 278
carburar 212
carcavar 93
carcomer 126
cardar 264
cardear 250
carduçar 112
carear 250
carecer 165
caretear 250
carguejar 99
cariar 41
caricaturar 212
cariciar 41
carifranzir 142
carimbar 200
carmear 250
carminar 267
carnalizar 278
carnar 264
carnear 250
carnifazer 137
carnificar 169
carocar 83
carpear 250
carpelar 129

[1] Há quem não o considere defectivo. Porém, Morais e Silva (*Dicionário da Língua Portuguesa*, 3.ª ed., p. XLIII) diz que «só se conjuga nas variações em que entra *i*».

carpinteirar 139
carpintejar 99
carpir[1] 143
carquejar 99
carranquear 250
carrar 25
carrear 250
carregar 194
carrejar 99
carretar 129
carretear 250
carrilar 9
carrilhonar 183
carroçar 20
cartabuxar 176
cartar 264
cartear 250
cartelizar 278
cartografar 93
cartonar 183
carunchar 16
carvoejar 99
casalar 93
casamatar 93
casamentar 265
casar * 58
cascabulhar 166
cascalhar 275
cascar 98
cascatear 250
cascavelar 129
casear 250
caseificar 169
casmurrar 176
casquejar 99
casquilhar 190
casquinar 267
cassar 26
cassear 250
castanholar 180
castelhanizar 278
castiçar 64
castificar 169
castigar 162
castrametar 129
castrar 159
casular 212
catadupejar 99
catafeder 167
catalisar 205
catalogar 240
catapultar 177
catar 93
catarrear 250
catear 250
catedratizar 278
categorizar 278
catequizar 278
cateterizar 278
catingar 285
catitar 9
cativar 174
catolicizar 278
catolizar 278
catracegar 194
catrafilar 9
catraiar 120
catrapear 250
catrapiscar 239
caturrar 176
cauchutar 176
caucionar 183
caudilhar: 190
caulificar 169
caulinizar 278
caurinar 267
causalizar 278
causar 233
causticar 169
cauterizar 278
cavacar 42
cavalear 250
cavaleirar 139
cavalgar 246
cavaquear 250
cavar 93
cavernar 148
cavilar 9
cavilhar 190
cavoucar 274
cear 250
cecear 250
ceder 167
cedilhar 190
cegar 194
ceifar 95
ceivar 95
celebrar 195
celebrizar 278
celeumear 250
celificar 169
cementar 265
cendrar 122
censurar 212
centelhar 8
centralizar 278
centrar 122
centrifugar 23
centuplicar 169
cepilhar 190
cerar 22
cercar * 59
cercear 250
cercilhar 190
cerebralizar 278
ceresitar 9
cerimoniar 41
ceringonhar 258
cernar 148
cernir 103
cerrar 125
certar 29
certificar 169
cerzir[2] 253
cessar 73
cesurar 212
cevar 129
chaçar 3
chacinar 267
chacoalhar 275
chacotear 250
chafundar 16
chafurdar 51
chagar 188
chalaçar 3
chalacear 250
chalar 93
chaleirar 139
chalrear 250
chamar 24
chamejar 99
champanhizar 278
chamuscar 52
chancear 250
chancelar 129
chanfalhar 275
chanquear 250

[1] Há quem lhe atribua apenas as formas em que se mantenha o *i* temático.

[2] "Não se cerze com agulha grossa". In *Dicionário Gramatical de Verbos*, Francisco da Silva Borba, 2.ª ed., 1991.

chantar ... **57**
chantagear ... **250**
chapar ... **93**
chapear ... **250**
chapejar ... **99**
chapiçar ... **64**
chapinar ... **267**
chapinhar ... **55**
chapiscar ... **239**
chapodar ... **180**
chapotar ... **180**
chapuçar ... **112**
chapuzar ... **176**
charadear ... **250**
charlar ... **264**
charlatanear ... **250**
charoar ... **198**
charquear ... **250**
charriscar ... **239**
charruar ... **259**
charutar ... **175**
chasquear ... **250**
chatear ... **250**
chatinar ... **267**
chavascar ... **98**
chavetar ... **129**
chefiar ... **41**
chegar * ... **60**
cheirar ... **139**
cheiricar ... **169**
cheirocar ... **83**
chiar ... **41**
chibantear ... **250**
chibar ... **9**
chibatar ... **93**
chicanar ... **90A**
chichar ... **2**
chichorrobiar ... **41**
chicotar ... **180**
chicotear ... **250**
chifrar ... **34**
chilrear * ... **61/250**
chimpar ... **200**
chinar ... **267**
chincalhar ... **275**
chincar ... **49**
chinfrinar ... **267**
chirriar ... **41**
chiscar ... **239**
chisnar ... **63**
chispar ... **224**
chocalhar ... **275**
chocar ... **83**
chocarrear ... **250**
chofrar ... **65**
choramigar ... **162**
choramingar ... **285**
chorar ... **171**
chorincar ... **49**
chorrilhar ... **190**
chorriscar ... **239**
choupar ... **243**
chousar ... **243**
choutar ... **243**
chover* ... **62/175**
chuçar ... **112**
chuchar ... **176**
chuchurrear ... **250**
chufar ... **176**
chulear ... **250**
chumaçar ... **3**
chumbar ... **296**
chumbear ... **250**
chumear ... **250**
chupar ... **176**
chupitar ... **9**
churrasquear ... **250**
chusmar ... **19**
chutar ... **176**
chuvinhar ... **62/55**
chuviscar ... **62/239**
ciar ... **183A**
cibar ... **9**
cicatrizar ... **278**
ciciar ... **183A**
cientificar ... **169**
cifar ... **9**
cifrar ... **34**
ciganar ... **90A**
cigarrar ... **25**
cigarrear ... **61/250**
ciladear ... **250**
cilhar ... **190**
ciliciar ... **183A**
cilindrar ... **164**
cimentar ... **265**
cincar ... **49**
cincerrar ... **125**
cinchar ... **152**
cindir ... **209**
cinematografar ... **93**
cinerar ... **22**
cingir ... **43**
cintar ... **200**
cintilar ... **9**
cinturar ... **212**
cinzar ... **200**
cinzelar ... **129**
cipoar ... **198**
cirandar ... **57**
circiar ... **183A**
circular ... **212**
circum-navegar ... **194**
circumpor ... **203**
circuncidar ... **9**
circundar ... **16**
circundutar ... **176**
circunfluir ... **82**
circunfundir ... **75**
circungirar ... **269**
circunjazer ... **156**
circunrodar ... **180**
circunscrever ... **127**
circunsonar ... **183**
circunspeccionar ... **183**
circunstanciar ... **183A**
circunstar ... **131**
circuntornar ... **85**
circunvagar ... **188**
circunvalar ... **93**
circunver ... **281**
circunvoar ... **198**
circunvolver ... **231**
cirurgiar ... **41**
cisalhar ... **275**
cisar ... **205**
ciscar ... **239**
cismar* ... **63**
citar ... **9**
ciumar[1] ... **146**
civilizar ... **278**
clamar ... **24**
clangorar ... **171**
clangorejar ... **99**
clarear ... **250**
clarejar ... **99**
clarificar ... **169**
clarimostrar ... **173**
clarinar ... **267**
classificar ... **169**
claudicar ... **169**
claustrar ... **151**
clausular ... **212**

[1] O *u* leva acento agudo nas formas rizotónicas.

clausurar 212
clemenciar 183A
cleopatrizar 278
clericalizar 278
climatizar 278
clinicar 169
clisterizar 278
clivar 174
clorar 171
cloroformizar 278
coabitar 9
coactar 79
coadaptar 79
coadjuvar 176
co-administrar 34
coadquirir 12
coadunar 146
coagir 221
coagmentar 265
coagular 212
coalescer 88
coalhar 275
coalizar 278
coanhar 132
coaptar 79
coar[1] 198
coarctar 79
co-arrendar 265
coaxar 61/93
cobaltizar 278
cobiçar * 64
cobrar * 65
cobrear 250
cobrejar 99
cobrir * 66
cocainizar 278
cocar 83
coçar 20
cocegar 194
cochar 21
cochichar 2
cochilar 9
cochinar 267
codear 250
codejar 99
co-delinquir 36
codificar 169
codilhar 190
coeducar 109
coerir 206
coestender 94
coexistir 40
cofiar 41
cogitar 9
cognominar 267
cogular 212
co-herdar 29
coibir 213
coicear 250
coifar 199
coimar 199
coinar 199
coincidir 11
coindicar 169
coinquinar 267
coiraçar 3
coisar 199
coisificar 169
coitar 199
coivarar 69
colaborar 171
colacionar 183
colar 180
colchetar 129
colchetear 250
colchoar 198
colear 250
coleccionar 183
colectar 101
colgar 186
colher 126
colidir 11
coligar 162
coligir 102
colimar 267
colimitar 9
coliquar 28
co-litigar 162
colmaçar 3
colmar 255
colmatar 93
colocar 83
colonizar 278
coloquiar 41
colorar 171
colorear 250
colorir[2] 67
colorizar 278
coltarizar 278
colubrejar 99
coludir 150
comandar 57
comanditar 9
comarcar 110
combalir * 67
combater 47
combinar 267
comboiar 48
combustar 19
começar * 68
comedir 67
comemorar 171
comensurar 212
comentar 265
comer 126
comercializar 278
comerciar 210
cometer 167
comichar 2
comilar 9
cominar 267
cominuir 82
comirar 269
comiscar 239
comiserar 22
comissionar 183
comocionar 183
comorar 171
comover 175
compactar 79
compactuar 259
compadecer 165
compadrar 245
compadrear 250
compaginar 267
comparar* 69
comparecer 165
comparticipar 9
compartilhar 190
compartimentar 265
compartir 191
compassar 26
compatibilizar 278
compelir[3] 227

[1] Tem acento circunflexo na 2.ª e 3.ª pessoas do presente do indicativo (*côas e côa*) e na 2.ª pessoa do singular do imperativo (*côa*).

[2] Observe-se o que diz no «Prefácio».

[3] Morais e Silva (*Dicionário da Língua Portuguesa*, 3.ª ed., 1823, p. XLIII) diz que «só se conjuga nas variações em que entra *i*». Porém, no *Dicionário Gramatical de Verbos*, Francisco

compendiar 41
compenetrar 195
compensar 196
competir 227
compilar 9
complementar 265
complanar 90A
completar 129
complexar 27
complicar 169
compor 203
comportar 85
comprar* 70
comprazer[1] 156
compreender 94
comprimir 136
comprometer 167
comprovar 180
compulsar 177
compungir 178
compurgar 106
computar 176
computorizar 278
comungar* 71
comunicar 169
comunizar 278
comutar 176
concatenar 184
concavar 93
conceber 167
conceder 167
conceitear 250
conceituar 259
concelebrar 195
concentrar 122
concernir[2] 103
concertar 29
concessionar 183
conchavar 93
conchear 250
conchegar 60
conciliar 41
concionar 183
concitar 9
conclamar 24
concluir 82
concordar 85
concorrer 84
concrecionar 183
concretizar 278
concriar 41
concubinar 267
conculcar 262
concurvar 51
condecorar 171
condenar 184
condensar 196
condescender 94
condessar 73
condicionar 183
condimentar 265
condir 67
condizer 107
condoer 170
condrificar 169
condutar 176
conduzir * 72
conectar 101
confabular 212
confeccionar 183
confederar 22
confeiçoar 198
confeitar 95
conferenciar 183A
conferir 206
confessar * 73
confiar 41
confidenciar 183A
configurar 212
confinar 267
confirmar * 74
confiscar 239
conflagrar 245
conflitar 9
confluir 82
conformar 85
confortar 85
confranger 4
confraternar 148
confraternizar 278
confrontar 32
confugir 145
confundir * 75
confutar 176
congelar 129
congeminar 267
congestionar 183
conglobar 180
conglomerar 22
conglutinar 267
congraçar 3
congratular 212
congregar 194
conhecer 165
conjecturar 212
conjugar 23
conjungir 178
conjuntar 16
conjurar 212
conluiar * 76
conotar 180
conquistar 224
consagrar 245
consciencializar 278
conscientizar 278
conseguir 249
consentir 251
consertar 29
conservar 229
considerar 22
consignar 230
consistir 40
consoar 198
consociar 183A
consolar 180
consolidar 9
consonantizar 278
consonar 183
consorciar 183A
conspirar 269
conspurcar 52
constar[3] 32
constatar 93
constelar 129
consternar 148

da Silva Borba, 2.ª ed., regista-se: "Uma vontade de chorar mais ainda não compele o choro de continuar minguando".

[1] No pretério perfeito e seus derivados, apresenta duas formas: *comprazi* e *comprouve, comprazera* e *comprouvera, comprazesse* e *comprouvesse,* etc.

[2] É um verbo unipessoal.

[3] É usado como unipessoal.

constipar 9
constitucionalizar 278
constituir 82
constranger 4
constringir 43
construir * 77
consubstanciar 183A
consultar 177
consumar 146
consumir * 78
contabescer 88
contabilizar 278
contactar * 79
contagiar 41
contaminar 267
contar 32
conteirar 139
contemplar * 80
contemporizar 278
contender 94
contentar 265
conter * 81
contestar 111
contextuar 259
contiguar 28
continuar 259
contorcer 272
contorcionar 183
contornar 85
contornear 250
contra-arrestar 111
contra-atacar 42
contrabalançar 91
contrabandar 57
contrabandear 250
contrabater 47
contracambiar 41
contracenar 184
contracunhar 268
contradançar 91
contradeclarar 69
contradistinguir 104
contraditar 9
contradizer 107
contra-estimular 212
contrafazer 137
contrafortar 85
contra-indicar 169
contrair 260
contramalhar 275
contramandar 57
contramarcar 110
contramarchar 264
contraminar 267
contramoldar 255
contramurar 212
contra-ordenar 184
contrapesar 121
contraplacar 42
contrapontear 250
contrapor 203
contraproduzir 72
contrapropor 203
contraprovar 180
contrapunçoar 198
contra-revolucionar 183
contrariar 41
contra-selar 129
contrastar 14
contrastear 250
contratar 93
contratelar 129
contratestemunhar 268
contravalar 93
contraverter 283
contravir 217
contribuir* 82
contristar 224
controlar 180
controverter 283
contubernar 148
contundir 75
conturbar 51
conumerar 22
convalescer 88
convalidar 9
canvelir 67
convencer 280
convencionar 183
convergir 105
conversar 29
converter 283
convidar 9
convir 217
conviver 288
convizinhar 55
convocar * 83
convolar 180
convolver 231
convulsar 177
convulsionar 183
coobar 180
coobrar 65
coobrigar 162
cooferecer 165
coonestar 111
cooperar 22
cooptar 180
coordenar 184
copar 180
co-participar 9
copejar 99
copelar 129
copiar 41
copilar 9
copular 212
coquetear 250
corar 171
corcovar 180
corcovear 250
cordear 250
cordoar 198
co-responsabilizar 278
coriscar 239
cornar 85
cornear 250
cornejar 99
cornetear 250
cornificar 169
coroar 198
corporalizar 278
corporificar 169
corporizar 278
correar 250
correger 215
correlacionar 183
correlatar 93
correr * 84
corresponder 232
corricar 169
corrichar 2
corrigir 102
corripar 9
corroborar 171
corroer 170
corromper 241
corrupiar 41
corsear 250
cortar * 85
cortejar 99
cortinar 267
corujar 176
coruscar 62/52
corvejar 99
coscorar 171
coscuvilhar 190
coser * 86
cosicar 169
cosipar 9

cosmopolizar 278
cosquear 250
costear 250
costumar 146
costurar 212
cotar 180
cotejar 99
cotiar 41
cotizar 278
cotonor 183
cotovelar 129
coucear 250
couraçar 3
coutar 185
coxear 250
cozer 175
cozinhar 55
craniar 41
crapulear 250
crasear 250
craticular 212
cravar 93
cravejar 99
credenciar 183A
creditar 9
cremar 184
cremorizar 278
crenar 184
creosotar 180
crepitar 9
crer * 87
crescer * 88
crespar 111
crespir 67
crestar 111
cretinizar 278
criar 41
cricrilar 61/9
criminalizar 278
criminar 267
crisalidar 9
crismar 63
crispar 224
cristalizar 278
cristianizar 278
cristificar 169
criticar 169
crivar 174
crocitar 61/9
cromar 270
cromatizar 278
cronicar 169
croniquizar 278
cronometrar 195
cruciar 183A
crucificar 169
crucigiar 41
cruentar 265
cruzar 176
cubar 176
cubicar 169
cucar 109
cucular 61/212
cucurbitar 9
cucuricar 61/169
cuidar 176
cuincar 61/49
cuinchar 61/152
culapar 93
culatrar 245
culimar 267
culminar 267
culpar 177
cultivar 174
cultuar 259
cumpliciar 183A
cumprimentar 265
cumprir * 89
cumular 212
cunhar 268
cuquear 250
curar 212
curarizar 278
curetar 129
curiosar 180
cursar 19
cursear 250
curtir 290
curvar 19
curvejar 99
curvetear 250
cuspilhar 190
cuspinhar 55
cuspir * 90
custar 19
custear 250
custodiar 41
cutinizar 278
cutisar 205
cutucar 109

d

dactilografar 93
dadivar 174
daguerreotipar 9
damasquinar 267
damejar 99
danar * 90A
dançar * 91
dançaricar 169
dandinar 267
danificar 169
daninhar 55
dar * 92
dardar 264
dardear 250
dardejar 99
datar * 93
dealbar 247
deambular 212
dearticular 212
debacar 42
debagar 188
debandar 57
debangar 56
debater 47
debelar 129
debicar 169
debilitar 9
debitar 9
deblaterar 22
debloquear 250
debochar 270
deboiçar 46
debotar 180
debouçar 235
debruar 259
debruçar 112
debulhar 166
debutar 176
debuxar 176
decair 260
decalcar 110
decalvar 247
decampar 6
decantar 57
decapar 93
decapitar 9
deceinar 95
decempartir 191
decentralizar 278
decepar 129
decepcionar 183
decertar 29
decidir 11
decifrar 34
decilitrar 34

decimar 267
declamar 24
declarar 69
declinar 267
declivar 174
decoar 198
decolar[1] 180
decompor 203
decorar 171
decorrer 84
decorticar 169
decotar 180
decrepitar 9
decrescer 88
decretar 129
decroar 198
decruar 259
decuplar 153
decuplicar 169
dedar 129
dedecorar 171
dedicar 169
dedignar 230
dedilhar 190
deduzir 72
defecar 192
defender * 94
defenestrar 195
defensar 196
deferir 206
definhar 55
definir 136
deflagrar 245
deflacionar 183
deflectir 223
deflorar 171
defluir 82
deformar 85
defraudar 118
defrontar 32
defumar 146
degastar 14
degelar 129
degenerar 22
deglutir 234
degolar 180
degradar 93
degranar 24
degranhar 132
degredar 129
degringolar 180
degustar 19
deificar 169
deitar * 95
deixar * 96
dejarretar 129
dejectar 101
dejejuar 259
dejungir 178
delamber 157
delapidar 9
delatar 93
delegar 194
deleilar 95
deletrear 250
delibar 9
deliberar 22
deliciar 183A
deligar 162
delimitar 9
delinear 250
delingar 285
delinquir[2] 36
deliquar 28
deliquescer 88
delir[3] 67
delirar 269
delivrar 34
delongar 214
deludir 150
deluzir 72
demandar 57
demarcar 110
demasiar 41
demear 250
dementar 265
demitir 11
democratizar 278
demografar 93
demolhar 293
demolir[4] 67
demonetizar 278
demonstrar 173
demorar 171
demostrar 173
demover 175
demudar 176
denegar 194
denegrecer 165
denegrir * 97
denodar 180
denominar 267
denotar 180
densar 196
densificar 169
dentar 265
dentear 250
dentelar 129
denticular 212
denudar 176
denunciar 183A
denutrir 181
depatar 69
departir 191
depauperar 22
depenar 184
depender 94
dependurar 212
depenicar 169
deperder 197
deperecer 165
depilar 9
deplorar 171

[1] Abundantemente documentado no *Dicionário Gramatical de Verbos*, Fr. da Silva Borba, 2.ª ed., 1991.

[2] Semelhantemente ao que regista sobre o verbo *aproprinquar*, Rebelo Gonçalves anota a dupla acentuação das formas rizotónicas deste verbo: *delinquo* ou *delínquo, delinqúis* ou *delínques,* etc., e *delinqua* ou *delínqua, delinquas* ou *delínquas,* etc.. Há quem o considere defectivo, como *combalir*, 67.

[3] Rebelo Gonçalves atribui a este verbo, como teóricas, as formas que se considera que lhe faltam: *dilo, deles, dele, delem, dila, dilas,* etc..

[4] Há quem não o considere defectivo (R. Sá Nogueira — *demulo*, etc.) e quem o considere defectivo apenas na 1.ª pessoa do singular do presente do indicativo e no presente do conjuntivo.

deplumar 146
depolarizar 278
depopular 212
depor 203
deportar 85
depositar 9
depravar 93
deprecar 192
depreciar 183A
depredar 129
depreender 94
deprimir 136
depurar 212
deputar 176
dequitar 9
derivar 174
dermatosar 180
derrabar 93
derramar 24
derrancar 37
derrapar 93
derrear 250
derregar 194
derreter 167
derribar 9
derriçar 64
derriscar 239
derrocar 83
derrogar 240
derrotar 180
derrubar 176
derruir 82
desabafar 93
desabalar 93
desabalroar 198
desabar 93
desabeirar 139
desabelhar 8
desabititar 9
desabitar 9
desabituar 259
desabonar 183
desabordar 85
desaborrecer 165
desabotoar 198
desabraçar 3
desabrigar 162
desabrir 5
desabrochar 180
desabrolhar 293
desabusar 176
dcsaçaimar 30
desaçamar 24
desacamar 24
desacamaradar 93
desacampar 6
desacanalhar 275
desacanhar 132
desacasalar 93
desacatar 93
desacaudilhar 190
desacautelar 129
desacavalar 93
desaceitar 95
desacelerar 22
desacentuar 259
desacerbar 29
dcsacertar 29
desachegar 60
desacidificar 169
desaclimar 267
desaclimatar 93
desacobardar 264
desacoimar 199
desacoitar 199
desacolchetar 129
desacolchoar 198
desacolher 126
desacomodar 180
desacompanhar 132
desaconchegar 60
desaconselhar 8
desacorçoar 198
desacordar 85
desacoroçoar 198
desacorrentar 265
desacostar 147
desacostumar 146
desacreditar 9
desactivar 174
desactualizar 278
desacuar 259
desacumular 212
desacunhar 268
desadaptar 79
desadmoestar 111
desadorar 171
desadormecer 165
desadormentar 265
desadornar 85
desadunar 146
desafaimar 30
desafamar 24
desafazer 137
desafear 250
desafeiçoar 198
desafeitar 95
desaferrar 125
desaferroar 198
desaferrolhar 293
desafervorar 171
desafiar 41
desafilhar 190
desafinar 267
desafivelar 129
desafixar 15
desafligir 102
desafogar 240
desafoguear 250
desaforar 171
desafreguesar 121
desafreimar 95
desafrontar 32
desafumar 146
desafundar 16
desagaloar 198
desagarrar 25
desagasalhar 275
desagastar 14
desaglomerar 22
desagoniar 41
desagradar 93
desagradecer 165
desagravar 93
desagregar 194
desagrilhoar 198
desaguar 28
desaguçar 112
desaguisar 205
desainar 30
desairar 30
desajeitar 95
desajoujar 243
desajudar 176
desajuizar 18
desajuntar 16
desajustar 19
desalagar 188
desalapar 93
desalastrar 159
desalbardar 264
desalegrar 195
desaleitar 95
desalentar 265
desalfaiar 120
desalforjar 85
desalgemar 184
desaliar 41
desalijar 9

desalinhar ... 55
desalinhavar ... 93
desalistar ... 224
desalmar ... 247
desalojar ... 21
desalterar ... 22
desalugar ... 23
desalvorar ... 171
desamalgamar ... 24
desamamentar ... 265
desamanhar ... 132
desamantilhar ... 190
desamar ... 24
desamarrar ... 25
desamarrotar ... 180
desamassar ... 26
desambientar ... 265
desamear ... 250
desamigar ... 162
desamimar ... 267
desamistar ... 224
desamoedar ... 129
desamolgar ... 186
desamontoar ... 198
desamortalhar ... 275
desamortizar ... 278
desamotinar ... 267
desamparar ... 69
desamuar ... 259
desanalfabetizar ... 278
desancar ... 37
desancorar ... 171
desandar ... 57
desanelar ... 129
desanexar ... 27
desanichar ... 2
desanimar ... 267
desaninhar ... 55
desanojar ... 21
desanuviar ... 41
desapacientar ... 265
desapadrinhar ... 55
desapaixonar ... 183
desapalermar ... 148
desaparafusar ... 176
desaparecer ... 165
desaparelhar ... 8
desapartar ... 264
desapavorar ... 171
desapaziguar ... 28
desapear ... 250
desapeçonhentar ... 265
desapegar ... 194
desapeirar ... 139
desaperceber ... 167
desaperrar ... 125
desapertar ... 29
desapiedar ... 129
desaplicar ... 169
desaplumar ... 146
desapoderar ... 22
desapoiar ... 31
desapolvilhar ... 190
desapontar ... 32
desapoquentar ... 265
desapor ... 203
desaportuguesar ... 121
desaposentar ... 265
desapossar ... 180
desaprazer ... 33
desapreciar ... 183A
desaprender ... 94
desapressar ... 73
desaprestar ... 111
desapropriar ... 41
desaprovar ... 180
desaproveitar ... 95
desaproximar ... 267
desaprumar ... 146
desaquartelar ... 129
desaquecer ... 165
desaquinhoar ... 198
desaranhar ... 132
desarar ... 69
desarborizar ... 278
desarcar ... 110
desarear ... 250
desarestar ... 111
desarilhar ... 190
desaristar ... 224
desarmar ... 264
desarmonizar ... 278
desaromatizar ... 278
desarquear ... 250
desarquitectar ... 101
desarquivar ... 174
desarraigar ... 162
desarrancar ... 37
desarranchar ... 57
desarranjar ... 38
desarrazoar ... 198
desarrear ... 250
desarreatar ... 93
desarrebitar ... 9
desarredar ... 129
desarredondar ... 32
desarregaçar ... 3
desarrenegar ... 194
desarrimar ... 267
desarriscar ... 239
desarrochar ... 180
desarrolhar ... 293
desarruar ... 259
desarrufar ... 176
desarrumar ... 146
desarticular ... 212
desartilhar ... 190
desarvorar ... 171
desasar ... 58
desasir ... 67
desasnar ... 14
desassanhar ... 132
desassear ... 250
desasselvajar ... 93
desassemelhar ... 8
desassenhorear ... 250
desassestar ... 111
desassimilar ... 9
desassisar ... 205
desassistir ... 40
desassociar ... 183A
desassombrar ... 70
desassorear ... 250
desassossegar ... 194
desassustar ... 19
desatabafar ... 93
desatacar ... 42
desatafulhar ... 166
desatapetar ... 129
desatar ... 93
desatarraxar ... 93
desatascar ... 98
desataviar ... 41
desatediar ... 41
desatemorizar ... 278
desatender ... 94
desatentar ... 265
desaterrar ... 125
desatestar ... 111
desatilhar ... 190
desatinar ... 267
desatolar ... 180
desatordoar ... 198
desatracar ... 42
desatrancar ... 37
desatrapalhar ... 275
desatravancar ... 37
desatravessar ... 73
desatrelar ... 129

desatremar 184
desatribular 212
desatupir 123
desaturdir 290
desautorar 171
desautorizar 278
desauxiliar 41
desaverbar 29
desavergonhar 258
desavezar 237
desaviar 41
desavinhar 55
desavir 217
desavisar 205
desavistar 224
desavolumar 146
desazotar 180
desbabar 93
desbagar 188
desbagoar 198
desbagulhar 166
desbalcar 54
desbalizar 278
desbambar 6
desbanalizar 278
desbancar 37
desbandar 57
desbandeirar 139
desbaptizar 278
desbaratar 93
desbarbar 264
desbarbarizar 278
desbarrancar 37
desbarrar 25
desbarretar 129
desbarrigar 162
desbastar 14
desbastardar 264
desbastecer 165
desbatocar 83
desbeiçar 64
desbicar 169
desbloquear 250
desbocar 83
desbolinar 267
desborcar 119
desborcinar 267
desbordar 85
desbornizar 278
desboroar 198
desborrar 180
desbotar 180
desbotoar 198
desbragar 188
desbrasileirar 139
desbravar 93
desbriar 41
desbridar 9
desbuchar 176
desbulhar 166
desbundar 16
desburocratizar 278
descabeçar 68
descabelar 129
descaber 53
descabrear 250
descaçar 3
descachar 7
descadeirar 139
descair 260
descalçar 54
descalcificar 169
descalhoar 198
descaliçar 64
descaluniar 41
descalvar 247
descamar 24
descambar 6
descaminhar 55
descamisar 205
descampar 6
descanar 90A
descancelar 129
descangar 56
descangotar 180
descansar 57
descantar 57
descantear 250
descapacitar 9
descapelar 129
descapitalizar 278
descapotar 180
descapsular 212
descaracterizar 278
descarapuçar 112
descarar 69
descarbonar 183
descarbonatar 93
descarbonizar 278
descarecer 165
descarnar 264
descaroçar 20
descarolar 180
descarregar 194
descarreirar 139
descarretar 129
descarrilar 9
descartar 264
descasalar 93
descasar 58
descascar * 98
descaspar 14
descasquear 250
descasquejar 99
descativar 174
descatolizar 278
descaudar 118
descavalgar 246
descegar 194
descelular 212
descender 94
descentralizar 278
descentrar 122
descer 88
descercar 59
descerebrar 195
descerrar 125
deschancelar 129
deschumbar 296
descimbrar 294
descimentar 265
descingir 43
descintar 200
descivilizar 278
desclassificar 169
descloretar 129
descoagular 212
descoalhar 275
descobrir 66
descocar 83
descodear 250
descoifar 199
descoimar 199
descoitar 199
descolar 180
descolmar 255
descolocar 83
descolonizar 278
descolorar 171
descolorir 67
descomandar 57
descombinar 267
descomedir 67
descomer 126
descometer 167
descomover 175
descompadecer 165
descompadrar 245
descompaginar 267

descompassar 26
descompensar 196
descomplexar 27
descomplicar 169
descompor 203
descomprazer 156
descomprimir 136
descomungar 71
desconceituar 259
desconcentrar 122
desconcertar 29
desconchavar 93
desconchegar 60
desconciliar 41
desconcordar 85
descondensar 196
descondizer 107
desconfessar 73
desconfiar 41
desconformar 85
desconfortar 85
desconfranger 4
desconfundir 75
descongelar 129
descongestionar 183
desconhecer 165
desconjugar 23
desconjuntar 16
desconjurar 212
desconsagrar 245
desconsentir 251
desconsertar 29
desconsiderar 22
desconsolar 180
desconstranger 4
descontar 32
descontentar 265
descontinuar 259
descontrair 260
descontratar 93
descontrolar 180
desconvencer 280
desconversar 29
desconverter 283
desconvidar 9
desconvir 217
desconvocar 83
descoordenar 184
descorar 171
descorsoar 198
descordar 85
descornar 85
descoroar 198
descoroçoar 198
descorrelacionar 183
descorrentar 265
descortejar 99
descorticar 169
descortiçar 64
descortinar 267
descoruchar 176
descoser 86
descostumar 146
descosturar 212
descotoar 198
descoutar 243
descrasear 250
descravar 93
descravejar 99
descravizar 278
descreditar 9
descrer 87
descrever 127
descriminar 267
descristianizar 278
descruzar 176
descuidar 176
desculpar 177
descultivar 174
descumprir 89
descunhar 268
descurar 212
descurvar 51
desdar 92
desdeixar 96
desdenhar 100
desdentar 265
desdizer 107
desdobar 180
desdobrar 65
desdoirar 199
desdourar 185
desdoutrinar 267
desedificar 169
deseducar 109
deseixar 96
desejar* 99
deselectrizar 278
deseliminar 267
desemaçar 3
desemadeirar 139
desemalar 93
desemalhar 275
desemalhetar 129
desemaranhar 132
desembaçar 3
desembaciar 183A
desembainhar 55
desembalar 93
desembalsar 247
desembandeirar 139
desembaraçar 3
desembaralhar 275
desembarcar 110
desembargar 158
desembarrancar 37
desembarrilar 9
desembebedar 129
desembestar 111
desembezerrar 125
desembirrar 130
desembocar 83
desembolar 180
desembolsar 255
desemborcar 119
desemborrachar 7
desemborrar 180
desemborrascar 98
desemboscar 119
desembotar 180
desembraçar 3
desembraiar 120
desembravecer 165
desembrear 250
desembrechar 140
desembrenhar 100
desembriagar 188
desembridar 9
desembrulhar 166
desembruscar 52
desembrutecer 165
desembruxar 176
desembuçar 112
desembuchar 176
desemburrar 176
desembutir 150
desemedar 129
desemoinhar 55
desemoldurar 212
desempachar 7
desempacotar 180
desempalar 93
desempalhar 275
desempalmar 247
desempanar 90A
desempandeirar 139
desempanturrar 176
desempapar 93
desempapelar 129

desempar 265
desemparceirar 139
desemparedar 129
desemparelhar 8
desempastar 14
desempastelar 129
desempatar 93
desempavesar 121
desempeçar 68
desempecer 165
desempecilhar 190
desempeçonhar 258
àesempedernir 67
desempedrar 195
desempegar 194
desempenar 184
desempenhar 100
desempernar 148
desemperrar 125
desempertigar 162
desempestar 111
desempilhar 190
desempinar 267
desemplastrar 159
desemplumar 146
desempoar 198
desempobrecer 165
desempoçar 20
desempoeirar 139
desempolar 180
desempoleirar 139
desempolgar 186
desempolhar 293
desempossar 180
desempregar 194
desemprenhar 100
desemproar 198
desempunhar 268
desemudecer 165
desenamorar 171
desenastrar 159
desencabar 93
desencabeçar 68
desencabelar 129
desencabrestar 111
desencabular 212
desencachar 7
desencadear 250
desencadernar 148
desencaixar 45
desencaixilhar 190
desencaixotar 180
desencalacrar 245
desencalhar 275
desencalmar 247
desencaminhar 55
desencamisar 205
desencampar 6
desencanar 90A
desencanastrar 159
desencangar 56
desencantar 57
desencantoar 198
desencanudar 176
desencapar 93
desencapelar 129
desencapoeirar 139
desencapotar 180
desencaracolar 180
desencarangar 56
desencarapelar 129
desencarapinhar 55
desencarapuçar 112
desencarcerar 22
desencardir 191
desencarecer 165
desencarnar 264
desencarquilhar 190
desencarrancar 37
desencarrapitar 9
clesencarregar 194
desencarreirar 139
desencarretar 129
desencarrilar 9
desencartar 264
desencasacar 42
desencasar 58
desencascar 98
desencasquetar 129
desencastelar 129
desencastoar 198
desencatarroar 198
desencavacar 42
desencavalgar 246
desencavar 93
desencavernar 148
desencavilhar 190
desencerar 22
desencerrar 125
desencharcar 110
desencilhar 190
desenclaustrar 159
desenclavinhar 55
desencobrir 66
desencodear 250
desencoifar 199
desencolerizar 278
desencolher 126
desencomendar 265
desenconchar 295
desencontrar 114
desencorajar 93
desencordoar 198
desencorpar 85
desencorrear 250
desencortiçar 64
desencostar 147
desencovar 180
desencovilar 9
desencravar 93
desencravilhar 190
desencrespar 111
desencruar 259
desencruzar 176
desencubar 176
desenculatrar 245
desencurralar 93
desencurvar 51
desendemoninhar 55
desendividar 9
desenegrecer 165
desenervar 229
desenevoar 198
desenfadar 93
desenfaixar 45
desenfardar 264
desenfardelar 129
desenfarpelar 129
desenfarruscar 52
desenfartar 264
desenfastiar 41
desenfatizar 278
desenfeitar 95
desenfeitiçar 64
desenfeixar 96
desenfermar 148
desenferrujar 176
desenfestar 111
desenfezar 237
desenfiar 41
desenfileirar 139
desenflorar 171
desenforcar 119
desenforjar 85
desenformar 85
desenfornar 85
desenfrascar 98
desenfrear 250
desenfrechar 140

desenfronhar 258
desenfueirar 139
desenfunar 146
desenfurecer 165
desenfurnar 51
desenfuscar 52
desengaçar 3
desengaiolar 180
desengalfinhar 55
desenganar 90A
desenganchar 57
desengarrafar 93
desengasgar 116
desengastar 14
desengatar 93
desengatilhar 190
desengavetar 129
desengelhar 8
desenglobar 180
desengodar 180
desengolfar 255
desengolir 117
desengomar 257
desengonçar 20
desengordar 85
desengordurar 212
desengorgitar 9
desengraçar 3
desengrainhar 55
desengrandecer 165
desengranzar 291
desengravecer 65
desengraxar 93
desengrenar 184
desengrilar 9
desengrinaldar 247
desengrossar 180
desengrumar 146
desenguiçar 64
desengulhar 166
desenhar * 100
desenjaular 118
desenjoar 198
desenlaçar 3
desenlamear 250
desenlapar 93
desenlatar 93
desenlear 250
desenlevar 129
desenliçar 64
desenlodar 180
desenlouquecer 165
desenlutar 176
desenobrecer 165
desenodoar 198
desenojar 21
desenovelar 129
desenquadrar 245
desenraiar 120
desenraivar 30
desenraivecer 165
desenraizar 18
desenramar 24
desenrascar 98
desenredar 129
desenregelar 129
desenriçar 64
desenrijar 9
desenriquecer 165
desenristar 224
desenrizar 278
desenrodilhar 190
desenrolar 180
desenrolhar 293
desenroscar 119
desenrouquecer 165
desenrubescer 88
desenrugar 23
desensaboar 198
desensaburrar 176
desensacar 42
desensandecer 165
desensanguentar 265
desensarilhar 190
desensebar 129
desensinar 267
desensoberbecer 165
desensombrar 70
desensopar 180
desensurdecer 165
desensurrar 176
desentabuar 259
desentabular 212
desentaipar 30
desentalar 93
desentaliscar 239
desentaramelar 129
desentarraxar 93
desentediar 41
desentender 94
desentenebrecer 165
desenternecer 165
desenterrar 125
desenterroar 198
desentesar 121
desentesourar 185
desentibiar 41
desentoar 198
desentocar 83
desentolher 126
desentonar 183
desentorpecer 165
desentortar 85
desentoxicar 169
desentralhar 275
desentransar 91
desentranhar 132
desentrapar 93
desentravar 93
desentrelaçar 3
desentrelinhar 55
desentrevar 129
desentrincheirar 139
desentristecer 165
desentroixar 199
desentronizar 278
desentulhar 166
desentumecer 165
desentupir 123
desenturvar 51
desenvasar 58
desenvasilhar 190
desenvencelhar 8
desenvencilhar 190
desenvenenar 184
desenveredar 129
desenvergar 282
desenvernizar 278
desenviesar 121
desenviolar 180
desenviscar 239
desenvolver 231
desenxabir 154
desenxamear 250
desenxergar 282
desenxofrar 65
desenxovalhar 275
desenxovar 180
desequilibrar 34
desequipar 9
desequivocar 83
deserdar 29
desertar 29
desespartilhar 190
desesperançar 91
desesperar 22
desespinhar 55
desestabilizar 278
desestagnar 230

desesteirar 139
desestimar 267
desestimular 212
desestorvar 85
desestribar 9
desestruturar 212
desestudar 176
desevangelizar 278
desexcomungar 71
desfabricar 169
desfabular 212
desfaçar 3
desfadigar 162
desfaiar 120
desfalcaçar 3
desfalcar 110
desfalecer 165
desfanatizar 278
desfantasiar 41
desfardar 264
desfarelar 129
desfasar 58
desfavorecer 165
desfazer 137
desfear 250
desfechar 138
desfeitear 250
desferir 206
desferrar 125
desferrolhar 293
desfertilizar 278
desfiar 41
desfibrar 34
desfibrinar 267
desfigurar 212
desfilar 9
desfilhar 190
desfitar 9
desfivelar 129
desflorar 171
desflorescer 88
desflorestar 111
desflorir 67
desfocar 83
desfolhar 257
desformar 85
desformosear 250
desforrar 180
desfortalecer 165
desfortificar 169
desfradar 93
desfraldar 247
desfranjar 38
desfranzir 142
desfrear 250
desfrechar 140
desfrequentar 265
desfrisar 205
desfruir 82
desfrutar 176
desfrutescer 88
desfundar 16
desgabar 93
desgadelhar 8
desgalgar 246
desgalhar 275
desgalvanizar 278
desgarantir 142
desgarrar 25
desgastar 14
desgelar 129
desglabrar 245
desglobulizar 278
desgoelar 129
desgostar 147
desgovernar 148
desgraçar 3
desgraciar 183A
desgradear 250
desgraduar 259
desgranar 90A
desgravidar 9
desgraxar 93
desgrenhar 100
desgrilhoar 198
desgrinaldar 247
desgrudar 176
desgrumar 146
desguardar 264
desguarnecer 165
desguedelhar 8
desguiar 41
desidratar 93
desidrogenar 184
designar 230
desigualar 93
desiludir 150
desilustrar 151
desimaginar 267
desimanar 90A
desimbuir 82
desimpedir 193
desimplicar 169
desimprensar 196
desimpressionar 183
desinchar 152
desinclinar 267
desincluir 82
desincompatibilizar 278
desincorporar 171
desincrustar 19
desincubar 176
desincumbir 261
desindiciar 183A
desinfamar 24
desinfeccionar 183
desinfectar 101
desinfestar 111
desinficionar 183
desinflamar 24
desinfluenciar 183A
desinfluir 82
desingurgitar 9
desinibir 135
desinjuriar 41
desinquietar 129
desinserir 206
desintegrar 195
desinteiriçar 64
desinteressar 73
desinternar 148
desintoxicar 169
desintrincar 49
desintumescer 88
desinvernar 148
desinvestir 284
desipotecar 192
desirmanar 90A
desiscar 239
desistir 40
desjarretar 129
desjejuar 259
desjuizar 18
desjungir 178
desjuntar 16
deslaçar 3
deslacrar 245
desladrilhar 190
deslajear 250
deslanar 90A
deslapar 93
deslassar 26
deslastrar 159
deslaurear 250
deslavar 93
deslavrar 245
deslealdar 247
deslegitimar 267
desleitar 95

desleixar ... 96
deslembrar ... 160
deslendear ... 250
desliar ... 41
desligar ... 162
deslindar ... 200
deslinguar ... 28
deslizar ... 278
deslocar ... 83
deslograr ... 65
deslombar ... 271
desloucar ... 274
deslouvar ... 185
deslumbrar ... 287
deslustrar ... 151
desluzir ... 72
desmadeirar ... 139
desmaginar ... 267
desmagnetizar ... 278
desmaiar ... 120
desmalhar ... 275
desmamar ... 24
desmanar ... 90A
desmanchar ... 57
desmandar ... 57
desmaninhar ... 55
desmantar ... 57
desmantelar ... 129
desmaranhar ... 132
desmarcar ... 110
desmarear ... 250
desmarelecer ... 165
desmascarar ... 69
desmastrar ... 159
desmastrear ... 250
desmatar ... 93
desmaterializar ... 278
desmazelar ... 129
desmedir ... 193
desmedrar ... 195
desmedular ... 212
desmelancolizar ... 278
desmelhorar ... 171
desmelindrar ... 164
desmembrar ... 160
desmemoriar ... 41
desmentir ... 251
desmerecer ... 165
desmesurar ... 212
desmilitarizar ... 278
desmineralizar ... 278
desmiolar ... 180
desmistificar ... 169
desmiudar ... 248
desmobilar ... 9
desmobilizar ... 278
desmochar ... 257
desmoderar ... 22
desmoitar ... 199
desmoldar ... 255
desmonetizar ... 278
desmonopolizar ... 278
desmonotonizar ... 278
desmontar ... 32
desmoralizar ... 278
desmoronar ... 183
desmortificar ... 169
desmotivar ... 174
desmudar ... 176
desmunhecar ... 192
desmuniciar ... 183A
desmunicionar ... 183
desmurar ... 212
desnacionalizar ... 278
desnalgar ... 246
desnamorar ... 171
desnarigar ... 162
desnasalar ... 93
desnasalizar ... 278
desnastrar ... 159
desnatar ... 93
desnaturalizar ... 278
desnaturar ... 212
desnecessitar ... 9
desnegar ... 194
desnegociar ... 183A
desnervar ... 229
desnevar ... 129
desninhar ... 55
desniquelar ... 129
desnivelar ... 129
desnobrecer ... 165
desnocar ... 83
desnodoar ... 198
desnoivar ... 199
desnortear ... 250
desnovelar ... 129
desnuar ... 259
desnublar ... 153
desnucar ... 109
desnudar ... 176
desnutrir ... 181
desobedecer ... 165
desobrigar ... 162
desobscurecer ... 165
desobstruir ... 77
desocupar ... 176
desodorizar ... 278
desoficializar ... 278
desofuscar ... 52
desolar ... 180
desoleificar ... 169
desolhar ... 293
desonerar ... 22
desonestar ... 111
desonrar ... 32
desopilar ... 9
desoprimir ... 136
desorbitar ... 9
desordenar ... 184
desorelhar ... 8
desorganizar ... 278
desorientar ... 265
desornamentar ... 265
desornar ... 85
desossar ... 180
desougar ... 44
desovar ... 180
desoxidar ... 9
desoxigenar ... 184
despachar ... 7
despadrar ... 245
despaganizar ... 278
despairecer ... 165
despalatizar ... 278
desparafusar ... 176
despalhar ... 275
despalmar ... 247
despalmilhar ... 190
despampanar ... 90A
despampar ... 6
despapar ... 93
desparafinar ... 267
desparafusar ... 176
desparamentar ... 265
desparecer ... 165
despargir ... 128
desparrar ... 25
desparzir ... 191
despassar ... 26
despear ... 250
despecuniar ... 41
despedaçar ... 3
despedir ... 193
despegar ... 194
despeitar ... 95
despeitorar ... 171
despejar ... 99
despelar ... 129

despenar 184
despencar 169
despender 94
despendurar 212
despenhar 100
despenitenciar 183A
despentear 250
desperceber 167
desperdiçar 64
desperecer 165
desperfilar 9
despersonalizar 278
despersuadir 154
despertar 29
despesar 121
despetalar 93
despetrechar 138
despicar 169
despiedar 129
despigmentar 265
despintar 200
despiolhar 293
despir 284
despistar 224
desplantar 57
desplumar 146
despoetizar 278
despojar 21
despolarizar 278
despolir 202
despolitizar 278
despolpar 256
despoluir 82
despontar 32
despontuar 259
despopularizar 278
despor 203
desportilhar 190
desportuguesar 121
desposar 180
despostiçar 64
despotizar 278
despovoar 198
despratear 250
desprazer[1] 33
desprecatar 93
desprecaver 204
despregar 207
despremiar 41
desprender 94
despreocupar 176
desprestigiar 41
desprevenir 211
desprezar 237
desprimorar 171
desprivar 174
desprivilegiar 41
desprofanar 90A
despronunciar 183A
desproporcionar 183
despropositar 9
desproteger 215
desprover 216
desquadrar 245
desquadrilhar 190
desqualificar 169
desquebrar 195
desqueixar 96
desquerer 220
desquiar 41
desquiciar 183A
desquitar 9
desrabar 93
desradicalizar 278
desraizar 18
desramar 24
desratar 93
desratizar 278
desrefolhar 293
desregrar 195
desrelvar 229
desremediar 225
desrepublicanizar 278
desrespeitar 95
desresponsabilizar 278
desrevestir 284
desriçar 64
desriscar 239
desrolhar 293
desroscar 119
desrugar 23
dessaber 244
dessaborar 171
dessaborear 250
dessaburrar 176
dessacralizar 278
dessagrar 245
dessalar 93
dessalgar 246
dessalificar 169
dessangrar 245
dessar 73
dessarroar 198
dessazonar 183
dessecar 192
dessedentar 265
desseguir 249
dessegurar 212
desseivar 95
desselar 129
dessemelhar 8
dessensibilizar 278
dessentir 251
dessepultar 177
desservir 253
dessesmar 111
dessincronizar 278
dessitiar 41
dessoar 198
dessobraçar 3
dessoçobrar 65
dessocorrer 84
dessolar 180
dessoldar 255
dessolhar 293
dessorar 171
dessossegar 194
dessoterrar 125
dessuar 259
dessubjugar 23
dessubstanciar 183A
dessujar 176
dessulfurar 212
dessumir 234
destabocar 83
destacar 42
destalhar 275
destampar 6
destaninizar 278
destanizar 278
destapar 93
destecer 165
destelar 129
destelhar 8
destemer 167
destemperar 22
desterrar 125
desterroar 198
destetar 129
destilar 9
destinar 267
destingir 43
destituir 82

---

1 Alguns autores só lhe atribuem as 3.as pessoas do singular.

destoar 198
destocar 83
destoldar 255
destolher 126
destonar 183
destorar 171
destorcer 272
destorpecer 165
destorroar 198
destoucar 274
destraçar 3
destragar 188
destramar 24
destrambelhar 8
destrancar 37
destrançar 91
destratar 93
destravar 93
destreinar 95
destrelar 129
destribar 9
destrinçar 64
destripar 9
destripular 212
destrocar 83
destroçar 20
destronar 183
destroncar 242
destronizar 278
destruir 77
destrunfar 16
desturvar 51
desultrajar 93
desumanizar 278
desunhar 268
desunificar 169
desunir 219
desurdir 290
desusar 176
desvaecer 165
desvairar 30
desvair 260
desvaler 279
desvaliar 41
desvalidar 9
desvalijar 190
desvalorar 171
desvalorizar 278
desvanecer 165
desvantajar 93
desvariar 41
desvelar 129
desvelejar 99
desvencelhar 8
desvencilhar 190
desvendar 265
desvenerar 22
desventrar 122
desventurar 212
desverdecer 165
desvergonhar 258
desvertebrar 195
desvestir 284
desvezar 237
desviar 41
desvidraçar 3
desvidrar 34
desvigar 162
desvigiar 41
desvigorar 171
desvigorizar 278
desvincar 49
desvincular 212
desvirar 269
desvirginar 267
desvirgular 212
desvirilizar: 278
desvirtuar 259
desviscerar 22
desvitalizar 278
desvitaminar 267
desvitrificar 169
desviver 288
desvizinhar 55
desvocalizar 278
desvolumar 146
desxadrezar 237
deszelar 129
detalhar 275
detectar * 101
deter 81
detergir 105
deteriorar 171
determinar 267
detestar 111
detonar 183
detrair 260
deturbar 51
deturpar 51
devanear 250
devassar 26
devastar 14
dever 167
devir 217
devifrificar 169
devolver 231
devorar 171
devotar 180
diademar 184
diafanizar 278
diagnosticar 169
diagramar 24
dialisar 205
dialogar 240
diamantizar 278
difamar 24
diferenciar 210
diferir 206
dificultar 177
difluir 82
difractar 79
difundir 75
digerir 206
digitar 9
digladiar 41
dignar 230
dianificar 169
digressionar 183
dilacerar 22
dilapidar 9
dilatar 93
diligenciar 210
dilucidar 9
diluir 82
dimanar 24
dimensionar 183
dimidiar 41
diminuir 82
dinamitar 9
dinamizar 278
dinumerar 22
diplomar 257
direccionar 183
dirigir * 102
dirimir 136
diruir 82
discar 239
discernir * 103
disciplinar 267
discordar 85
discorrer 84
discrepar 129
discretear 250
discriminar 267
discursar 51
discutir 150
disfarçar 54
disferir 206
disformar 85

disjungir 178
disjuntar........................ 16
disparar.......................... 69
disparatar...................... 93
dispartir 191
dispensar 196
disperder........................ 197
dispersar 29
dispor............................. 203
disputar.......................... 176
dissaborear 250
dissecar.......................... 192
dissemelhar 8
disseminar 267
dissentir......................... 251
dissertar 29
dissidiar 41
dissimilar....................... 9
dissimular...................... 212
dissipar 9
dissociar 183A
dissolver 231
dissonar 183
dissuadir 154
distanciar 210
distar.............................. 224
distender........................ 94
distinguir *..................... 104
distorcer......................... 272
distrair 260
distratar 93
distribuir........................ 82
disturbar 51
ditar 9
ditongar 214
divagar........................... 188
divaricar 169
divergir * 105
diversificar 169
divertir........................... 13
dividir............................ 11
divinizar 278
divisar............................ 205
divorciar 183A
divulgar *....................... 106
dizer * 107
dizimar 267
doar 198
dobar 180
dobrar 65
doçar.............................. 20
docilizar......................... 278
documentar.................... 265
doer 170
doestar 111
dogmatizar..................... 278
doidar 199
doidejar 99
doidivanar 90A
doirar............................. 185
doirejar 99
domar 270
domesticar 169
domiciliar 41
dominar 267
domingar 285
donairear 250
donear............................ 250
dormir * 108
dormitar......................... 9
dosar 180
dosear 250
dosificar......................... 169
dosselar 129
dotar 180
doudejar......................... 99
dourar 185
dourejar 99
doutorar 171
doutrinar........................ 267
dragar 188
drainar 30
dramatizar 278
drapejar 99
drenar 184
driblar............................ 153
drogar 240
droguear 250
dualizar.......................... 278
ductilizar 278
dulcificar 169
duplicar 169
durar 212
duvidar 9

e

ebanizar......................... 278
eclipsar 63
eclodir 67
ecoar.............................. 198
economizar.................... 278
edemaciar 183A
edificar 169
editar 9
editorar 171
educar * 109
edulcorar 171
eduzir............................. 72
efectivar......................... 174
efectuar.......................... 259
efeminar 267
efeminizar 278
efervescer 88
efigiar 41
eflorescer....................... 61/88
efluir 82
efundir 75
eivar............................... 95
eixar............................... 96
ejacular.......................... 212
ejectar............................ 101
elaborar 171
elanguescer.................... 88
elar................................. 129
elastecer......................... 165
electrificar 169
electrizar........................ 278
electrocutar.................... 176
electrolisar..................... 205
elegantizar 278
eleger............................. 215
elevar............................. 129
eliciar............................. 183A
elidir 11
eliminar 267
elixar 15
elogiar 41
elucidar.......................... 9
eludir 150
emaçar 3
emaçarocar 83
emaciar 183A
emadeirar....................... 139
emadeixar...................... 96
emagrecer...................... 165
emagrentar..................... 265
emalar 93
emalhar.......................... 275
emalhetar....................... 129
emanar........................... 90A
emancipar...................... 9
emanquecer 165
emantar.......................... 57
emantilhar 190
emaranhar...................... 132
emarear.......................... 250
emarelecer 165

emascarar ... **69**
emascular ... **212**
emassar ... **26**
emastrar ... **159**
emastrear ... **250**
embaçar ... **3**
embacelar ... **129**
embaciar ... **183A**
embainhar ... **55**
embair[1] ... **260**
embalançar ... **91**
embalar ... **93**
embalçar ... **54**
embalsamar ... **24**
embalsar ... **247**
embanar ... **90A**
embandar ... **57**
embandeirar ... **139**
embaraçar ... **3**
embaralhar ... **275**
embaratecer ... **165**
embarbascar ... **98**
embarbecer ... **165**
embarbelar ... **129**
embarcar * ... **110**
embardar ... **264**
embargar ... **158**
embarrancar ... **37**
embarrar ... **25**
embarrear ... **250**
embarreirar ... **139**
embarrelar ... **129**
embarretar ... **129**
embarricar ... **169**
embarrilar ... **9**
embasbacar ... **42**
embastar ... **14**
embastecer ... **165**
embater ... **47**
embatocar ... **83**
embatucar ... **109**
embaular ... **248**
embebecer ... **165**
embebedar ... **129**
embeber ... **167**
embeberar ... **22**
embelecar ... **192**
embelecer ... **165**
embelezar ... **237**
embelgar ... **282**
embesourar ... **185**
embespinhar ... **55**
embestar ... **111**
embetumar ... **146**
embevecer ... **165**
embezerrar ... **125**
embicar ... **169**
embilhar ... **190**
embiocar ... **83**
embirrar ... **130**
emblemar ... **184**
embobar ... **180**
embobinar ... **267**
embocar ... **83**
emboçar ... **20**
embocetar ... **129**
embodalhar ... **275**
embodegar ... **194**
embodocar ... **83**
embolar ... **180**
emboldrear ... **250**
emboldregar ... **194**
embolorar ... **171**
embolorecer ... **165**
embolsar ... **256**
embonar ... **183**
embonecar ... **192**
emboquilhar ... **190**
emborcar ... **119**
embornalar ... **93**
embornecer ... **165**
emborrachar ... **7**
emborralhar ... **275**
emborrar ... **180**
emborrascar ... **98**
emboscar ... **119**
embostar ... **147**
embostear ... **250**
embostelar ... **129**
embotar ... **180**
embotelhar ... **8**
embotijar ... **9**
embraçar ... **3**
embraceirar ... **139**
embraiar ... **120**
embrandecer ... **165**
embranquecer ... **165**
embravecer ... **165**
embrear ... **250**
embrechar ... **140**
embrenhar ... **100**
embriagar ... **188**
embridar ... **9**
embrincar ... **49**
embromar ... **257**
embrulhar ... **166**
embrumar ... **146**
embrutar ... **176**
embrutecer ... **165**
embruxar ... **176**
embuçar ... **112**
embucetar ... **129**
embuchar ... **176**
embudar ... **176**
embuizar ... **18**
emburrar ... **176**
emburricar ... **169**
embustear ... **250**
embutir ... **150**
embuzinar ... **267**
emechar ... **140**
emedar ... **129**
emelar ... **129**
emendar ... **265**
emeninecer ... **165**
ementar ... **265**
emerdar ... **29**
emergir[2] ... **105**
emetizar ... **278**
emigrar ... **34**
eminenciar ... **183A**
emissariar ... **41**
emitir ... **11**
emocionar ... **183**
emoldar ... **255**
emoldurar ... **212**
emoleirar ... **139**
emolir ... **67**
emonar ... **183**
emordaçar ... **3**
emorear ... **250**

[1] Alguns autores consideram-no defectivo, dizendo que lhe faltam as três pessoas do singular do presente do indicativo, todas as do presente conjuntivo e a 2.ª do singular do imperativo, como *combalir*, 67.

[2] Alguns autores consideram-no defectivo, atribuindo-lhe apenas as formas em que se mantém o *i* ou em que este se muda em *e*.

emornecer ... 165
emorrinhar ... 55
emostar ... 147
emouquecer ... 165
empacar ... 42
empachar ... 7
empacotar ... 180
empadroar ... 198
empaiolar ... 180
empalar ... 93
empalear ... 250
empalecer ... 165
empalhar ... 275
empalheirar ... 139
empalidecer ... 165
empalmar ... 247
empaludar ... 176
empampanar ... 90A
empanar ... 90A
empancar ... 37
empandeirar ... 139
empandilhar ... 190
empandinar ... 267
empantanar ... 90A
empantufar ... 176
empanturrar ... 176
empanzinar ... 267
empapar ... 93
empapelar ... 129
empapoilar ... 199
empapuçar ... 112
empar * ... 110A
emparar ... 69
emparceirar ... 139
emparcelar ... 129
empardecer ... 165
emparedar ... 129
emparelhar ... 8
emparrar ... 25
emparreirar ... 139
emparvecer ... 165
emparvoecer ... 165
empastar ... 14
empastelar ... 129
empatar ... 93
empavear ... 250
empavesar ... 121
empavoar ... 198
empavonar ... 183
empecadar ... 93
empeçar ... 68
empecer ... 165
empecilhar ... 190
empeçonhar ... 258
empeçonhentar ... 265
empedernecer ... 165
empedernir ... 67
empedrar ... 195
empegar ... 207
empelamar ... 24
empelar ... 129
empelicar ... 169
empelotar ... 180
empenachar ... 7
empenar ... 184
empenhar ... 100
empenhorar ... 171
empenumbrar ... 287
empeolar ... 180
empepinar ... 267
empequenecer ... 165
empequenitar ... 9
emperlar ... 29
empernar ... 148
empernicar ... 169
emperrar ... 125
empertigar ... 162
empesar ... 121
empesgar ... 282
empestar ... 111
empetecar ... 192
empezar ... 237
empezinhar ... 55
empicotar ... 180
empilhar ... 190
empinar ... 267
empinhocar ... 83
empinocar ... 83
empiorar ... 171
empipar ... 9
empiscar ... 239
empiteirar ... 139
emplacar ... 42
emplasmar ... 14
emplastar ... 14
emplastrar ... 159
emplumar ... 146
emplumescer ... 88
empoar ... 198
empobrecer ... 165
empoçar ... 20
empoeirar ... 139
empolar ... 180
empolear ... 250
empoleirar ... 139
empolgar ... 186
empolhar ... 257
empolmar ... 255
empontar ... 32
emporcalhar ... 275
empossar ... 180
empostar ... 147
emprazar ... 93
empreender ... 94
empregar ... 207
empreguiçar ... 64
empreitar ... 95
emprenhar ... 100
empresar ... 121
emprestadar ... 93
emprestar * ... 111
empretecer ... 165
emproar ... 198
empubescer ... 88
empulhar ... 166
empunhar ... 268
empurpurar ... 212
empurpurecer ... 165
empurrar ... 176
empuxar ... 176
emudecer ... 165
emular ... 212
emulsionar ... 183
emundar ... 16
emurchecer ... 165
enaipar ... 30
enaltecer ... 165
enamorar ... 171
enarrar ... 25
enastrar ... 159
enatar ... 93
enateirar ... 139
encabar ... 93
encabeçar ... 68
encabeirar ... 139
encabelar ... 129
encabrestar ... 111
encabritar ... 9
encabular ... 212
encachar ... 7
encachaçar ... 3
encachiar ... 61/41
encachoeirar ... 139
encacholar ... 180
encachorrar ... 180
encadear ... 250
encadeirar ... 139
encadernar ... 148
encafuar ... 259

encafurnar 51
encaiporar 171
encaixar 45
encaixilhar 190
encaixotar 180
encalacrar 245
encalamistrar 34
encalamoucar 274
encalar 93
encalçar 54
encaldeirar 139
encalecer 165
encaleirar 139
encalhar 275
encaliçar 64
encalir 154
encalistar 224
encalistrar 34
encalmar 247
encalvecer 165
encamar 24
encamarotar 180
encambar 6
encambeirar 139
encamboar 198
encambulhar 166
encaminhar 55
encamisar 205
encampanar 90A
encampar 6
encanar 90A
encanastrar 159
encancerar 22
encandear 250
encandecer 165
encandilar 9
encanecer 165
encanelar 129
encangalhar 275
encangar 56
encangotar 180
encaniçar 64
encantar 57
encanteirar 139
encantoar 198
encantonar 183
encanudar 176
encanzinar 267
encapachar 7
encapar 93
encapelar 129
encapoeirar 139
encapotar 180
encaprichar 2
encapuchar 176
encapuzar 176
encaracolar 180
encaramanchar 38
encaramelar 129
encaramonar 183
encaramujar 176
encarangar 56
encaranguejar 99
encarapelar 129
encarapinhar 55
encarapitar 9
encarapuçar * 112
encarar 69
encaravelhar 8
encarcerar 22
encardir 191
encardumar 146
encarecer 165
encaretar 129
encarnar 264
encarneirar 139
encarniçar 64
encaroçar 20
encarochar 270
encarquilhar 190
encarrancar 37
encarrapitar 9
encarrar 25
encarrascar 98
encarraspanar 90A
encarregar 194
encarreirar 139
encarretar 129
encarrilar 9
encarrilhar 190
encartar 264
encartolar 180
encartuchar 176
encarvoar 198
encasacar 42
encasar 58
encascalhar 275
encascar 98
encasmurrar 176
encasquetar 129
encasquilhar 190
encastalhar 275
encastelar 129
encastoar 198
encasular 176
encataplasmar 14
encatarrar 25
encatrafiar 41
encatramonar 183
encadilhar 190
encausticar 169
encavacar 42
encavalar 93
encavaleirar 139
encavalgar 246
encavalitar 9
encavar 93
encavernar 148
encavilhar 190
enceguecer 165
encegueirar 139
encelar 129
enceleirar 139
encenar 184
encender 94
encerar 22
encerebrar 195
encerrar 125
encestar 111
encetar 129
enchacotar 180
enchamejar 99
encharcar 110
encharolar 180
encher * 113
enchimarrar 25
enchiqueirar 139
enchocalhar 275
enchoçar 20
enchouriçar 64
enchumaçar 3
enchumbar 296
enchusmar 19
encieirar 139
encilhar 190
encimar 267
encinchar 152
encinhar 55
encintar 200
encinzar 200
enciumar 248
enclarear 250
enclausurar 212
enclavinhar 55
encobertar 29
encobrir 66
encocurutar 176
encodar 180
encodear 250

encoifar 199
encoimar........................ 199
encoiraçar...................... 3
encoirar 185
encoivarar...................... 69
encolar.......................... 180
encoleirar....................... 139
encolerizar..................... 278
encolher........................ 126
encomendar.................. 265
encomiar........................ 41
encompridar 9
enconcar 242
enconchar 295
encontrar * 114
encontroar 198
encopar.......................... 180
encoquinar.................... 267
encoquinhar.................. 55
encorajar....................... 93
encorcovar.................... 180
encordoar...................... 198
encornar........................ 85
encornetar..................... 129
encoronhar.................... 258
encorpar........................ 85
encorporar 171
encorrear 250
encorricar 169
encorrilhar.................... 190
encortelhar.................... 8
encortiçar...................... 64
encortinar 267
encorujar 176
encoscorar 171
encospiar 41
encostalar 93
encostar 147
encouraçar.................... 3
encourar........................ 185
encovar......................... 180
encovilar....................... 9
encovitar....................... 9
encravar........................ 93
encravelhar................... 8
encrencar 37
encrespar 111
encristar........................ 224
encrostar....................... 147
encruar.......................... 259
encrudelecer 165
encrudescer 88
encruecer...................... 165
encruentar..................... 265
encrustar....................... 19
encruzar........................ 176
encruzilhar.................... 190
encubar......................... 176
encueirar....................... 139
encumear 250
encurralar 93
encurtar 51
encurvar........................ 51
encutinhar..................... 55
endechar 138
endemizar...................... 278
endemoninhar............... 55
endentar........................ 265
endentecer 165
endereçar...................... 68
endeusar 115
endiabrar 245
endireitar 95
endividar 9
endoidar........................ 199
endoidecer 165
endomingar 285
endossar........................ 180
endoudecer 165
endurar 212
endurecer...................... 165
endurentar 265
enegrecer...................... 165
enervar.......................... 229
enevoar........................62/198
enfadar.......................... 93
enfaixar 45
enfanicar....................... 169
enfarar 69
enfardar 264
enfardelar 129
enfarear 250
enfarelar 129
enfarinhar 55
enfaroar 198
enfarpelar 129
enfarrapar 93
enfarruscar.................... 52
enfartar 264
enfasar 58
enfastiar........................ 41
enfatiotar 180
enfatizar........................ 278
enfatuar 259
enfear............................ 250
enfebrecer..................... 165
enfeirar 139
enfeitar 95
enfeitiçar 64
enfeixar 96
enfelujar 176
enfermar 148
cnferrujar...................... 176
enfestar......................... 111
enfeudar * 115
enfezar.......................... 237
enfiar 41
enfileirar....................... 139
enfincar 49
enfistular 212
enfitar 9
enfiteuticar 169
enfivelar 129
enflorar......................... 171
enflorescer.................... 88
enfogar 240
enfolar 180
enfolechar..................... 140
enfolhar 293
enfolipar 9
enforcar 119
enforjar......................... 85
enformar........................ 85
enfornar 85
enforquilhar.................. 190
enfortar......................... 85
enfortecer 165
enfortir.......................... 67
enfranquear 250
enfraquecer................... 165
enfraquentar 265
enfrascar....................... 98
enfrear 250
enfrechar 140
enfrenar 184
enfrenesiar.................... 41
enfrentar 265
enfriar........................... 41
enfroixecer 165
enfronhar 258
enfrouxecer 165
enfrutar......................... 176
enfrutecer 165
enfuar 259
enfueirar 139
enfulijar 9
enfumaçar..................... 3
enfumarar 69
enfunar 146

enfunerar 22
enfunicar 169
enfunilar 9
enfurecer 165
enfuriar 41
enfurnar 51
enfuscar 52
enfustar 19
engabelar 129
engaçar 3
engadanhar 132
engadelhar 8
engafecer 165
engaiolar 180
engajar 93
engalanar 90A
engalfinhar 55
engalhar 275
engalhardear 250
engalhardetar 129
engalinhar 55
engalriçar 64
engambelar 129
enganar 90A
enganchar 38
engarampar 6
engaranhar 132
engarapar 93
engarfar 264
engaravitar 9
engargalhar 275
engargantar 57
engarnachar 7
engarrafar 93
engarranchar 57
engarupar 176
engasgalhar 275
engasgar * 116
engastalhar 275
engastar 14
engatar 93
engatilhar 190
engatinhar 55
engavelar 129
engavetar 129
engavinhar 55
engazofilar 9
engazopar 180
engazupar 176
engelhar 8
engendrar 122
engenhar 100
engessar 73
engigar 162
englobar 180
englobular 212
engodar 180
engodilhar 190
engoiar 48
engolfar 255
engolir * 117
engolpar 256
engomar 257
engonhar 258
engordar 85
engordurar 212
engorrar 180
engraçar 3
engradar 93
engradear 250
engradecer 165
engraecer 165
engrampar 6
engramponar 183
engrandecer 165
engranzar 291
engravatar 93
engravescer 88
engravidar 9
engravitar 9
engraxar 93
engrazular 212
engrelar 129
engrenar 184
engrenhar 100
engrifar 9
engrilar 9
engrimpinar 267
engrimponar 183
engrinaldar 247
engripar 9
engrolar 180
engrossar 180
engrumar 146
engrumecer 165
engrunhir 234
engrupar 176
enguedelhar 8
enguiçar 64
enguizalhar 275
engulhar 166
engulipar 9
engulosinar 267
engunhar 268
enigmar 230
enjangar 56
enjaular * 118
enjeirar 139
enjeitar 95
enjerir 206
enjoar 198
enjoiar 48
enjugar 23
enlaçar 3
enlagar 188
enlambujar 176
enlambuzar 176
enlamear 250
enlaminar 267
enlanguescer 88
enlapar 93
enlatar 93
enlear 250
enlerdar 29
enlevar 129
enliçar 64
enlinhar 55
enlividecer 165
enlocar 83
enlodaçar 3
enlodar 180
enloiçar 46
enloirecer 165
enloisar 199
enlorpecer 165
enlouçar 235
enlouquecer 165
enlourar 185
enlourecer 165
enlousar 185
enluarar 69
enlurar 212
enlutar 176
enluvar 176
ennodar 180
enobrecer 165
enodar 180
enodoar 198
enoitar 199
enoitecer 165
enojar 21
enormizar 278
enosilhar 190
enouriçar 64
enoutecer 165
enovelar 129
enquadrar 245
enquilhar 190
enquistar 224

enquizilar 9
enrabar 93
enrabeirar 139
enrabichar 2
enraçar 3
enraiar 120
enraivar 30
enraivecer 165
enraizar 18
enramalhar 275
enramalhetar 129
enramar 24
enramear 250
enramilhetar 129
enrançar 91
enranchar 57
enrarecer 165
enrascar 98
enratar 93
enredar 129
enredear 250
enredouçar 235
enregelar 129
enreixar 96
enrelhar 8
enremissar 9
enrepolhar 293
enresinar 267
enresmar 111
enrestiar 41
enrevesar 121
enriar 41
enricar 169
enricar 64
enrijar 9
enrijecer 165
enrilhar 190
enriquecer 165
enristar 224
enrizar 278
enrobustecer 165
enrocar 83
enrochar 270
enrodelar 129
enrodilhar 190
enrodrigar 162
enrolar 180
enrolhar 293
enroscar * 119
enroupar 243
enrouquecer 165
enroxar 257
enrubescer 88
enruçar 112
enrudecer 165
enrufar 176
enrugar 23
enruminar 267
enrustir 90
ensaboar 198
ensaburrar 176
ensacar 42
ensaiar * 120
ensalmar 247
ensalmourar 185
ensamarrar 25
ensambenitar 9
ensandalar 93
ensandecer 165
ensanefar 129
ensanguentar 265
ensanguinhar 55
ensardinhar 55
ensarilhar 190
ensarnecer 165
ensarrafar 93
ensartar 264
ensaudar 248
ensaudecer 165
ensebar 129
ensecar 192
ensedar 129
enseirar 139
enseivar 95
ensejar 99
ensenhorear 250
ensilar 9
ensilveirar 139
ensimesmar 111
ensinar 267
ensoar 198
ensoberbecer 165
ensobradar 93
ensofregar 194
ensogar 240
ensoleirar 139
ensolvar 255
ensombrar 70
ensopar 180
ensopear 250
ensorear 250
ensossar 180
ensovacar 42
ensumagrar 245
ensurdecer 165
entabocar 83
entabuar 259
entabular 212
entachar 7
entaipar 30
entalar 93
entalecer 165
entalhar 275
entalir 154
entaliscar 239
entaloar 198
entancar 37
entanguecer 165
entapetar 129
entapizar 278
entaramelar 129
entardecer 62/165
entarraxar 93
entear 250
entediar 41
entejar 99
entelhar 8
entender 94
entenebrecer 165
entenrecer 165
entepidecer 165
enternecer 165
enterrar 125
enterreirar 139
enterroar 198
entesar * 121
entesourar 185
entestar 111
entibecer 165
entibiar 41
enticar 169
entijolar 180
entisicar 169
entivar 174
entoar 198
entocar 83
entogar 240
entojar 21
entonar 183
entontar 32
entontecer 165
entornar 85
entorpecer 165
entorroar 198
entortar 85
entoucar 274
entouçar 235
entouceirar 139
entourar 185

entrajar ... 93
entralhar ... 275
entrambicar ... 169
entrançar ... 91
entranhar ... 132
entrapar ... 93
entrar * ... 122
entravar ... 93
entravessar ... 73
entreabrir ... 5
entreajudar ... 176
entrebater ... 47
entrebeijar ... 95
entrecerrar ... 125
entrechar ... 140
entrechocar ... 83
entrecolher ... 126
entreconhecer ... 165
entrecorrer ... 84
entrecortar ... 85
entrecruzar ... 176
entredevorar ... 171
entredilacerar ... 22
entredisputar ... 176
entredizer ... 107
entrefechar ... 138
entrefestejar ... 99
entrefigurar ... 212
entrefolhar ... 293
entregar ... 194
entrelaçar ... 3
entrelembrar ... 160
entreligar ... 162
entrelinhar ... 55
entreluzir ... 62/72
entremear ... 250
entremeter ... 167
entremirar ... 269
entremisturar ... 212
entremostrar ... 173
entreolhar ... 293
entreouvir ... 187
entrepassar ... 26
entreplicar ... 169
entrepor ... 203
entreprender ... 94
entrequerer ... 220
entrerregar ... 194
entrescolher ... 126
entrescutar ... 176
entresilhar ... 190
entressachar ... 7
entressemear ... 250
entressolhar ... 293
entressonhar ... 258
entressorrir ... 238
entretalhar ... 275
entretecer * ... 165
entretelar ... 129
entreter ... 81
entreturbar ... 51
entreunir ... 236
entrevar ... 129
entrevecer ... 165
entrever ... 281
entreverar ... 22
entrevistar ... 224
entrilhar ... 190
entrincheirar ... 139
entristar ... 224
entristecer ... 165
entrizar ... 278
entroixar ... 199
entronar ... 183
entroncar ... 242
entronizar ... 278
entronquecer ... 165
entropesar ... 68
entrosar ... 180
entrouxar ... 243
entroviscar ... 239
entrudar ... 176
entufar ... 176
entulhar ... 166
entumecer ... 165
entupir * ... 123
enturbar ... 51
enturvar ... 51
enturvecer ... 165
enturviscar ... 62/239
entusiasmar ... 14
enublar ... 62/153
enuclear ... 250
enumerar ... 22
enunciar ... 183A
enuviar ... 62/41
envaginar ... 267
envaidecer ... 165
envalar ... 93
envalecer ... 165
envarar ... 69
envaretar ... 129
envasar ... 58
envasilhar ... 190
envazar ... 93
envelhacar ... 42
envelhecer ... 165
envelhentar ... 265
envencilhar ... 190
envenenar ... 184
enventanar ... 90A
enverdecer ... 165
enverdejar ... 99
enveredar ... 129
envergar ... 282
envergonhar ... 258
envermelhar ... 8
envermelhecer ... 165
envernizar ... 278
enverrugar ... 23
envesar ... 121
envesgar ... 115
envessar ... 73
enviar ... 41
enviçar ... 64
envidar ... 9
envidilhar ... 190
envidraçar ... 3
envieirar ... 139
enviesar ... 121
envigar ... 162
envigorar ... 171
envigotar ... 180
envilecer ... 165
envinagrar ... 245
envincilhar ... 190
enviperar ... 22
enviscar ... 239
enviuvar ... 248
enviveirar ... 139
envolver ... 231
envultar ... 177
enxadrezar ... 129
enxaguar[1] ... 28
enxalavar ... 93
enxalaviar ... 41
enxalmar ... 247
enxamear ... 250
enxarciar ... 183A
enxaropar ... 180

[1] Note-se a acentuação da vogal temática das formas rizotónicas, na variante brasileira: *enxáguo, enxáguas*, etc.

enxercar ... 59
enxergar ... 282
enxerir ... 206
enxertar ... 29
enxiar ... 41
enxofrar ... 65
enxotar ... 180
enxovalhar ... 275
enxugar ... 23
enxumbrar ... 287
enxurdar ... 51
enxurrar ... 176
enzampar ... 6
enzonar ... 183
epicurizar ... 278
epidemiar ... 41
epigrafar ... 93
epigramatizar ... 278
epilogar ... 240
episodiar ... 41
epistar ... 224
epistolar ... 180
epitetar ... 129
epitomar ... 270
equacionar ... 183
equalizar ... 278
equidistar ... 224
equilibrar ... 34
equimosar ... 21
equipar ... 9
equiparar ... 69
equiponderar ... 22
equivaler ... 279
equivocar ... 83
erguer * ... 124
eriçar ... 64
erigir ... 102
erisipelar ... 129
ermar ... 148
erradiar ... 41
erradicar ... 169
errar * ... 125
erubescer ... 88
ervar ... 229
ervecer ... 165
ervilhar ... 190
esbaforir ... 67
esbagaçar ... 3
esbaganhar ... 132
esbagoar ... 198
esbagulhar ... 166
esbaldar ... 247
esbambear ... 250
esbambolear ... 250
esbandalhar ... 275
esbandeirar ... 139
esbandulhar ... 166
esbanjar ... 38
esbaralhar ... 275
esbarbar ... 264
esbarbotar ... 180
esbarrar ... 25
esbarrigar ... 162
esbarrocar ... 83
esbarrondar ... 32
esbarrotar ... 180
esbater ... 47
esbelhutar ... 176
esbeltar ... 29
esbicar ... 169
esbijar ... 9
esboçar ... 20
esbodegar ... 194
esbodelar ... 129
esbofar ... 180
esbofetear ... 250
esboiçar ... 46
esboicelar ... 129
esbombardar ... 264
esbombardear ... 250
esborcelar ... 129
esborcinar ... 267
esbordar ... 85
esbordoar ... 198
esboroar ... 198
esborraçar ... 3
esborrachar ... 7
esborralhar ... 275
esborrar ... 270
esborratar ... 93
esborregar ... 194
esbotenar ... 184
esbouçar ... 235
esboucelar ... 129
esbracejar ... 99
esbranquiçar ... 64
esbrasear ... 250
esbravear ... 250
esbravecer ... 165
esbravejar ... 99
esbrugar ... 23
esbugalhar ... 275
esbulhar ... 166
esburacar ... 42
esburgar ... 106
escabeçar ... 68
escabecear ... 250
escabechar ... 140
escabelar ... 129
escabichar ... 2
escabrear ... 250
escabujar ... 176
escabulhar ... 166
escacar ... 42
escachar ... 7
escachoar ... 198
escacholar ... 180
escachouçar ... 235
escadear ... 250
escadeirar ... 139
escadelecer ... 165
escadraçar ... 3
escafeder ... 167
escaiolar ... 180
escalar ... 93
escalavrar ... 245
escaldar ... 247
escaldear ... 250
escaldeirar ... 139
escalfar ... 247
escaliçar ... 64
escalonar ... 183
escalpar ... 247
escalpelar ... 129
escalpelizar ... 278
escalrachar ... 7
escalvar ... 247
escamar ... 24
escambar ... 6
escamisar ... 205
escamondar ... 32
escamotar ... 180
escamotear ... 250
escampar ... 6
escamugir ... 133
escanar ... 90A
escançar ... 91
escancarar ... 69
escancear ... 250
escancelar ... 129
escanchar ... 57
escandalizar ... 278
escandecer ... 165
escandir ... 142
escangalhar ... 275
escanganhar ... 132
escangar ... 56
escanhoar ... 198
escanhotar ... 180

escanifrar **34**
escaninhar **55**
escapar **93**
escapelar **129**
escapulir[1] **219**
escaquear **250**
escaqueirar **139**
escarafunchar **292**
escarambar **6**
escaramelar **129**
escaramuçar **112**
escarapelar **129**
escarcalhar **275**
escarçar **54**
escarcavelar **129**
escarcear **250**
escarchar **264**
escardar **264**
escardear **250**
escardecer **165**
escardichar **2**
escardilhar **190**
escarduçar **112**
escarear **250**
escarificar **169**
escarmentar **265**
escarnar **264**
escarnecer **165**
escarnicar **169**
escarnificar **169**
escarninhar **55**
escarnir **191**
escarolar **180**
escarpar **264**
escarpelar **129**
escarrachar **7**
escarranchar **57**
escarrapachar **7**
escarrapicar **64**
escarrar **25**
escarumar **146**
escarvar **264**
escarvoar **198**
escasquear **250**
escassear **250**
escatelar **129**
escavacar **42**
escavaçar **3**
escavar **93**
escaveirar **139**
esclarecer **165**
esclerosar **180**
escoar **198**
escocar **83**
escochinar **55**
escodar **180**
escodear **250**
escogitar **9**
escoicear **250**
escoicinhar **55**
escoimar **199**
escolar **180**
escolarizar **278**
escoldrinhar **55**
escolher * **126**
escolmar **256**
escoltar **256**
escombrar **70**
esconder **232**
esconjuntar **16**
esconjurar **212**
esconsar **32**
escopetear **250**
escorar **171**
escorchar **85**
escoriar **41**
escorificar **169**
escorjar **85**
escornar **85**
escornear **250**
escornichar **2**
escoroar **198**
escorraçar **3**
escorregar **194**
escorrer **84**
escorrichar **2**
escorripichar **2**
escorropichar **2**
escortinar **267**
escorvar **85**
escosipar **9**
escouçar **235**
escoucear **250**
escoucinhar **55**
escovar **180**
escovilhar **190**
escozicar **169**
escrachar **7**
escravizar **278**
escrever * **127**
escrevinhar **55**
escriturar **212**
escrivar **174**
escrunchar **292**
escrupulear **250**
escrupulizar **278**
escrutar **176**
escrutinar **267**
escudar **176**
escudeirar **139**
escudelar **129**
esculachar **7**
esculcar **262**
esculpir **290**
esculturar **212**
escumar **146**
escurecer **165**
escurejar **99**
escurentar **265**
escusar **176**
escutar **176**
esdruxular **212**
esdruxulizar **278**
esfacelar **129**
esfaimar **30**
esfalfar **247**
esfanicar **169**
esfaquear **250**
esfarelar **129**
esfarfalhar **275**
esfarinhar **55**
esfarpelar **129**
esfarrapar **93**
esfarripar **9**
esfatiar **41**
esfervilhar **190**
esfiampar **6**
esfiapar **93**
esfiar **41**
esfibrar **34**
esflorar **171**
esfocinhar **55**
esfoguetear **250**
esfoiçar **46**

[1] Alguns autores consideram-no defectivo, negando-lhe as formas em que não subsista o *i* (temático). Lindley Cintra conjuga-o como *acudir*, Cf. C. Cunha e L. Cintra, *Nova Gram. do Port. Contemp.*, Lisboa, 1986, p. 419. A forma escapole, regista-se no *Dicionário Gramatical de Verbos*, Francisco da Silva Borba, 2.ª ed., 1991

esfolar ... 180
esfolegar ... 194
esfolhaçar ... 3
esfolhar ... 293
esfolhear ... 250
esfoliar ... 41
esfomear ... 250
esforçar ... 141
esforricar ... 169
esfossilizar ... 278
esfouçar ... 235
esfraldar ... 247
esfrançar ... 91
esfrangalhar ... 275
esfregar ... 194
esfriar ... 41
esfrolar ... 180
esfugentar ... 265
esfulinhar ... 55
esfumaçar ... 3
esfumar ... 146
esfumarar ... 69
esfumear ... 250
esfumilhar ... 190
esfuminhar ... 55
esfuracar ... 42
esfuziar ... 41
esfuzilar ... 9
esgaçar ... 3
esgadanhar ... 132
esgadelhar ... 8
esgaivar ... 30
esgalgar ... 158
esgalhar ... 275
esganar ... 90A
esganchar ... 57
esganiçar ... 64
esgarabulhar ... 166
esgarafunchar ... 292
esgaratujar ... 176
esgaravanar ... 90A
esgaravatar ... 93
esgarçar ... 54
esgardunhar ... 268
esgargalar ... 93
esgargalhar ... 275
esgarranchar ... 57
esgarrar ... 25
esgatanhar ... 132
esgazear ... 250
esgoelar ... 129
esgorjar ... 85
esgotar ... 180
esgrafiar ... 41
esgrafitar ... 9
esgraminhar ... 55
esgravanar ... 90A
esgravatar ... 93
esgravelhar ... 8
esgrimir ... 136
esgrouviar ... 41
esgrouvinhar ... 55
esguardar ... 264
esguedelhar ... 8
esgueirar ... 139
escluelhar ... 8
esguiar ... 41
esguichar ... 2
esladroar ... 198
eslagartar ... 264
eslingar ... 285
esmadrigar ... 162
esmaecer ... 165
esmagachar ... 7
esmagar ... 188
esmaiar ... 120
esmaltar ... 247
esmamonar ... 183
esmaniar ... 41
esmanjar ... 38
esmarroar ... 198
esmear ... 250
esmechar ... 140
esmeraldear ... 250
esmerar ... 22
esmerilar ... 9
esmerilhar ... 190
esmigalhar ... 275
esmilhar ... 190
esmiolar ... 180
esmirrar ... 130
esmiuçar ... 112
esmiudar ... 248
esmocar ... 83
esmoer ... 170
esmoitar ... 199
esmolar ... 180
esmolengar ... 71
esmoncar ... 242
esmondar ... 32
esmordaçar ... 3
esmordicar ... 169
esmorecer ... 165
esmoronar ... 183
esmorraçar ... 3
esmossar ... 180
esmoucar ... 274
esmurraçar ... 3
esmurrar ... 176
esnocar ... 83
espaçar ... 3
espacear ... 250
espacejar ... 99
espadagar ... 188
espadanar ... 90A
espadar ... 93
espadeirar ... 139
espadelar ... 129
espaduar ... 259
espairecer ... 165
espaldar ... 247
espaldear ... 250
espaldeirar ... 139
espalhafatar ... 93
espalhagar ... 188
espalhar ... 275
espalmar ... 247
espanar ... 90A
espanascar ... 98
espancar ... 37
espandongar ... 214
espanejar ... 99
espanholar ... 180
espanholizar ... 278
espanquear ... 250
espantar ... 57
espapaçar ... 3
espargir * ... 128
esparralhar ... 275
esparramar ... 24
esparrar ... 25
esparregar ... 194
esparrinhar ... 55
espartejar ... 99
espartilhar ... 190
espartir ... 191
esparzir ... 191
espasmar ... 14
espatifar ... 9
espatilhar ... 190
espaventar ... 265
espavorecer ... 165
espavorir ... 67
espavorizar ... 278
especar ... 192
espeçar ... 68
especializar ... 278
especificar ... 169
espectar ... 101

especular **212**
espedaçar **3**
espedir **193**
espedregar **194**
espelhar **8**
espenejar **99**
espenicar **169**
espenujar **176**
esperançar **91**
esperar **22**
esperdiçar **64**
espermatizar **278**
espernear **250**
espernegar **194**
espertar **29**
espertinar **267**
espescoçar **20**
espessar **73**
espetar * **129**
espevitar **9**
espezinhar **55**
espiar **41**
espicaçar **3**
espichar **2**
espicular **212**
espigar **162**
espiguilhar **190**
espinafrar **245**
espingardear **250**
espinhar **55**
espinicar **169**
espinotar **180**
espinotear **250**
espiolhar **293**
espionar **183**
espipar **9**
espiralar **93**
espirar **269**
espiritar **9**
espiritizar **278**
espiritualizar **278**
espirrar * **130**
esplendecer **165**
esplender [1] **94**
espoar **198**
espojar **21**
espojinhar **55**
espoletar **129**
espoliar **41**
espolinar **267**
espolinhar **55**
espolpar **256**
esponjar **32**
espontar **32**
esponteirar **139**
esporar **171**
esporear **250**
esportular **212**
esposar **180**
espostejar **99**
espraiar **120**
espreguiçar **64**
espreitar **95**
espremer **277**
espuir **82**
espulgar **106**
espumaçar **3**
espumar **146**
espumejar **99**
esputar **176**
esquadrar **245**
esquadrejar **99**
esquadriar **41**
esquadrilhar **190**
esquadrinhar **55**
esquadronar **183**
esquartejar **99**
esquartelar **129**
esquartilhar **190**
esquecer **165**
esquematizar **278**
esquentar **265**
esquerdar **29**
esquerdear **250**
esquiar **41**
esquiçar **64**
esquifar **9**
esquilar **9**
esquinar **267**
esquipar **9**
esquirolar **180**
esquivar **174**
estabelecer **165**
estabilizar **278**
estabular **212**
estacar **42**
estacionar **183**
estacoar **198**
estadear **250**
estadualizar **278**
estafar **93**
estafegar **194**
estagiar **41**
estagnar **230**
estalar **93**
estalejar **99**
estalicar **169**
estalidar **9**
estaminar **267**
estampar **6**
estampilhar **190**
estancar **37**
estanciar **183A**
estandardizar **278**
estanhar **132**
estaquear **250**
estar * **131**
estardalhar **275**
estarrecer **165**
estarrincar **49**
estatelar **129**
estatizar **278**
estatuir **82**
estaziar **41**
estear **250**
esteirar **139**
estender **94**
estenografar **93**
estercar **59**
estereotipar **9**
esterificar **169**
esterilizar **278**
esterlicar **169**
esterroar **198**
estertorar .... **-171**
estesiar **41**
estetizar **278**
estevar **129**
estiar **62/41**
esticar **169**
estigmatizar **278**
estilar **9**
estiletear **250**
estiletizar **278**
estilhaçar **3**
estilhar **190**
estilizar **278**
estimar **267**
estimular **212**
estingar **285**

[1] Há quem lhe negue o *particípio* e, portanto, os tempos compostos. Cf. *Nova Gramática do Português Contemporâneo*, 3.ª ed., Lx., 1986, p. 446.

estinhar 55
estiolar 180
estipendiar 41
estipular 212
estiraçar 3
estirar 269
estivar 174
estocar 83
estofar 180
estoirar 185
estoirinhar 55
estojar 21
estomagar 188
estomentar 265
estonar 183
estontar 32
estontear 250
estontecer 165
estopar 180
estopetar 129
estoquear 250
estorcegar 194
estorcer 272
estornar 85
estornicar 169
estorricar 169
estorroar 198
estortegar 194
estorturar 212
estorvar 85
estourar 185
estourinhar 55
estrabar 93
estraçalhar 275
estracinhar 55
estraçoar 198
estradar 93
estrafegar 194
estragar 188
estralejar 99
estrambalhar 275
estrambelhar 8
estrampalhar 275
estrançar 91
estrancilhar 190
estrancinhar 55
estrangalhar 275
estrangeirar 139
estrangular 212
estranhar * 132
estrar 195
estratificar 169
estravar 93
estrear 250
estrebordar 85
estrebuchar 176
estrefegar 194
estreitar 95
estrelar 129
estrelejar 99
estrelouçar 235
estremar 184
estremecer 165
estremunhar 268
estrenoitar 199
estrepar 129
estrepitar 9
estresir 67
estriar 41
estribar 9
estribilhar 190
estrichar 2
estridular 212
estrigar 162
estrigir * 144
estrilar 9
estrincar 49
estrinchar 152
estripar 9
estroinar 199
estrompar 271
estroncar 242
estrondar 32
estrondear 250
estropear 250
estropiar 41
estrotejar 61/99
estrovinhar 55
estrugir* 133
estruir 77
estrumar 146
estrupidar 9
estruturar 212
estuar 259
estucar 109
estuchar 176
estudar 176
estufar 176
estugar 23
estultificar 169
estupefazer 137
estupeficar 169
estupidecer 165
estupidificar 169
estuporar 171
estuprar 153
esturdiar 41
esturrar 176
esturricar 169
esturrinhar 55
esvaecer 165
esvair 260
esvanecer 165
esvaziar 41
esventar 265
esventrar 122
esverdear 250
esverdinhar 55
esvidar 9
esvidigar 162
esviscerar 22
esvoaçar 61/3
esvurmar 51
eterificar 169
eterizar 278
eternar 148
eternizar 278
etilizar 278
etimologizar 278
etiquetar 129
europeizar 18
evacuar 259
evadir 154
evangelizar 278
evaporar 171
evaporizar 278
evencer 280
everter 283
evidenciar 210
eviscerar 22
evitar 9
evocar 83
evolar 180
evolucionar 183
evoluir 82
evolver 231
exabundar 16
exacerbar 29
exagerar 22
exagitar 9
exalar 93
exalçar 54
exaltar 247
examinar 267
exarar 69
exasperar 22
exaurir 143
exautorar 171
excarcerar 22

excardinar.................... 267
excarnificar................ 169
exceder....................... 167
excepcionar................ 183
exceptuar.................... 259
excisar......................... 205
excitar............................ 9
exclamar........................ 24
excluir 82
excogitar......................... 9
excomungar.................. 71
excrescer...................... 88
excretar....................... 129
excruciar....................... 41
exculpar...................... 177
excursar......................... 51
excursionar................. 183
excurvar......................... 51
excutir 219
execrar......................... 195
executar...................... 176
exemplificar............... 169
exercer *..................... 134
exercitar.......................... 9
exerdar.......................... 29
exfoliar.......................... 41
exibir *........................ 135
exigir........................... 102
exilar................................ 9
exiliar............................. 41
eximir.......................... 136
exinanir.......................... 67
existir............................ 40
exonerar........................ 22
exorar.......................... 171
exorbitar.......................... 9
exorcismar.................... 63
exorcizar..................... 278
exordiar......................... 41
exornar.......................... 85
exortar........................... 85
expandir...................... 142
expatriar........................ 41
expectar....................... 101
expectorar................... 171
expedir........................ 193
expelir[1]...................... 227
expender........................ 94
experimentar.............. 265
expiar............................. 41
expilar.............................. 9
expirar......................... 269
explanar......................... 24
explicar....................... 169
explicitar.......................... 9
explodir[2]................... 117
explorar...................... 171
expolir......................... 202
expor........................... 203
exportar......................... 85
expostular................... 212
expressar....................... 73
exprimir *................... 136
exprobrar....................... 65
expropriar...................... 41
expugrar...................... 218
expulsar...................... 177
expungir...................... 178
expurgar...................... 106
exsicar......................... 169
exsolver....................... 231
exsuar.......................... 259
exsudar....................... 176
exsurgir....................... 263
extasiar.......................... 41
extenuar...................... 259
exteriorizar................. 278
exterminar.................. 267
externar...................... 148
extinguir..................... 104
extirpar.......................... 74
extorquir[3]...................... 67
extractar........................ 79
extraditar.......................... 9
extrair.......................... 260
extralimitar...................... 9
extrapassar.................... 26
extrapolar.................... 180
extrapor....................... 203
extravaganciar...........183A
extravagar................... 188
extravasar...................... 58
extraverter.................. 283
extraviar......................... 41
extremar...................... 184
extricar........................ 169
exuberar......................... 22
exular........................... 212
exulcerar......................... 22
exultar......................... 177
exumar......................... 146
exundar.......................... 16

f

fabricar....................... 169
fabular......................... 212
fabulizar...................... 278
faccionar.................... 183
facear.......................... 250
faceirar........................ 139
facejar............................ 99
facetar......................... 129
facetear....................... 250
fachear........................ 250
facilitar............................ 9
factorizar.................... 278
facturar....................... 212
facultar....................... 177
fadar.............................. 93
fadejar........................... 99
fadigar......................... 162
fadistar........................ 224
fagulhar....................... 166
faiar.............................. 120
faiscar[4]....................... 239
faixar.............................. 45
faixear......................... 250
falasar................................ 3
falaciar.......................183A
falar................................ 93
falazar............................ 93
falcaçar............................. 3
falcatruar..................... 259

[1] Morais e Silva (*Dicionário da Língua Portuguesa*, 3.ª ed, 1823, p. XLIII) diz que «só se conjuga nas variações em que entra *i*».

[2] Muitos autores consideram-no defectivo, negando-lhe a 1.ª pessoa do singular do presente do indicativo e todo o presente do conjuntivo.

[3] Há quem não o considere defectivo, conjugando-o como *dormir*.

[4] Escreve-se com acento agudo nas formas rizotónicas.

falcoar **198**
falecer **165**
falhar **275**
falir **67**
falocar **83**
falporriar **41**
falquear **250**
falquejar **99**
falsar **247**
falsear **250**
falsetear **250**
falsificar **169**
faltar **247**
familiarizar **278**
famular **212**
fanar **90A**
fanatizar **278**
fandangar **56**
fandanguear **250**
fanfar **57**
fanfarrear **250**
fanfarronar **183**
fanhosear **250**
fanicar **169**
fantasiar **41**
fantasmagorizar **278**
faquear **250**
faradizar **278**
farar **69**
fardar **264**
farejar **99**
farelar **129**
farfalhar **275**
farfantear **250**
farinar **267**
fariscar **239**
farolar **180**
farolizar **278**
farpar **264**
farpear **250**
farrapar **93**
farrear **250**
farronfear **250**
farsantear **250**
farsolar **180**
fartar **264**
fascinar **267**
fasquiar **41**
fatagear **250**
fateixar **96**
fatiar **41**
fatigar **162**
faular **248**
faulhar **248**
fautorizar **278**
favoniar **41**
favorecer **165**
favorizar **278**
faxinar **267**
fazer * **137**
febricitar **9**
fechar* **138**
fecundar **16**
fecundizar **278**
feder **167**
federalizar **278**
federar **22**
fedinchar **152**
feirar* **139**
feitiar **41**
feitorar **171**
feitorizar **278**
felicitar **9**
feltrar **195**
feminizar **278**
fender **94**
fendilhar **190**
fendrelhar **8**
fenecer **165**
feriar * **41**
ferir **206**
fermentar **265**
ferrar **125**
ferrejar **99**
ferretar **129**
ferretear **250**
ferretoar **198**
ferroar **198**
ferrolhar **293**
ferropear **250**
fertilizar **278**
fervelhar **8**
ferventar **265**
ferver **283**
fervilhar **190**
fervorar **171**
festar **111**
festejar **99**
festoar **198**
festonar **183**
fiampar **6**
fiar **41**
ficar **169**
fichar **2**
figurar **212**
filar **9**
filetar **129**
filhar **190**
filharar **61/69**
filiar **41**
filigranar **90A**
filistriar **41**
filmar **74**
filosofar **180**
filoxerar **22**
filtrar **34**
finalizar **278**
financiar **183A**
finar **267**
fincar **49**
findar **200**
finfar **200**
fingir **43**
fintar **200**
firmar **74**
fiscalizar **278**
fisgar **116**
fissurara **212**
fistular **212**
fitar **9**
fixar **15**
flabelar **129**
flagelar **129**
flagrar **245**
flambar **6**
flamear **250**
flamejar **99**
flanar **24**
flanquear **250**
flautar **118**
flautear **250**
flavescer **88**
flechar * **140**
flectir **223**
flertar **29**
flexibilizar **278**
flexionar **183**
florar **61/171**
florear **250**
florejar **99**
florescer **88**
floretear **250**
florir **67**
flostriar **41**
fluidificar **169**
fluir **82**
flutuar **259**
focalizar **278**
focar **83**

foçar 61/20
focinhar 55
foder 175
fofar 180
fofocar 83
fogachar 7
foguear 250
foguetear 250
foiçar 46
foicear 250
folgar 186
folhar 293
folhear 250
folhetear 250
folhetinizar 278
foliar 41
fomentar 265
foragir 67
forcar 119
forçar * 141
forcejar 99
forjar 85
forjicar 169
formalizar 278
formar 85
formigar 162
formiguejar 99
formilhar 190
formolizar 278
formosear 250
formosentar 265
formular 212
fornear 250
fornecer 165
fornejar 99
fornicar 169
fornir 67
forquear 250
forquilhar 190
forragear 250
forrar 180
forricar 169
fortaçar 3
fortalecer 165
fortalezar 237
fortificar 169
foscar 119
fosfatar 93
fosforar 171
fosforear 250
fosforejar 99
fosforescer 88
fosforetar 129
fosforizar 278
fossar 180
fossilizar 278
fotear 250
fotocopiar 41
fotografar 93
fatotipar 9
fototipiar 41
fouçar 235
foucear 250
fracassar 26
fraccionar 183
fracturar 212
fradar 93
fragalhotear 250
fragatear 250
fragmentar 265
fragorar 171
fraguar 28
fraguear 250
fraldar 247
fraldear 250
fraldejar 99
francear 250
francesiar 41
frangalhar 275
frangalhotear 250
franger 4
franjar 38
franquear 250
franquiar 41
franzir * 142
fraquear 250
fraquejar 99
frasear 250
frasquejar 99
fraternizar 278
fraudar 118
frautear 250
frear 250
frechar 140
fremir * 143
frenar 184
frender 94
frenesiar 41
frequentar 265
fresar 121
fretar 129
fretejar 99
friccionar 183
frigir * 144
frigorificar 169
frisar 205
fritar 9
frocar 83
froixar 199
frondar 32
frondear 250
frondejar 99
frondescer 88
frontear 250
fronteirar 139
fruir 82
frustrar 159
frutar 176
frutear 250
frutescer 88
frutificar 169
fuchicar 169
fugir * 145
fulcrar 245
fulgentear 250
fulgir 143
fulgurar 212
fulminar 267
fuloar 198
fumaçar 3
fumar * 146
fumarar 69
fumear 250
fumegar 194
fumigar 162
funambular 212
funcionar 183
fundamentar 265
fundar 16
fundear 250
fundir 75
funestar 111
fungar 71
furacar 42
furar 212
furifunar 146
furoar 198
furricar 169
furtar 51
fusionar 183
fustigar 162
futilizar 278
futricar 169
futurar 212
fuxicar 169
fuzilar 9

g

gabar 93

gabiar 41
gabionar 183
gadanhar 132
gafar 93
gafeirar 139
gafejar 99
gaguejar 99
gaiar 120
gaiatar 93
gaifonar 183
gaitear 250
gaivar 30
gaivotear 250
gajar 93
galanear 250
galantear 250
galar 93
galardoar 198
galderiar 41
galear 250
galgar 246
galhardear 250
galhofar 180
galhofear 250
galicizar 278
galimar 267
galimatizar 278
galivar 174
galonar 183
galopar 61/180
galopear 250
galopinar 267
galrar 189
galrear 250
galrejar 99
galvanizar 278
gamar 24
gananciar 183A
gandaiar 120
gandular 212
gangrenar 184
ganhar 132
ganir 61/154
garançar 91
garantir 142
garatujar 176
garavetar 129
garfar 264
garfejar 99
gargalaçar 3
gargalhar 275
gargantear 250
gargarejar 99
garimpar 163
garnear 250
garotar 180
garranchar 57
garrar 25
garrear 250
garrir 67
garrochar 180
garrotar 180
garrotear 250
garrular 212
gasalhar 275
gasear 250
gaseificar 169
gasificar 169
gaspear 250
gastar 14
gatafunhar 268
gatanhar 132
gatar 93
gatear 250
gatinhar 55
gatunar 146
gauchar 248
gauderiar 41
gaudiar 41
gavear 250
gazear 250
gazetear 250
gazofilar 9
gear 62/250
gebar 129
gebrar 195
gelar 129
gelatinizar 278
gelifazer 137
gemar 184
gemelhicar 169
gemer 277
gemicar 169
geminar 267
generalizar 278
genrear 250
gentilizar 278
genuflectir 223
gerar 22
gerecer 165
gerenciar 210
gerir 206
germanar 90A
germanizar 278
germinar 267
gessar 73
gestar 111
gesticular 212
gestionar 183
gigantear 250
gigantizar 278
gimbrar 294
gingar 285
girandolar 180
girar 269
gizar 278
gladiar 41
glamurizar 278
glomerar 22
gloriar 41
glorificar 169
glosar 21
glotorar 61/171
glutinar 267
goelar 129
goivar 199
golear 250
golejar 99
golelhar 8
golfar 255
golfejar 99
golipar 9
golpear 250
gomar 257
gomificar 169
gondolar 180
gongorizar 278
gorar 171
gorgolar 180
gorgolejar 99
gorjear 61/250
gornir 67
gosmar 147
gostar * 147
gotear 250
gotejar 99
governar * 148
governichar 2
gozar 180
gracejar 99
graçolar 180
gradar 93
gradear 250
gradecer 165
gradejar 99
gradinar 267
graduar 259
grafar 93
grafitar 9

gralhar 275
gramar 24
gramaticar 169
graminhar 55
grampar 6
grampear 250
granar 90A
granitar 9
granjear 250
granular 212
grasnar 61/14
grassar 26
grassitar 61/9
gratificar 169
gratinar 267
gratular 212
gravar 93
gravetar 129
gravidar 9
gravitar 9
graxear 250
grazinar 267
grecizar 278
greguejar 99
grelar 61/129
grelhar 8
gretar 129
grifar 9
grilar 9
grimpar 163
grinfar 61/200
gripar 9
grisalhar 275
gritar 9
grolar 180
grosar 21
grudar 176
grugulejar 61/99
gruir 61/82
grulhar 166
grumar 146
grumecer 165
grunhir 61/219
grupar 176
guaiar 120
gualdripar 9
guardar 264
guardear 250
guarecer 165
guarir 67
guarnecer 165
guarnir 290
guerrear 250
guerrilhar 190
guiar 41
guilhotinar 267
guinar 267
guinchar 152
guindar 200
guisar 205
guitarrear 250
guizalhar 275
gulaimar 30
gulapar 93
gulazar 93
gulosar 21
gulosinar 267
gungunar 146
guturalizar 278

h

habilitar 9
habitar 9
habituar 259
halogenar 184
harmonizar 278
harpar 264
harpear 250
harpejar 99
hastear 250
haurir 143
haver * 149
hebetar 129
hebraizar 18
hegemonizar 278
helenizar 278
hematosar 21
hepatizar 278
herborizar 278
herdar 29
heroicizar 278
heroificar 169
hesitar 9
hibernar 148
hidratar 93
hidrogenar 184
hidrolisar 205
hierarquizar 278
higienizar 278
hilarizar 278
hiperbolizar 278
hipertrofiar 41
hipnotizar 278
hipostasiar 41
hipotecar 192
hispanizar 278
hispidar 9
hissopar 180
historiar 41
historizar 278
holandizar 278
homenagear 250
homiliar 41
homiziar 41
homogeneizar 18
homologar 240
honestar 111
honestizar 278
honorificar 169
honrar 32
horizontalizar 278
horoscopar 180
horripilar 9
horrorizar 278
hortar 85
hospedar 129
hospitalizar 278
hostilizar 278
humanar 90A
humanizar 278
humectar 101
humedecer 165
humildar 43A
humilhar 190

i

iberizar 278
içar 64
idealizar 278
idear 250
identificar 169
idiotizar 278
idolatrar 245
idolatrizar 278
ignificar 169
ignizar 278
ignominiar 41
ignorar 171
igualar 93
ilaquear 250
ilhar 190
ilibar 9
iliçar 64
ilidir 11
iligar 162

iludir * 150
iluminar 267
ilustrar * 151
ilutar 176
imaginar 267
imanar 90A
imanizar 278
imantar 57
imaterializar 278
imbecilizar 278
imbicar 169
imbricar 169
imbuir 82
imergir[1] 105
imigrar 34
imiscuir 82
imitar 9
imitir 11
imobilizar 278
imolar 180
imortalizar 278
impacientar 265
impactar 79
impaludar 176
impar 163
imparcializar 278
impassibilizar 278
impedir 193
impelir[2] 227
impender 94
imperar 22
imperfeiçoar 198
imperializar 278
impermeabilizar 278
impermear 250
impeticar 169
impetilhar 190
impetrar 195
impingir 43
implantar 57
implementar 265
implicar 169
implodir 117
implorar 171
impontar 32
impopularizar 278
impor 203
importar 85
importunar 146
impossibilitar 9
imposturar 212
imprecar 192
impregnar 230
imprensar 196
impressionar 183
imprimir 136
improbar 180
improceder 167
improperar 22
impropriar 41
improvar 180
improvisar 205
impugnar 218
impulsar 177
impulsionar 183
impurificar 169
imputar 176
imundar 16
imunizar 278
imutar 176
inabilitar 9
inabitar 9
inalar 93
inanir 67
inaugurar 212
incamerar 22
incandescer 88
incapacitar 9
inçar 64
incardinar 267
incarnar 264
incender 94
incendiar 225
incensar 196
incentivar 174
incestar 111
inchar 152
incidentar 265
incidir 11
incinerar 22
incisar 205
incitar 9
inclinar 267
incluir 82
incoar 198
incomodar 180
incompatibilizar 278
incompletar 129
incompreender 94
incomunicar 169
inconstitucionalizar 278
incorporar 171
incorrer 84
incrassar 26
incrementar 265
increpar 129
increr 87
incriminar 267
incrustar 19
incubar 176
inculcar 262
inculpar 177
incumbir 261
incutir 150
indagar 188
indeferir 206
indemnizar 278
independer 94
indeterminar 267
indexar 27
indianizar 278
indicar 169
indiciar 183A
indigitar 9
indignar 230
indisciplinar 267
indispor 203
individualizar 278
individuar 259
indocilizar 278
indulgenciar 183A
indultar 177
indumentar 265
industrializar 278
industriar 41
indutar 176
induzir 72
inebriar 41
inerciar 210
inervar 229
inexistir 40
infamar 24
infantilizar 278
infeccionar 183

[1] Alguns autores consideram-no defectivo, atribuindo-lhe apenas as formas em que se conserva o *i* ou em que este se muda em *e*.

[2] Há quem o considere defectivo, negando-lhe a 1.ª pess. do sing. do pres. do indic. do conjuntivo. Cfr. Rocha Lima, *Gramática Normativa da Língua Portuguesa*, Rio, 1972, p. 149.

infectar 101
infecundar 16
infelicitar 9
inferiorizar 278
inferir 206
infernar 148
infernizar 278
infertilizar 278
infestar 111
infibular 212
inficionor 183
infiltrar 34
infirmar 74
infixar 15
inflacionar 183
inflamar 24
inflar 153
inflectir 223
infligir 102
influenciar 183A
influir 82
informar 85
infortunar 146
infringir 43
infrondar 32
infundir 75
ingerir 206
inglesar 121
ingredir 17
ingressar 73
ingurgitar 9
inibir 135
inicializar 278
iniciar 183A
inimistar 224
inimizar 278
injectar 101
injungir 178
injuriar 41
inocentar 265
inocular 212
inovar 180
inquietar 129
inquinar 267
inquirir 12
insalivar 174
inscrever 127
insculpir 290
inseminar 267
insensibilizar 278
inserir 206
insidiar 41
insimular 212
insinuar 259
insipidar 9
insistir 40
insolar 180
insonorizar 278
insossar 180
inspeccionar 183
inspectar 101
inspirar 269
instalar 93
instar 224
instaurar 233
instigar 162
instilar 9
institucionalizar 278
instituir 82
instruir 82
instrumentalizar 278
instrumentar 265
insubordinar 267
insuflar* 153
insular 212
insultar 177
insurgir 263
insurreccionar 183
integrar 195
inteirar 139
inteiriçar 64
intelectualizar 278
intemperar 22
intencionar 183
intender 94
intensificar 169
intentar 265
intercalar 93
interceder 167
interceptar 101
intercomunicar 159
intercorrer 84
interdepender 94
interditar 9
interdizer 107
interessar 73
interferir 206
interfoliar 41
interiorizar 278
interjeccionar 183
interligar 162
intermediar 225
intermeter 167
intermisturar 212
intermitir 11
internacionalizar 278
internar 148
interpelar 129
interpenetrar 195
interpicar 169
interpolar 180
interpor 203
interprender 94
interpresar 121
interpretar 129
interrogar 240
interromper 241
intersectar 101
interserir 206
intervalar 93
interverter 283
intervir 217
inticar 169
intimar 267
intimidar 9
intitular 212
intoxicar 169
intranquilizar 278
intricar 169
intrigar 162
intrincar 49
introduzir 72
intrometer 167
introverter 283
intrujar 176
intuir 82
intumescer 88
inturgescer 88
inumar 146
inundar 16
inutilizar 278
invadir * 154
invaginar 267
invalescer 88
invalidar 9
invectivar 174
invejar 99
invencionar 183
inventar 265
inventariar 41
invernar 148
inverter 283
investigar 162
investir 284
inveterar 22
inviabilizar 278
invidar 9
inviperar 22
invitar 9

invocar **83**
inzonar **183**
iodar **180**
ionizar **278**
iotizar **278**
ir * **155**
irar **269**
iriar **41**
irisar **205**
irizar **278**
irmanar **90A**
ironizar **278**
irradiar **41**
irrefutar **176**
irreverenciar **210**
irrigar **162**
irritar **9**
irrogar **240**
irromper **241**
irrorar* **171**
iscar **239**
isentar **265**
isocronizar **278**
isolar **180**
italianizar **278**
iterar **22**

j

jacobinizar **278**
jactanciar **183A**
jactar **79**
jacular **212**
jaezar **237**
janotar **180**
janotear **250**
jantar **57**
japonesar **121**
japonizar **278**
jardinar **267**
jarretar **129**
jaspear **250**
jazer * **156**
jejuar **259**
jeremiar **41**
jesuitizar **278**
joeirar **139**
joelhar **8**
jogar **240**
jogatar **93**
joguetar **129**
joguetear **250**
jornadear **250**
jorrar **180**
jovializar **278**
jubilar **9**
judaizar **18**
judiar **41**
judiciar **183A**
jugadar **93**
jugar **23**
jugular **212**
julgar **106**
juncar **49**
jungir[1] **178**
juntar **16**
juramentar **265**
jurar **212**
jurisdicionar **183**
justapor **203**
justar **19**
justiçar **64**
justificar **169**

l

labializar **278**
laborar **171**
labregar **194**
labrestar **111**
labutar **176**
labuzar **176**
lacar **42**
laçar **3**
lacerar **22**
laconizar **278**
lacrar **245**
lacrear **250**
lacrimejar **99**
lactar **79**
ladear **250**
ladeirar **139**
ladrar **61/245**
ladrilhar **190**
ladripar **9**
ladroar **198**
ladroeirar **139**
lagartear **250**
lagrimar **267**
lagrimejar **99**
laicificar **169**
laicizar **278**
laivar **30**
lajear **250**
lalar **93**
lambarar **69**
lambarejar **99**
lambariscar **239**
lambazar **93**
lambear **250**
lamber * **157**
lambiscar **239**
lambrizar **278**
lambuçar **112**
lambujar **176**
lambuzar **176**
lamechar **138**
lameirar **139**
lamelar **129**
lamentar **265**
laminar **267**
lampadejar **99**
lamparejar **99**
lampejar **99**
lamprear **250**
lamuriar **41**
lançar **91**
lancear **250**
lancetar **129**
lanchar **57**
lancinar **267**
langarear **250**
languescer **88**
languidescer **88**
languir **67**
lanhar **132**
lantejoular **243**
lanzoar **198**
laparotomizar **278**
lapear **250**
lapidar **9**
lapidificar **169**
lapisar **205**
laquear **250**
larachear **250**
larapiar **41**
lardear **250**
larear **250**

[1] Há quem o considere defectivo, atribuindo-lhe apenas as formas em que se conserva o *i* ou em que este se muda em *e*.

largar * 158
larguear 250
lascar 98
lassar 26
lassear 250
lastimar 267
lastrar * 159
lastrear 250
latear 250
latejar 99
lateralizar 278
latinar 267
latinizar 278
latir 61/154
latrocinar 267
laudanizar 278
laurear 250
lavajar 93
lavejar 99
lavar 93
lavorar 171
lavourar 185
lavrar 245
laxar 93
lazarar 69
lazeirar 139
lazerar 22
lealdar 247
leccionar 183
legalizar 278
legar 194
legendar 265
legislar 224
legitimar 267
legrar 195
leiloar 198
leirar 139
leitar 95
lembrar * 160
lenhar 100
lenhificar 169
lenificar 169
lenir 67
lentar 265
lentejar 99
ler * 161
lerdear 250
lesar 121
letargiar 41
letificar 169
letrear 250
levantar 57
levar 237
levedar 129
levigar 162
levitar 9
lexicografar 93
liar 41
libar 9
liberalizar 278
liberar 22
libertar 29
librar 34
librinar 62/267
licenciar 210
licitar 9
lidar 9
liderar 22
lidimar 267
ligar * 162
lignificar 169
limar 267
limitar 9
limpar* 163
linchar 152
lindar 200
linfar 200
linfatizar 278
lingar 285
linguajar 93
linguarejar 99
linimentar 265
linotipar 9
liquefazer 137
liquescer 88
liquidar 9
liquidificar 169
lismar 63
lisonjear 250
listar 224
litar 9
literatejar 99
literatizar 278
litigar 162
litigiar 41
litografar 93
livelar 129
lividescer 88
livrar 34
lixar 174
lixiviar 41
lizar 278
lobregar 194
lobrigar 162
localizar 278
locar 83
locionar 183
locomover 175
locupletar 129
lograr 65
loirear 250
loirecer 165
loirejar 99
lombiar 41
lonquear 250
lotar 180
lotear 250
louçainhar 55
louquejar 99
lourar 185
lourear 250
lourecer 165
lourejar 99
louvaminhar 55
louvar 243
luarejar 62/99
luarizar 62/278
lubricar 169
lubrificar 169
lucidar 9
lucilar 9
luciluzir 72
lucrar 153
lucubrar 153
ludibriar 41
lufar 176
lumiar 41
lurar 212
lusificar 169
lusitanizar 278
lustrar 151
lutar 176
luxar 176
luxuriar 41
luziluzir 72
luzir 72

m

macacar 42
macadamizar 278
macaquear 250
maçar 3
macerar 22
macetar 129
macetear 250
machadar 93
machear 250

machiar ... **41**
machucar ... **109**
maciar ... **41**
maçonizar ... **278**
macular ... **212**
madeficar ... **169**
madeirar ... **139**
madeixar ... **96**
madracear ... **250**
madraceirar ... **139**
madrigalizar ... **278**
madrugar ... **23**
madurar ... **212**
madurecer ... **165**
maganear ... **250**
magicar ... **169**
magnetizar ... **278**
magnificar ... **169**
magoar ... **198**
maiusculizar ... **278**
majorar ... **171**
malandrar ... **245**
malaxar ... **93**
malbaratar ... **93**
malbaratear ... **250**
malcozer ... **175**
maldiçoar ... **198**
maldispor ... **203**
maldizer ... **107**
maleabilizar ... **278**
malear ... **250**
maleficiar ... **183A**
malfadar ... **93**
malfazer ... **137**
malferir ... **206**
malgastar ... **14**
malgovernar ... **148**
malhar ... **275**
malhetar ... **129**
maliciar ... **183A**
malignar ... **230**
malinar ... **267**
malograr ... **65**
malparar ... **69**
malparir ... **154**
malquerer[1] ... **220**
malquistar ... **224**
malsinar ... **267**
maltar ... **247**
maltratar ... **93**
maluquear ... **250**
mal-usar ... **176**
malversar ... **148**
mamar ... **24**
mamparrear ... **250**
mamujar ... **176**
manar ... **90A**
mancar ... **37**
manchar ... **57**
manchear ... **250**
mancipar ... **9**
mancolitar ... **9**
mancomunar ... **146**
mancornar ... **85**
mandar ... **57**
mandingar ... **285**
mandrianar ... **90A**
mandriar ... **225**
mandrilar ... **9**
mandrionar ... **183**
manducar ... **109**
manear ... **250**
maneirar ... **139**
manejar ... **99**
mangar ... **56**
mangonar ... **183**
mangrar ... **245**
manguear ... **250**
maniatar ... **93**
manietar ... **129**
manifestar ... **111**
manilhar ... **190**
maninhar ... **55**
manipular ... **212**
manir ... **67**
manivelar ... **129**
manjar ... **38**
manobrar ... **65**
manocar ... **83**
manotear ... **250**
manquecer ... **165**
manquejar ... **99**
manquitar ... **9**
mantar ... **57**
mantear ... **250**
manter ... **81**
manufacturar ... **212**
manumitir ... **11**
manuscrever ... **127**
manusear ... **250**
maometanizar ... **278**
maprar ... **250**
maquiar ... **41**
maquiavelizar ... **278**
maquilhar ... **190**
maquinar ... **267**
maquinizar ... **278**
marafonear ... **250**
maranhar ... **132**
marar ... **69**
marasmar ... **14**
maravilhar ... **190**
marcar ... **110**
marchar ... **264**
marchetar ... **129**
marear ... **250**
marejar ... **99**
marfar ... **264**
marfolhar ... **293**
margar ... **158**
margear ... **250**
marginalizar ... **278**
marginar ... **267**
maridar ... **9**
marimbar ... **163**
marinhar ... **55**
marinheirar ... **139**
mariolar ... **180**
mariposear ... **250**
mariscar ... **239**
marlotar ... **180**
marmar ... **264**
marmorear ... **250**
marmorizar ... **278**
marombar ... **271**
marotear ... **250**
marralhar ... **275**
marrar ... **25**
marretar ... **129**
marroquinar ... **267**
marrucar ... **109**
martelar ... **129**
martelejar ... **99**
martirizar ... **278**
marujar ... **176**
marulhar ... **166**
mascar ... **98**
mascarar ... **69**
mascarrar ... **25**
mascatear ... **250**
mascavar ... **93**
mascotar ... **180**
masculinizar ... **278**

[1] O seu particípio é *malquisto* (op. *benquisto*).

massacrar 245
massajar 93
massificar 169
mastigar 162
mastrear 250
masturbar 51
matalotar 180
matar 93
matear 250
matejar 99
materializar 278
maticar 61/169
matinar 267
matizar 278
matracar 42
matraquear 250
matraquejar 99
matricular 212
matrimoniar 41
matrucar 109
maturar 212
matutar 176
maximizar 278
mazelar 129
mear 250
mecanizar 278
mechar 140
medalhar 275
mediar 225
mediatizar 278
medicamentar 265
medicar 169
medicinar 267
mediocrizar 278
medir 193
meditar 9
medrar 195
medular 212
meirinhar 55
melancolizar 278
melanizar 278
melar 129
melhorar 171
melificar 169
melifluentar 265
melindrar * 164
melodiar 41
melodizar 278
melodramar 24
melodramatizar 278
memorar 171
memoriar 41
memorizar 278
mencionar 183
mendigar 162
menear 250
menoscabar 93
menosprezar 237
menstruar 259
mensurar 212
mentalizar 278
mentir 251
mercadejar 99
mercanciar 183A
mercantilizar 278
mercar 59
mercerizar 278
mercurializar 278
merecer * 165
merendar 265
mergulhar * 166
mermar 148
mesclar 121
mesquinhar 55
messar 73
mestiçar 64
mesurar 212
metabolizar 278
metafisicar 169
metaforizar 278
metalizar 278
metamorfosear 250
meteorizar 278
meter * 167
metodizar 278
metralhar 275
metrificar 169
mexelhar 8
mexer * 168
mexericar 169
mexerucar 109
mezinhar 55
mialhar 275
miar 61/41
miasmar 14
micar 169
microgravar 93
migar 162
migrar 34
mijar 9
militar 9
militarizar 278
mimar 267
mimeografar 93
mimicar 169
mimosear 250
minar 267
mineralizar 278
minerar 22
mingar 285
minguar 28
miniaturar 212
minimizar 278
ministrar 34
minorar 171
minotaurizar 278
minuciar 183A
minudar 176
minudenciar 183A
minuir 82
minutar 176
miracular 212
mirar 269
mirificar 169
mirrar 130
miscar 239
miserar 22
missar 9
missionar 183
mistificar 169
misturar 212
mitificar 169
mitigar 162
mitrar 34
mitridatizar 278
miudar 248
miudear 250
mnemonizar 278
mobilar 9
mobiliar [1] 41
mobilizar 278
mochar 270
modalizar 278
modelar 129
moderar 22
modernizar 278
modicar 169
modificar * 169
modilhar 190
modorrar 257

[1] Variante brasileira do verbo mobilar, tem como particularidade a acentuação na silaba *-bi-*, das formas rizotónicas: *mobília, mobílias*, etc., *mobílie, mobílies*, etc..

modular ... 212
moer * ... 170
mofar ... 180
moinar ... 199
moinhar ... 55
moirar ... 185
moirejar ... 99
moldar ... 255
moldurar ... 212
molear ... 250
molecar ... 192
molequear ... 250
molestar ... 111
molhar ... 257
molificar ... 169
molinar ... 267
molinhar ... 55
monarquizar ... 278
moncar ... 242
mondar ... 32
monetizar ... 278
monoculizar ... 278
monodiar ... 41
monografar ... 93
monologar ... 240
monopolizar ... 278
monossilabar ... 93
montar ... 32
montear ... 250
monumentalizar ... 278
moquear ... 250
moralizar ... 278
morangar ... 56
morar * ... 171
morcegar ... 194
morder* ... 172
mordicar ... 169
mordiscar ... 239
mordomar ... 257
morfinizar ... 278
morigerar ... 22
mornar ... 85
morraçar ... 62/3
morrer ... 84
morrinhar ... 62/55
morsegar ... 194
mortalhar ... 275
mortificar ... 169
moscar ... 119
mosquear ... 250
mosquetear ... 250
mossegar ... 194
mostrar * ... 173
motejar ... 99
motinar ... 267
motivar * ... 174
motorizar ... 278
mourar ... 185
mourejar ... 99
mover * ... 175
movimentar ... 265
moxamar ... 24
mudar * ... 176
mugir ... 61/133
multar * ... 177
multicolorir ... 67
multiplicar ... 169
mumificar ... 169
mundificar ... 169
mungir * ... 178
municiar ... 183A
municionar ... 183
municipalizar ... 278
munir[1] ... 219
muralhar ... 275
murar ... 212
murchar ... 51
murchecer ... 165
murmulhar ... 166
murmurar ... 212
murmurejar ... 99
murmurinhar ... 55
musgar ... 106
musicar ... 169
mussitar ... 9
mutilar ... 9
mutuar ... 259

n

nacarar ... 69
nacionalizar ... 278
nadar ... 93
namorar ... 171
namoricar ... 169
namoriscar ... 239
nanar ... 90A
narcisar ... 205
narcotizar ... 278
narrar ... 25
nasalar ... 93
nasalizar ... 278
nascer * ... 179
naturalizar ... 278
nautragar ... 188
nausear ... 250
navalhar ... 275
navegar ... 194
neblinar ... 62/267
nebrinar ... 62/267
necear ... 250
necessitar ... 9
necrosar ... 180
nectarizar ... 278
negacear ... 250
negar ... 194
negativar ... 174
negligenciar ... 183A
negociar ... 210
negrejar ... 99
neurastenizar ... 278
neutralizar ... 278
nevar ... 62/129
neviscar ... 62/239
nevoar ... 62/198
nevoentar ... 62/265
nicar ... 169
nicotizar ... 278
nidificar ... 169
nigelar ... 129
nimbar ... 163
ninar ... 267
niquelar ... 129
nitrar ... 34
nitratar ... 93
nitrificar ... 169
nitrir ... 61/11
nivelar ... 129
nobilitar ... 9
nobrecer ... 165
noctambular ... 212
nodoar ... 198
nodular ... 212
noitecer ... 62/165
noivar ... 199
nomadizar ... 278
nomear ... 250
nordestear ... 250
normalizar ... 278

[1] Alguns autores consideram-no defectivo, dizendo que lha faltam as formas onde não apareça o *i* temático.

noroestear 250
nortear 250
notabilizar 278
notar * 180
noticiar 183A
notificar 169
noutecer......................62/165
novelar.......................... 129
noviciar 183A
nuançar 91
nublar 62/153
nuclear.......................... 250
nulificar 169
numerar 22
nutar 176
nutrificar....................... 169
nutrir * 181

o

obcecar 192
abdurar 212
obedecer 165
oberar 22
objectar......................... 101
objectivar...................... 174
objurgar 106
oblatar 93
obliquar 28
obliterar 22
obnubilar 9
obrar 65
obrigar 162
ob-rogar 240
obscurantizar 278
obscurecer 165
obsecrar 195
obsequiar[1] 225
observar 229
obsidiar 41
obstacular 212
obstar * 182
obstinar 267
obstipar 9
obstringir 43
obstruir 82
obtemperar 22
obter 81
obtestar 111
obtundir 75
obturar 212
obumbrar 287
obviar 41
obvir 217
ocar 83
ocasionar * 183
ocidentalizar 278
ocorrer 84
octuplicar 169
ocultar 177
ocupar 176
odiar 225
odorar 171
ofegar 194
ofender 94
oferecer 165
oferendar 265
ofertar 29
oficializar 278
oficiar * 183A
ofuscar 52
oirar 185
oirejar 99
oiricar 64
oitavar 93
ojerizar 278
oleaginar 267
olear 250
olfactar 79
olhar 293
oligarquizar 278
olvidar 9
ombrear 250
ominar 267
omitir 11
ondear 250
ondejar 99
ondular 212
onerar 22
onzenar 184
onzenear 250
opalescer 88
opalizar 278
operar 22
opiar 41
opilar 9
opinar 267
opor 203
oportunizar 278
oprimir 136
optar 180
optimizar 278
opugnar 230
opulentar 265
oracular 212
oraculizar 278
orar 171
orbitar 9
orçamentar 265
orçar 141
ordenar * 184
ordenhar 100
orear 250
orfanar 90A
organizar 278
organsinar 267
orgulhar 166
orgulhecer 165
orientalizar 278
orientar 265
originar 267
orlar 85
ornamentar 265
ornar 85
ornear 61/250
ornejar 61/99
orquestrar 195
ortigar 162
ortografar 93
orvalhar 62/275
oscilar 9
oscitar 9
oscular 212
ossificar 169
ostentar 265
ougar 44
ourar * 185
ourejar 99
ouriçar 64
ousar 243
outonar 183
outorgar * 186
ouvir * 187
ovacionar 183
ovalar 93
oxidar 9

[1] No Brasil existem as variantes rizotónicas obsequio, obsequias, obsequia, obsequiarn, obsequie, obsequies, obsequie, obsequiem. Lindley Cintra, *Nova Gramática do Português Contemporâneo*, 3.ª ed., Lx., 1986, pág. 422, diz que o mesmo se verifica em Portugal.

oxidular 212
oxigenar 184
oxitonizar 278
ozonar 183
ozonificar 169
ozonizar 278

p

pabular 212
pacificar 169
pactear 250
pactuar 259
padecer 165
padejar 99
padrar 245
padrear 250
padronizar 278
paganizar 278
pagar * 188
paginar 267
pagodear 250
pairar 30
pajear 250
palancar 37
palatalizar 278
palavrear 250
palear 250
palestrar 195
palestrear 250
palhetar 129
palhetear 250
paliar 41
palidejar 99
palificar 169
palitar 9
palmar 247
palmatoar 198
palmatoriar 41
palmear 250
palmejar 99
palmetear 250
palmilhar 190
palombar 271
palorejar 99
palpabilizar 278
palpar 247
palpitar 9
palrar* 189
palrear 250
panar 90A
pandear 250
pandegar 194
pandilhar 190
pandulhar 166
panegiricar 169
panejar 99
pangaiar 120
panificar 169
panriar 41
pantanizar 278
pantear 250
pantomimar 267
pantominar 267
papaguear 250
papar 93
paparicar 169
paparrotar 180
paparrotear 250
papear 250
papejar 99
papujar 176
parabenizar 278
parabentear 250
parabolizar 278
paracletear 250
parafinar 267
parafinizar 278
parafrasear 250
parafusar 176
paragonar 183
paragrafar 93
paralelizar 278
paralisar 205
paramentar 265
parangonar 183
paraninfar 200
parapeitar 95
parar [1] 69
parasitar 9
parasitear 250
parcelar 129
parchear 250
parcializar 278
parear 250
parecer 165
parentar 265
parentear 250
paresiar 41
parir [2] 154
parlamentar 265
parlamentarizar 278
parlamentear 250
parlapatear 250
parlar 189
parodiar 41
parolar 180
parolear 250
paroquiar 41
parrar 25
partejar 99
participar 9
particularizar 278
partilhar* 190
partir* 191
parturejar 99
parvoeirar 139
parvoejar 99
pascentar 265
pascer 179
pascoar 198
pasmacear 250
pasmar 14
pasquinar 267
passagear 250
passajar 93
passamanar 90A
passar 26
passarinhar 55
passaritar 9
passear 250
passinhar 55
passivar 174
pastar 61/14
pasteurizar 278
pastichar 2
pastinhar 55
pastorar 171
pastorear 250
pastorejar 99
pataratar 93
patarratear 250
patear 250
pategar 60
patejar 99
patentear 250

[1] A 3.ª pessoa do singular do presente do indicativo e a 2.ª do singular do imperativo têm um acento agudo.

[2] A 1.ª e a 3.ª pessoas do singular do presente do conjuntivo têm acento agudo.

patetar 129
patetear 250
patinar 267
patinhar 55
patrizar 278
patroar 198
patrocinar 267
patronear 250
patrulhar 166
patuscar 52
paulificar 169
pausar 233
pautar 233
pautear 250
pavejar 99
pavesar 121
pavimentar 265
pavonear 250
pazear 250
paziguar 28
pear 250
pecar* 192
pechinchar 152
peçonhentar 265
pedalar 93
pedantear 250
pedinchar 152
pedintar 200
pedir* 193
peganhar 132
pegar* 194
peguilhar 190
peguinhar 55
peidar 95
peitar 95
pejar 99
pejorar 171
pelar[1] 129
pelejar 99
pelidar 9
pelintrar 164
penalizar 278
penar 184
pendenciar 183A
pender 94
pendoar 198
pendular 212
pendurar 212
peneirar 139
penejar 99
penetrar* 195
penhorar 171
penicar 169
peniscar 239
penitenciar 210
pensar* 196
pensionar 183
pentear 250
penujar 176
peptonizar 278
peraltear 250
peralvilhar 190
perambular 212
perceber 167
percepcionar 183
percorrer 84
percutir 150
perder* 197
perdigotar 180
perdoar* 198
perdulariar 41
perdurar 212
perecer 165
peregrinar 267
perenizar 278
perfazer 137
perfectibilizar 278
perfeiçoar 198
perfilar 9
perfilhar 190
perfumar 146
perfurar 212
perguntar 16
periclitar 9
perifrasear 250
perigar 162
perimir 136
periodizar 278
peripatetizar 278
perjurar 212
perlar 29
perlavar 93
perlongar 214
perluzir 72
permanecer 165
permanentizar 278
permanganizar 278
permeabilizar 278
permear 250
permitir 11
permutar 176
pernear 250
pernoitar* 199
perolar 180
perolizar 278
perorar 171
peroxidar 9
perpassar 26
perpetrar 195
perpetuar 259
perquirir 12
perrear 250
perscrutar 176
perseguir 249
perseverar 22
persignar 230
persistir 40
personalizar 278
personificar 169
perspectivar 174
perspirar 269
persuadir 154
pertencer 280
pertentar 265
perturbar 51
pernar 259
pervagar 188
perverter 283
pesar 121
pescar 59
pesgar 282
pespegar 194
pespontar 32
pespontear 250
pesquisar 205
pessoalizar 278
pestanear 250
pestanejar 99
pestiferar 22
petar 129
petardar 264
petardear 250
petegar 194
petequear 250
peticionar 183
petiscar 239
petitar 9
petrarquizar 278
petrechar 138
petrificar 169

[1] Levam acento agudo as três pessoas do singular do presente do indicativo (*pélo, pélas, péla*) e a 2.ª do singular do imperativo (*péla*).

petrolizar 278
pezunhar 268
pianizar 278
piar 41
picar 169
pichar 2
picotar 180
pifar 9
pigarrar 25
pigarrear 250
pigmentar 265
pilar 9
pilhar 190
pilotar 180
pilotear 250
pimpar 163
pimpolhar 293
pimponar 183
pimponear 250
pinar 267
pinçar 64
pincelar 129
pinchar 152
pindarizar 278
pingar 285
pinicar 169
pinotear 250
pintainhar 55
pintalgar 246
pintar * 200
piolhar 293
piorar 171
pipiar 61/41
pipilar 61/9
pipitar 61/9
pipocar 83
piquetar 129
piquetear 250
pirangar 56
pirar 269
piratear 250
pirilampejar 99
piriricar 169
pirocar 83
pirogravar 93
pirotecnizar 278
pirraçar 3
piruetar 129
pisar 205
piscar 239
pisoar 198
pisotear 250
pissitar 61/9
pistar 61/224
pitadear 250
pitar 9
placar 42
plagiar 41
planar 90A
planear 250
planejar 99
planger 4
planificar 169
planizar 278
plantar 57
plasmar 14
plasticizar 278
plastificar 169
platinar 267
platonizar 278
plebeizar 18
plebiscitar 9
pleitear 250
plenificar 169
pletorizar 278
plicar 169
plissar 130
plumar 146
plumbear 250
pluralizar 278
plutarquizar 278
podar 180
poder * 201
podometrar 195
poetar 129
poetizar 278
poisar 243
poitar 199
pojar 21
polarizar 278
polear 250
polemicar 169
polemizar 278
policiar 183A
polimerizar 278
polinizar 278
polir * 202
politicar 169
politizar 278
poltronear 250
poluir 82
polvilhar 190
polvorizar 278
pombear 250
pombeirar 139
pomificar 169
pompear 250
ponderar 22
pontaletar 129
pontapear 250
pontar 32
pontear 250
ponticular 212
pontificar 169
pontilhar 190
pontoar 198
pontuar 259
popocar 83
popularizar 278
pôr * 203
porejar 99
porfender 94
porfiar 41
porfirizar 278
pormenorizar 278
pornografar 93
portar 85
portear 250
portugalizar 278
portuguesar 121
posar 180
pós-datar 93
pós-graduar 259
posicionar 183
positivar 174
pospor 203
possibilitar 9
possuir 82
postar 147
postejar 99
postergar 282
posterizar 278
postilar 9
postular 212
posturar 212
potenciar 183A
poupar 243
pousar 243
poutar 243
povoar 198
pracear 250
pracejar 99
pradejar 99
praguejar 99
pranchar 57
pranchear 250
prantar 57
prantear 250
pratear 250

pratejar 99
praticar 169
prazentear 250
prazer[1] 33
preadivinhar 55
prealegar 194
preambular 212
preanunciar 183A
prear 250
prebendar 265
precantar 57
precatar 93
precaucionar 183
precautelar 129
precaver * 204
preceder 167
preceituar 259
precingir 43
precintar 200
precipitar 9
precisar * 205
precogitar 9
preconceber 167
preconizar 278
pré-datar 93
predefinir 136
predestinar 267
predeterminar 267
predicamentar 265
predicar 169
predispor 203
predizer 107
predominar 267
preencher 113
preestabelecer 165
preexistir 40
prefabricar 169
prefaciar 183A
preferir * 206
prefigurar 212
prefinir 136
prefixar 15
prefulgir 263
prefulgurar 212
pregar 194
pregar * 207
pregoar 198
preguear 250
preguiçar 64
pregustar 19
pré-imaginar 267
preitear 250
preitejar 99
prejudicar 169
prejulgar 105
prelaciar 183A
preleccionar 183
prelevar 237
prelibar 9
preludiar 41
preluzir 72
premar 184
premeditar 9
premer 277
premiar[2] 225
premir * 208
premunir 219
prendar 265
prender 94
prenomear 250
penominar 267
prenotar 180
prensar 196
prenunciar 183A
preocupar 176
preopinar 267
preordenar 184
preparar 69
preponderar 22
prepor 203
preposterar 22
prerromper 241
presar 121
prescindir * 209
prescrever 127
presenciar * 210
presentar 265
presentear 250
preservar 229
presidiar 41
presidir 11
presigar 162
presilhar 190
pressagiar 41
pressentir 251
pressionar 183
pressupor 203
prestacionar 183
prestar 111
prestigiar 41
presumir 234
pretejar 99
pretender 94
preterir 206
pretermitir 11
pretextar 95
prevalecer 165
prevaricar 169
prevenir * 211
prever 281
previver 288
prezar 237
primar 267
primaverar 22
principiar 41
priorizar 278
privar 174
privatizar 278
privilegiar 41
proar 198
probabilizar 278
problematizar 278
proceder 167
processar 73
proclamar 24
proclinar 267
procrastinar 267
procriar 41
procumbir 261
procurar * 212
prodigalizar 278
prodigar 162
produzir 72
proejar 99
proemiar 41
proeminar 267
profanar 90A
proferir 206
professar 73
profetizar 278
profissionalizar 278
profligar 162
profundar 16
prognosticar 169

[1] Impessoal: emprega-se apenas nas 3.as pessoas do singular.

[2] A língua culta do Brasil admite as formas *premio, premias, premia, premiam, premie, premies*, etc. e *premia*, Lindley Cintra diz que tais formas também se usam em Portugal, *Nova Gramática do Port. Contemporâneo*, 3.ª ed., Lx., 1986, p. 422.

programar 24
programatizar 278
progredir 17
proibir * 213
projectar 101
proletarizar 278
proliferar 22
prolificar 169
prologar 240
prolongar * 214
promanar 90A
prometer 167
promiscuir 82
promover 175
promulgar 106
pronominar 267
prontificar 169
pronunciar 183A
propagandear 250
propagar 188
propalar 93
propelir 227
propender 94
propiciar 183A
propinar 267
propolisar 205
propor 203
proporcionar 183
propugnar 218
propulsar 177
propulsionar 183
prorrogar 240
prorromper 241
proscrever 127
prosear 250
prospectar 101
prosperar 22
prosseguir 249
prosternar 148
prostituir 82
prostrar 173
protagonizar 278
proteger * 215
protelar 129
protestantizar 278
protestar 111
protocolizar 278
protrair 260
provar 180
prover * 216
proverbiar 41
providenciar 210
provincianizar 278
provir * 217
provisionar 183
provocar 83
pruir 82
prumar 146
prurir 219
prussianizar 278
psicanalisar 205
psicandizar 278
psicografar 93
pubescer 88
publicar 169
publicitar 9
puerilizar 278
pugilar 9
pugnar * 218
puir[1] 82
pujar 176
pular 212
pulsar 177
pulsear 250
pulular 212
pulverizar 278
puncionar 183
punçoar 250
pungir 178
punir * 219
pupilar 61/9
purgar 106
purificar 169
purpurar 212
purpurear 250
purpurejar 99
purpurizar 278
putrefazer 137
putrificar 169
puxar 176

q

quadrar 245
quadricular 212
quadrupedar 129
quadruplar 153
quadruplicar 169
qualificar 169
quantiar 41
quantificar 169
quarentar 265
quarentenar 184
quaresmar 111
quartapisar 205
quartar 264
quartear 250
quartejar 99
quartilhar 190
quebrantar 57
quebrar 195
quedar 129
queijar 95
queimar 95
queixar 96
quentar 265
querelar 129
querenar 184
querer * 220
questionar 183
quezilar 9
quibandar 57
quietar 129
quilatar 93
quilhar 190
quilificar 169
quilometrar 195
quimerizar 278
quimificar 169
quinar 267
quinchar 152
quinhoar 198
quintar 200
quintuplicar 169
quitandar 57
quitar 9
quizilar 9
quotizar 278

r

rabanar 90A
rabanear 250
rabear 250
rabejar 99
rabequear 250
rabiar 41
rabiscar 239

[1] Alguns autores dizem que não usa na 1.ª pessoa do presente do indicativo nem no presente do conjuntivo.

rabotar 180
rabujar 176
rabular 212
rabunar 146
racemizar 278
rachar 7
rachear 250
raciocinar 267
racionalizar 278
racionar 183
raçoar 198
radiar 41
radicar 169
radicalizar 278
radiemitir 11
radiodifundir 75
radioemitir 11
radiofundir 75
radiografar 93
rafar 93
rafiar 41
raiar 120
raivar 30
raivecer 165
raivejar 99
rajar 93
ralar 93
ralear 250
ralentar 265
ralhar 275
ramalhar 275
ramificar 169
rampear 250
rançar 91
rancescer 88
ranger 4
ranguinhar 55
ranhar 132
rapar 93
rapinar 267
rapinhar 55
raposar 257
raposinhar 55
raptar 79
rarear 250
rarefazer 137
rasar 58
rascar 98
rascunhar 268
rasgar 116
rasourar 185
raspançar 91
raspar 14
raspinhar 55
rastear 250
rasteirar 139
rastejar 99
rastelar 129
rastilhar 190
rastolhar 293
rastrear 250
rastrejar 99
rasurar 212
ratar 93
ratazanar 90A
ratear 250
ratificar 169
ratinar 267
ratinhar 55
ratonar 183
ratonear 250
ravinar 267
raziar 41
razoar 198
reabancar 37
reabastecer 165
reabilitar 9
reabituar 259
reabraçar 3
reabrir 5
reabsorver 231
reacender 94
reachar 7
reacomodar 180
readormecer 165
reactivar 174
reactualizar 278
reacusar 176
readaptar 79
readrnitir 11
readoptar [1] 180
readquirir 12
reafirmar 74
reagir * 221
reagradecer 165
reagravar 93
reagrupar 176
reajoelhar 8
reajustar 19
realçar 54
realegrar 195
realentar 265
realimentar 265
realinhar 55
realistar 224
realizar 278
reamanhecer 62/165
reandar 57
reanimar 267
reaparecer 165
reaparelhar 8
reapertar 29
reaplicar 169
reapoderar 22
reapossar 180
reapreciar 183A
reaprender 94
reapresentar 265
reaproximar 267
rearborizar 278
rearmar 264
reascender 94
reassegurar 212
reassenhorear 250
reassinar 267
reassumir 234
reatar 93
reatentar 265
reatestar 111
reatiçar 64
reavaliar 41
reaver * 222
reaviar 41
reavisar 205
reavistar 224
reavivar 174
rebaixar 45
rebanhar 45
rebalsar 247
rebanhar 132
rebaptizar 278
rebarbar 264
rebarbarizar 278
rebater 47
rebeijar 95
rebelar 129
rebelionar 183
rebentar 265
rebitar 9
reboar 198
rebobinar 267
rebocar 83
rebolar 180

[1] Com vocalismo rizotónico idêntico ao de notar, possui um *p* antes do *t* em todas as formas.

rebolear 250
rebombar 62/271
reboquear 250
reborar 171
rebordar 85
rebotar 180
rebramar 24
rebranquear 250
rebrilhar 190
rebrotar 180
rebuçar 112
rebulhar 166
rebulir 50
rebuscar 52
rebusnar 19
recachar 7
recadar 93
recadear 250
recair 260
recalcar 110
recalcificar 169
recalcitrar 34
recalcular 176
recaldear 250
recamar 24
recambiar 41
recanalizar 278
recantar 57
recapitular 212
recapturar 212
recarbonatar 93
recargar 158
recarregar 194
recasar 58
recatar 93
recativar 174
recauchutar 176
recavar 93
recear 250
receber 167
receitar 95
recenar 184
recender 94
recensear 250
recepcionar 183
receptar 101
rechaçar 3
rechapar 93
rechear 250
rechegar 60
rechiar 41
rechinar 267
recidivar 174
reciclar 9
recingir 43
recintar 200
reciprocar 83
recitar 9
reclamar 24
reclinar 267
recluir 82
recobrar 65
recobrir 66
recogitar 9
recoitar 199
recolar 180
recolher 126
recolocar 83
recolonizar 278
recoltar 255
recombinar 267
recomeçar 68
recomendar 265
recomer 126
recompensar 196
recompilar 9
recompor 203
recomprar 70
reconcentrar 122
reconcertar 29
reconciliar 41
recondicionar 183
reconduzir 72
reconfessar 73
reconfortar 85
recongraçar 3
reconhecer 165
reconquistar 224
reconsagrar 245
reconsertar 29
reconsiderar 22
reconsolidar 9
reconsorciar 183A
reconstituir 82
reconstruir 77
reconsultar 177
recontar 32
recomtemplar 80
recontratar 93
reconvalescer 88
reconversar 29
reconverter 283
reconvir 217
recopiar 41
recopilar 9
recordar 85
recoroar 198
recorrer 84
recortar 85
recoser 86
recostar 147
recovar 180
recozer 175
recravar 93
recrear 250
recrescer 88
recrestar 111
recriar 41
recriminar 267
recristianizar 278
recrudescer 88
recrutar 176
recruzar 176
rectificar 169
recuar 259
recultivar 174
recumbir 261
recunhar 268
recuperar 22
recurvar 51
recusar 176
redar 92
redarguir 36
redecretar 129
redefinir 136
redemoinhar 55
redescender 94
redescer 88
redescontar 32
redestilar 9
redibir 135
redigir 102
redimensionar 183
redimir 136
redintegrar 195
redireccionar 183
redistribuir 82
redizer 107
redobrar 65
redoiçar 46
redoirar 185
redondear 250
redopiar 41
redouçar 235
redourar 185
redrar 195
redundar 16
reduplicar 169
reduzir 72

reedificar 169
reeditar 9
reeducar 109
reelaborar 171
reeleger 215
reembarcar 110
reembolsar 256
reemendar 265
reemergir 105
reemigrar 34
reemitir 11
reempossar 180
reempregar 194
reemprestar 111
reencaixar 45
reencarcerar 22
reencarnar 264
reencetar 129
reencher 113
reencontrar 114
reencorporar 171
reendireitar 95
reenfiar 41
reenrolar 180
reensaiar 120
reensinar 267
reenterrar 125
reentrar 122
reentregar 194
reenviar 41
reenvidar 9
reequipar 9
reerguer 124
reescalonar 183
reescrever 127
reesperar 22
reestabilizar 278
reestimular 212
reestudar 176
reeuropeizar 18
reexaminar 267
reexistir 40
reexpedir 193
reexperimentar 265
reexplicar 169
reexpor 203
reexportar 85
refalsar 247
refalsear 250
refartar 264
refastelar 129
refazer 137
refecer 165
refechar 138
refecundar 16
refegar 194
refender 94
refentar 265
referenciar 210
referendar 265
referir 206
refermentar 265
referrar 125
refertar 29
referver 283
refestelar 129
refiar 41
refilar 9
refilhar 190
refilmar 74
refinar 267
refincar 49
refirmar 74
reflectir * 223
reflexionar 183
reflorescer 88
reflorestar 111
reflorir 67
refluir 82
reflutuar 259
refocilar 9
refogar 240
refolhar 293
reforçar 141
reforjar 85
reformar 85
reformular 212
refornecer 165
refortalecer 165
refortificar 169
refractar 79
refranger 4
refrangir 221
refrear 250
refregar 194
refrescar 59
refrigerar 22
refritar 9
refrondescer 88
refrulhar 166
refugar 23
refugiar 41
refugir 145
refulgir 263
refundar 16
refundir 75
refusar 176
refustar 19
refutar 176
regaçar 3
regalar 93
regalardoar 198
regalvanizar 278
regambolear 250
reganhar 132
regar 194
regatar 93
regatear 250
regatinhar 55
regelar 129
regenerar 22
reger 215
regerar 22
regimentar 265
regirar 269
registar * 224
regoar 198
regorjear 61/250
regougar 61/44
regozijar 9
regrar 195
regraxar 93
regredir 17
regressar 73
reguingar 285
regulamentar 265
regular 212
regularizar 278
regurgitar 9
reificar 169
reimergir 105
reimpelir 227
reimplantar 57
reimportar 85
reimprimir 136
reinar 95
reinaugurar 212
reincidir 11
reincitar 9
reincorporar 171
reinfeccionar 183
reinflamar 24
reinfundir 75
reingressar 73
reiniciar 183A
reinquirir 12
reinscrever 127
reinsistir 40
reinstalar 93

reinstaurar **233**
reinstituir **82**
reinsurgir **263**
reintegrar **195**
reinterseptar **101**
reinterpretar **129**
reinventar **265**
reintroduzir **72**
reinvestir **284**
reinvocar **83**
reiterar **22**
reivindicar **169**
rejeitar **95**
rejubilar **9**
rejuntar **16**
rejurar **212**
rejuvenescer **88**
relacionar **183**
relacrar **245**
relamber **157**
relampadejar **62/99**
relampaguear **62/250**
relampar **62/6**
relampear **62/250**
relampejar **62/99**
relançar **91**
relancear **250**
relar **129**
relatar **93**
relaxar **93**
relegar **194**
releixar **96**
relembrar **160**
reler **161**
relevar **237**
relhar **8**
relicitar **9**
religar **162**
relimar **267**
relinchar **61/152**
relingar **285**
relinquir[1] **36**
relotear **250**
reloucar **274**
relouquear **250**
relutar **176**
reluzir **72**
relvar **229**
remagnetizar **278**
remanchar **57**
remandar **57**
remanejar **99**
remanescer **88**
remangar **56**
remansear **250**
remar **184**
remarcar **110**
remarchar **264**
remaridar **9**
remartelar **129**
remascar **98**
remastigar **162**
rematar **93**
remedar **129**
remediar * **225**
remedir **193**
remelar **129**
rememorar **171**
remendar **265**
remenicar **169**
remerecer **165**
remergulhar **166**
remessar **73**
remeter **167**
remexer **168**
remigrar **34**
reminar **267**
remineralizar **278**
remir[2] * **226**
remirar **269**
remitir **11**
remobilar **9**
remocar **83**
remoçar **20**
remodelar **129**
remoer **170**
remoinhar **55**
remolhar **257**
remondar **32**
remontar **32**
remoquear **250**
remorar **171**
remorder **172**
remover **175**
remudar **176**
remugir **61/133**
remunerar **22**
remurmurar **212**
remurmurejar **99**
renacionalizar **278**
renascer **179**
renavegar **194**
rendar **265**
render **94**
rendilhar **190**
renegar **194**
renegociar **210**
renetar **129**
renhir[3] **67**
renitir **11**
renomear **250**
renovar **180**
rentar **265**
rentear **250**
renuir **82**
renunciar **183A**
renzilhar **190**
reocupar **176**
reordenar **184**
reorganizar **278**
reorientar **265**
reouvir **187**
reoxidar **9**
repagar **188**
repaginar **267**
reparar **69**
repartir **191**
repassar **26**
repastar **14**
repatriar **41**
repavimentar **265**
repegar **194**
repelar **129**
repelir **227**
repenicar **169**
repensar **196**
repercorrer **84**
repercutir **150**
reperder **197**
reperguntar **16**
repesar **121**

[1] Ver nota em *delinquir*.

[2] Só se usa nas formas em que se mantém o *i*, sendo as outras formas substituídas pelas do verbo *redimir*.

[3] Apesar de, normalmente, se usar apenas nas formas arrizotónicas, Camilo empregou *rinhem* em «A Bruxa do Monte Córdova».

repetir * 227
repicar 169
repimpar 163
repinchar 152
repintar 200
repiquetar 129
repisar 205
replainar 30
replantar 57
repletar 129
replicar 169
repoisar 199
repolegar 194
repolhar 293
repoltrear 250
repontar 32
repor 203
reportar 85
repossuir 82
repostar 147
repotrear 250
repousar 243
repovoar 198
repreender 94
repregar 194
reprender 94
represar 121
representar 265
representear 250
reprimir 136
reprincipiar 41
reproduzir 72
reprofundar 16
reprometer 167
reprovar 180
reprover 216
repruir 82
reptar 101
republicanizar 278
republicar 169
repudiar 41
repugnar 218
repulsar 177
repulular 212
repungir 178
repurgar 106
repurificar 169
reputar 176
repuxar 176
requebrar 195
requeimar 95
requentar 265
requerer * 228
requestar 111
requintar 200
requisitar 9
rer[1] 16
rescaldar 247
rescender 94
rescindir 209
rescrever 127
resenhar 100
reservar * 229
resfolegar 194
resfolgar 186
resfriar 41
resgatar 93
rèsguardar 264
residir 11
resignar 230
resinar 267
resinificar 169
resistir 40
reslumbrar 287
resmonear 250
resmungar 71
resolver * 231
respaldar 247
respançar 91
respeitar 95
respigar 162
respingar 285
respirar 269
resplandecer 165
resplendecer 165
resplender 94
responder * 232
responsabilizar 278
responsar 32
respostar 147
ressaber 244
ressabiar 41
ressaborear 250
ressacar 42
ressair 260
ressalgar 246
ressaltar 247
ressaltear 250
ressalvar 247
ressangrar 245
ressarcir[2] 191
ressaudar 248
ressecar 192
ressegar 194
ressegurar 212
resselar 129
ressemear 250
ressentir 251
ressequir 67
resserenar 184
resservir 253
ressicar 169
ressoar 198
ressobrar 65
ressoldar 255
ressonar 257
ressoprar 65
ressorver 231
ressuar 259
ressubir 50
ressublimar 267
ressudar 176
ressulcar 262
ressumar 146
ressumbrar 287
ressupinar 267
ressurgir 263
ressurtir 290
ressuscitar 9
restabelecer 165
restampar 6
restar 111
restaurar 233
restelar 129
restilar 9

[1] Parece tratar-se dum verbo defectivo. Leite de Vasconcelos, *Rev. Lusitana*, IV, p. 132, diz não saber «se *rer* se emprega em todos os tempos; além do infinitivo, usa-se, porém, pelo menos o particípio *rendo* e *rido*». Registámos várias frases com o infinitivo *raer* — forma intermédia entre *rer* e o latim *radere*.

[2] Na 1.ª pessoa do singular do presente do indicativo e no presente do conjuntivo grafa-se *ç* em vez de *c*.

restinguir 104
restituir 82
restivar 174
restolhar 293
restribar 9
restringir 43
restrugir 133
restucar 109
resultar 177
resumir* 234
resvalar 93
retacar 42
retalhar 275
retaliar 41
retanchar 57
retardar 264
reteimar 95
retelhar 8
retemperar 22
reter 81
retesar 121
retesiar 41
reticenciar 183A
retilintar 200
retingir 43
retinir 136
retirar 269
retocar 83
retomar 270
retorcer 272
retoricar 169
retornar 85
retorquir[1] 67
retostar 147
retoucar 274
retouçar * 235
retovar 180
retraçar 3
retractar 79
retraduzir 72
retrair 260
retramar 24
retrancar 37
retrançar 91
retransmitir 11
retratar 93
retravar 93
retrazer 276
retremer 277
retribuir 82
retrilhar 190
retrincar 49
retroagir 221
retroar 198
retrocar 83
retroceder 167
retrodatar 93
retrogradar 93
retropedalar 93
retrosseguir 249
retrotrair 260
retrovender 94
retroverter 283
retrucar 109
retumbar 296
retundir 75
reunificar 169
reunir * 236
reurbanizar 278
revacinar 267
revalidar 9
revalorizar 278
revelar 129
revelir 67
revender 94
revenerar 22
revenir 211
rever 281
reverberar 22
reverdecer 165
reverdejar 61/99
reverenciar 210
reverificar 169
reversar 29
reverter 283
revessar 73
revestir 284
revezar 237
revibrar 34
reviçar 64
revidar 9
revigorar 171
revingar 285
revir 217
revirar 269
revirginizar 278
revisar 205
revisitar 9
revistar 224
revitalizar 278
reviver 288
revivescer 88
revivificar 169
revoar 198
revocar 83
revogar 240
revolitar 9
revoltar 255
revoltear 250
revolucionar 183
revolutear 250
revolver 231
revulsar 177
rezar * 237
rezingar 285
ribaldar 247
ribombar 62/271
riçar 64
ricochetear 250
ridicularizar 278
ridiculizar 278
rifar 9
rilhar 190
rimalhar 275
rimar 267
rinchar 61/152
rinchavelhar 8
ripar 9
ripostar 147
rir * 238
riscar * 239
ritmar 267
rivalizar 278
rixar 174
rizar 278
roborar 171
roborizar 278
robustecer 165
roçagar 188
rocar 83
roçar 20
rocegar 194
rociar 62/41
rodar 180
rodear 250
rodilhar 190
rodomoinhar 55
rodopiar 41
rodrigar 162
roer 170

[1] Há quem não o considere defectivo (R. Sá Nogueira — *returco*, etc.) e quem o considere defectivo apenas na 1.ª pessoa do singular do presente do indicativo e no presente do conjuntivo.

rogar * 240
rojar 21
rolar 180
roldar 255
roldear 250
rolhar 257
roliçar 64
romancear 250
romanizar 278
romantizar 278
romper * 241
roncar * 242
roncear 250
rondar 32
rondear 250
ronquear 250
ronquejar 99
ronronar 61/270
rorejar 99
rosar 180
roscar 119
rosnar 61/147
rosquear 250
rotar 180
rotativar 174
rotear 250
roteirizar 278
rotular 212
roubar * 243
rouçar 235
roufenhar 100
roupar 243
rouquejar 99
roussar 243
rouxinolear 250
roxear 250
rubejar 99
rubescer 88
rubificar 169
ruborescer 88
ruborizar 278
rubricar 169
ruçar 112
rufar 176
rufiar 41
ruflar 153
rugar 23
rugir 61/133
ruir[1] 82
rumar 146
ruminar 267
rumorejar 99
ruralizar 278
rusgar 106
russificar 169
rusticar 169
rustificar 169
rutilar 9

S

sabadear 250
sabatinar 267
sabatizar 278
saber * 244
sabichar 2
saborear 250
sabotar 180
sabujar 176
sacanear 250
sacar 42
saçaricar 169
sacarificar 169
sachar 7
sacholar 180
saciar 183A
sacolejar 99
sacralizar 278
sacramentar 265
sacrificar 169
sacudir 10
safar 93
sagrar * 245
sair 260
salariar 41
saldar 247
salgar * 246
salientar 265
salificar 169
salinar 267
salitrar 34
salitrizar 278
salivar 174
salmear 250
salmejar 99
salmodiar 41
salmourar 185
salpicar 169
salpimentar 265
salpresar 121
saltar * 247
saltaricar 169
saltarilhar 190
saltarinhar 55
saltear 250
saltitar 9
salubrificar 169
salubrizar 278
saludar 176
salvaguardar 264
salvar 247
sambar 6
sambarcar 110
sambenitar 9
sampar 6
sanar 90A
sancionar 183
sandejar 99
sanduichar 2
sanear 250
sanfonar 183
sanfoninar 267
sangrar 245
sanguificar 169
sanicar 169
sanificar 169
sanjar 38
sanquitar 9
santificar 169
santigar 162
sapar 93
sapatear 250
sapecar 192
sapejar 99
saponificar 169
sapremar 184
saquear 250
sarabandear 250
saracotear 250
saraivar 62/45
sarandear 250
sarandilhar 190
sarapantar 57
sarapintar 200
sarar 69
sarfar 264
sargentear 250
sarilhar 190
sarjar 264

[1] Alguns autores dizem faltar-lhe a 1.ª pessoa do presente do indicativo e todo o presente do conjuntivo.

sarnir 67
sarpar 264
sarrabiscar 239
sarrafaçar 3
sarrafar 93
sarrafear 250
sarrazinar 267
sassar 26
satanizar 278
satirizar 278
satisdar 224
satisfazer 137
satrapear 250
saturar 212
saudar * 248
sazoar 198
sazonar 183
secar 192
seccionar 183
secretariar 41
secularizar 278
secundar 16
sedar 129
sedear 250
sedimentar 265
seduzir 72
segar 194
segmentar 265
segredar 129
segregar 194
seguir * 249
segundar 16
segurar 212
seitar 95
seivar 95
selar 129
seleccionar 183
selectar 101
semear * 250
semelhar 8
semicerrar 125
semiviver 288
semostrar 173
senhorear 250
sensibilizar 278
sensificar 169
sensualizar 278
sentar 265
sentenciar 210
sentimenta!izar 278
sentir * 251
separar 69
septuplicar 169
sepultar 177
sequestrar 195
ser * 252
seramangar 56
seranzar 291
serenar 184
seriar 41
serigaitar 30
seringar 285
sermonar 183
sermonear 250
seroar 198
serpear 250
serpejar 99
serpentar 265
serpentear 250
serralhar 275
serrar 125
serrazinar 267
serrear 250
serrilhar 190
serroiar 180
servilizar 278
servir * 253
sesmar 111
sessar 73
sestear 250
sevandijar 9
sevar 129
severizar 278
seviciar 183A
sextavar 93
sextuplicar 169
sexualizar 278
sezoar 198
siar 41
sibaritar 9
sibilantizar 278
sibilar 9
sibitar 9
sifilizar 278
siflar 153
sigilar 19
significar 169
silabar 93
silenciar 183A
silogizar 278
silvar 74
simbolizar 278
simetrizar 278
simpatizar 278
simplificar 169
simular 212
sinalar 93
sinalizar 278
sinapizar 278
sincopar 180
sincretizar 278
sincronizar 278
sindicalizar 278
sindicar 169
sinetar 129
sinfonizar 278
singrar 164
singularizar 278
sinonimar 267
sinonimizar 278
sinoptizar 278
sintetizar 278
sintomatizar 278
sintonizar 278
sisar 205
sistematizar 278
sitiar 41
situar 259
soabrir 5
soalhar 275
soar 198
sobalçar 54
sobejar 99
soberanizar 278
sobestar 131
soborralhar 275
sobpear 250
sobpor 203
sobraçar 3
sobradar 93
sobrancear 250
sobrar 65
sobrasar 58
sobreabundar 16
sobreaguar 28
sobrealimentar 265
sobreavisar 205
sobreazedar 129
sobrecarregar 194
sobrechegar 60
sobrecoser 86
sobredourar 185
sobreerguer 124
sobreexaltar 247
sobreexceder 167
sobreexcitar 9
sobre-humanizar 278
sobreimpor 203
sobreintender 94

sobreir ... **155**
sobreirritar ... **9**
sobrelevar ... **129**
sobreluzir ... **72**
sobremaravilhar ... **190**
sobrenadar ... **93**
sobrenaturalizar ... **278**
sobrenomear ... **250**
sobrenutrir ... **181**
sobreolhar ... **293**
sobrepairar ... **30**
sobrepensar ... **196**
sobrepesar ... **121**
sobrepor ... **203**
sobrepovoar ... **198**
sobrepratear ... **250**
sobrepujar ... **176**
sobrerrestar ... **111**
sobrerroldar ... **255**
sobrerrondar ... **32**
sobrescrever ... **127**
sobrescritar ... **9**
sobresperar ... **22**
sobressair ... **260**
sobressaltar ... **247**
sobressaltear ... **250**
sobressarar ... **69**
sobressaturar ... **212**
sobressemear ... **250**
sobresser ... **252**
sobressolar ... **180**
sobrestar ... **131**
sobrestimar ... **267**
sobretecer ... **165**
sobrevestir ... **284**
sobrevigiar ... **41**
sobrevir ... **217**
sobreviver ... **288**
sobrevoar ... **198**
sob-rojar ... **21**
socalcar ... **110**
socar ... **83**
socavar ... **93**
sochantrear ... **250**
sociabilizar ... **278**
socializar ... **278**
sociar ... **183A**
soçobrar ... **65**
socorrer ... **84**
socratizar ... **278**
sodomizar ... **278**
soer[1] ... **204/170**
soerguer ... **124**
sofismar ... **63**
sofisticar ... **169**
sofraldar ... **247**
sofrear ... **250**
sofrer * ... **254**
sogar ... **240**
solapar ... **93**
solar ... **180**
solavancar ... **37**
soldar * ... **255**
solenizar ... **278**
soletrar ... **195**
solevantar ... **57**
solevar ... **129**
solfar ... **255**
solfejar ... **99**
solhar ... **257**
solicitar ... **9**
solidar ... **9**
solidarizar ... **278**
solidificar ... **169**
soliloquiar ... **41**
solinhar ... **55**
solmizar ... **278**
soltar * ... **256**
solubilizar ... **278**
solusar ... **112**
solucionar ... **183**
solver ... **231**
somar * ... **257**
sombrear ... **250**
sombrejar ... **99**
sondar ... **32**
sonegar ... **194**
sonetar ... **129**
sonetear ... **250**
sonhar * ... **258**
sonorizar ... **278**
sopapear ... **250**
sopear ... **250**
sopegar ... **194**
sopesar ... **121**
sopetear ... **250**
sopiar ... **41**
sopitar ... **9**
sopontar ... **32**
soporizar ... **278**
soprar ... **65**
sopresar ... **121**
soquear ... **250**
soqueixar ... **96**
soquetear ... **250**
sorar ... **171**
sornar ... **85**
sorrabar ... **93**
sorrascar ... **98**
sorrir ... **238**
sortear ... **250**
sortir ... **202**
sorvar ... **85**
sorver ... **172**
sossegar ... **194**
sotaquear ... **250**
sotaventar ... **265**
soterrar ... **125**
sotopor ... **203**
sotrancar ... **37**
sovar ... **180**
sovelar ... **129**
soverter ... **283**
sovietizar ... **278**
sovinar ... **267**
suadir ... **154**
suar* ... **259**
suavizar ... **278**
subalimentar ... **265**
subalternar ... **148**
subalternizar ... **278**
subalugar ... **23**
subarrendar ... **265**
subastar ... **14**
subavaliar ... **41**
subdelegar ... **194**
subdirigir ... **102**
subdistinguir ... **104**
subdividir ... **11**
subemprazar ... **93**
subenfiteuticar ... **169**
subentender ... **94**
suberificar ... **61/169**
suberizar ... **61/278**
subestimar ... **267**
subfretar ... **129**
sub-hastar ... **14**
subintender ... **94**
subir ... **50**
subjectivar ... **174**

[1] O presente do indicativo é: *sóis, sói, soemos, soeis, soem.*

subjugar 23
sublevantar 57
sublevar 129
sublimar 267
sublinhar 55
sublocar 83
submergir[1] 105
submeter 167
subministrar 34
subnegar 194
subordirlar 267
subornar 85
subpor 203
sub-rogar 240
subscrever 127
subscritar 9
subsecretariar 41
subseguir 249
subsidiar 41
subsistir 40
subsolar 180
substabelecer 165
substancializar 278
substanciar 183A
substantificar 169
substantivar 174
substituir 82
subsultar 177
subsumir 78
subtender 94
subterfugir 145
subterrar 125
subtilizar 278
subtrair * 260
subutilizar 278
subvencionar 183
subverter 283
sucatar 93
suceder 167
suciar 183A
sucumbir * 261
sufixar 15
sufocar 83
sufragar 188
sufumigar 162
sugar 23
sugerir 206
sugestionar 183
sugilar 9
suicidar 9
sujar 176
sujeitar 95
sulaventear 250
sulcar * 262
sulfatar 93
sulfatizar 278
sulfurar 212
sulfuretar 129
sulfurizar 278
sumagrar 245
sumariar 41
sumir 78
sumular 212
sungar 71
supeditar 9
superabundar 16
superalimentar 265
superaquecer 165
superar 22
superciliar 41
superconcentrar 122
superdimencionar 183
superestimar 267
superexaltar 247
superexcitar 9
superfetar 129
superintender 94
superiorizar 278
superlativar 174
superlotar 180
superordenar 184
superpor 203
superpovoar 198
superstar 131
supervisionar 183
suplantar 57
suplementar 265
suplicar 169
supliciar 183A
supontar 32
supor 203
suportar 85
supra-excitar 9
suprimir 136
suprir 181
supurar 212
suputar 176
surdear 250
surdinar 267
surdir 290
surgir * 263
surpreender 94
surpresar 121
surrar 176
surriar 41
surribar 9
surripiar 41
surripilhar 190
surtir 290
susceptibilizar 278
suscitar 9
suspeitar 95
suspender 94
suspirar 269
sussurrar 176
sustar 19
sustenizar 278
sustentar 265
suster 81
sutar 176
suturar 212
suxar 176

t

tabaquear 250
tabelar 129
tabeliar 41
tabicar 169
tabizar 278
tabular 212
tacanhear 250
tacar 42
tachar 7
tachear 250
tachonar 183
tactear 250
tafular 212
tafulhar 166
tagantar 57
tagantear 250
tagarelar 129
tainar 30
taipar 30
tairocar 83
talar 93

[1] Alguns autores consideram-no defectivo, atribuindo-lhe apenas as formas que conservam o *i* ou em que este se muda em e. Outros alertam para um e semifechado [e] na 1.ª pessoa do singular do presente do indicativo e em todo o presente do conjuntivo.

talhar 275
talingar 285
talionar 183
taludar 176
tamancar 37
tamanquear 250
tamborilar 9
tamborinar 267
tamisar 205
tampar 6
tanchar 7
tanchoar 198
tangar 56
tangenciar 210
tanger 4
taninar 267
tanoar 198
tantalizar 278
tapar 93
tapear 250
tapeçar 68
tapetar 129
tapizar 278
tapulhar 166
taquigrafar 93
taralhar 275
taramelar 129
taramelear 250
tarar 69
tardar * 264
tarear 250
tarefar 129
tarelar 129
tarifar 9
tarimbar 163
tarjar 264
tarocar 83
tarrafar 93
tarrafear 250
tarraxar 93
tartamelear 250
tartamudear 250
tartarear 250
tartarizar 278
tartuficar 169
tarugar 23
tascar 98
tasquinhar 55
tatalar 93
tataranhar 132
tatuar 259
tauxiar 41
taxar 93
teatralizar 278
tecer 165
tectonizar 278
teimar 95
telecomandar 57
telecomunicar 169
teledirigir 102
telefonar 183
telegrafar 93
teleguiar 41
televisionar 183
telhar 8
telintar 200
temer 277
temerar 22
temonar 183
temperar 22
tempestear 250
tempestuar 259
temporalizar 278
temporejar 99
temporizar 278
tencionar 183
tender 94
tentar * 265
tentear 250
teocratizar 278
teologizar 278
teorizar 278
ter * 266
terçar 68
terceirar 139
terebintinar 267
terebrar 195
tergiversar 29
terlintar 200
terminar * 267
terraplenar 184
terrear 62/250
terrificar 169
terrincar 49
terrorar 171
terrorizar 278
tesar 121
tesourar 185
testar 111
testemunhar * 268
testificar 169
testilhar 190
tetanizar 278
tijolar 180
tilar 9
tilintar 200
timbalear 250
timbrar 294
timonar 183
timpanizar 278
tingar 285
tingir 43
tinir 136
tintinabular 212
tintinar 267
tintinir 136
tinturar 212
tipificar 169
tipografar 93
tiquetaquear 250
tiranizar 278
tirar * 269
tiritar 9
tirocinar 267
tirotear 250
tisicar 169
tisnar 63
titerear 250
titilar 9
titubear 250
titular 212
toar 198
tocaiar 120
tocar 83
togar 240
toirear 250
toirejar 99
toldar 255
tolejar 99
tolerar 22
tolher 126
tolinar 267
tomar * 270
tombar * 271
tombolar 180
tonalizar 278
tonar 183
tonificar 169
tonitroar 198
tonizar 278
tonsurar 212
tontear 250
topar 180
topejar 99
topetar 129
topografar 93
torar 171
torcegar 194
torcer * 272

torcicolar **180**
torcular **212**
tornar **85**
tornear **250**
tornejar **99**
torpecer **165**
torpedear **250**
torrar **180**
torrear **250**
torrefazer **137**
torrejar **99**
torrificar **169**
torriscar **239**
torturar **212**
torvar **85**
torvelinhar **55**
tosar **180**
toscanejar **99**
toscar **119**
tosquenejar **99**
tosquiar **41**
tossicar **169**
tossir * **273**
tostar **147**
totalizar **278**
toucar * **274**
tourear **250**
tourejar **99**
toutear **250**
toxicar **169**
trabalhar * **275**
trabucar **109**
trabular **212**
traçar **3**
traccionar **183**
tracejar **99**
tradear **250**
traduzir **72**
trafegar **194**
trafeguear **250**
traficar **169**
tragar **188**
tragediar **41**
trair **260**
trajar **93**
tralhar **275**
tramar **24**
trambecar **192**
trambicar **169**
trambolhar **293**
tramelar **129**
tramitar **9**
tramontar **32**
trampear **250**
trampolinar **267**
tranar **90A**
trancapiar **41**
trancafilar **9**
trancar **37**
trançar **91**
tranquear **250**
tranquibernar **148**
tranquiberniar **41**
tranquilizar **278**
transaccionar **183**
transar **57**
transbeber **167**
transbordar **85**
transcendentalizar **278**
transcender **94**
transcoar **198**
transcolar **180**
transcorrer **84**
transcrever **127**
transcurar **212**
transerir **206**
transfazer **137**
transferir **206**
transfigurar **212**
transfiltrar **34**
transfixar **15**
transformar **85**
transfretar **129**
transfugir **145**
transfundir **75**
transgredir **17**
transigir **102**
transir[1] **142**
transistorizar **278**
transitar **9**
transitivar **174**
transjugar **23**
transladar **93**
translinear **250**
transliterar **22**
translucidar **9**
translumbrar **287**
transluzir **72**
transmalhar **275**
transmear **250**
transmigrar **34**
transmitir **11**
transmontar **32**
transmover **175**
transmudar **176**
transmutar **176**
transnadar **93**
transnavegar **194**
transnoitar **199**
transnominar **267**
transparecer **165**
transparentar **265**
transpassar **26**
transpirar **269**
transplantar **57**
transpor **203**
transportar **85**
transtornar **85**
transtrocar **83**
transubstanciar **183A**
transudar **176**
transumanar **90A**
transumar **146**
transumir **219**
transvasar **58**
transvazar **93**
transverberar **22**
transverter **283**
transviar **41**
transvoar **198**
transvorar **171**
trapacear **250**
trapear **250**
trapejar **99**
traquear **250**
traquejar **250**
traquinar **267**
trasbordar **85**
trasfegar **194**
trasfoliar **41**
trasguear **250**
trasladar **93**
trasmontar **32**
trasmudar **176**
traspassar **26**
traspor **203**
trastear **250**
trastejar **99**
trastornar **85**
trasvazar **93**
trasvestir **284**
tratantear **250**
tratar **93**

[1] É um verbo defectivo. Só se usa no particípio, *transido*.

tratear 250
traulitar 9
traumatizar 278
trautear 250
travar 93
travejar 99
travessar 73
travessear 250
travestir 284
trazer * 276
trebelhar 8
treinar 95
treitar 95
trejeitar 95
trejurar 212
treladar 93
trelear 250
tremar 184
tremelear 250
tremelejar 99
tremelicar 169
tremeluzir 72
tremer * 277
tremoçar 20
tremular 212
trenar 184
trepar 129
trepicar 169
trepidar 9
treplicar 169
tresandar 57
trescalar 93
tresdobrar 65
tresfegar 194
tresfiar 41
tresfolegar 194
tresfolgar 186
tresfoliar 41
tresgastar 14
tresjurar 212
tresler 161
tresloucar 274
tresmalhar 275
tresmontar 32
tresnoitar 199
trespassar 26
trespor 203
tressuar 259
trestampar 6
tresvariar 30
tresvariar 41
tresvoltear 250
tretar 129
tretear 250
triangular 212
tribular 212
tributar 176
tricar 169
tricotar 180
trifurcar 262
trigar 162
trilar 9
trilhar 190
trinar 267
trincafiar 41
trincar 49
trinchar 152
trincheirar 139
trincolejar 99
trinfar 61/200
trintar 200
tripartir 191
triplicar 169
tripudiar 41
tripular 212
triscar 239
trissar 61/9
trissecar 192
trissulcar 262
tristificar 169
triturar 212
triunfar 16
trivializar 278
troar 198
trocadilhar 190
trocar 83
troçar 20
trociscar 239
trombar 271
trombejar 99
trombetear 250
trombicar 169
trompejar 99
trompicar 169
tronar 183
troncar 242
tronchar 295
tropear 250
tropeçar 68
tropejar 99
tropicar 169
trotar 61/180
trotear 61/250
trovar 180
trovejar 62/99
troviscar 62/239
trovoar 62/198
truanear 250
trucar 212
trucidar 9
trufar 176
trunfar 16
trupar 176
trutinar 267
tuberculinizar 278
tuberculizar 278
tufar 176
tugir 133
tumbar 296
tumefazer 137
tumeficar 169
tumescer 88
tumidificar 169
tumular 176
tumulizar 278
tumultuar 259
tunantear 250
tunar 146
tupir 123
turbar 51
turbilhonar 183
turbinar 267
turgescer 88
turgir 263
turibular 212
turiferar 22
turificar 169
turrar 176
turturinar 61/267
turvar 51
turvejar 99
tutear 250
tutelar 129
tutorar 171
tutorear 250

u

uberar 22
ufanar 90A
ugalhar 275
ugar 23
uivar 61/174
ulcerar 22
ultimar 267
ultrajar 93
ultrapassar 26
ulular 61/212

unanimar **267**
unar **146**
undular **176**
ungir[1] **178**
unguentar **265**
unhar **268**
unificar **169**
uniformar **85**
uniformizar **278**
unir **219**
universalizar **278**
untar **16**
untitar **9**
urbanizar **278**
urdir **290**
urgir **263**
urinar **267**
urrar **61/176**
urticar **169**
urtigar **162**
usar **176**
usitar **9**
ustular **212**
usucapir **154**
usufruir **82**
usufrutuar **259**
usurar **212**
usurpar **51**
utar **176**
utilizar * **278**

V

vacar **42**
vacilar **9**
vacinar **267**
vadear **250**
vadiar **41**
vagabundar **16**
vagabundear **250**
vagamundear **250**
vagar **188**
vagir **221**
vaguear **250**
vaguejar **99**
vaiar **120**
valar **93**
valer * **279**
validar **9**
valorizar **278**
valsar **247**
valsejar **99**
vampirizar **278**
vanescer **88**
vangloriar **41**
vanguardar **264**
vanguejar **99**
vaporar **171**
vaporizar **278**
vapular **212**
vaquejar **99**
varar **69**
varear **250**
varejar **99**
variar **41**
varicelar **129**
variegar **194**
variolizar **278**
varrer **47**
varriscar **239**
vascolejar **99**
vasconcear **250**
vascularizar **278**
vasculhar **166**
vasquejar **99**
vassalar **93**
vassourar **185**
vastar **14**
vaticinar **267**
vazar **93**
vaziar **41**
vedar **129**
veementizar **278**
vegetalizar **278**
vegetar **129**
veicular **212**
velar **129**
velarizar **278**
velear **250**
velejar **99**
velhaquear **250**
velicar **169**
venalizar **278**
vencer * **280**
vendar **265**
vender **94**
veneficiar **183A**
venerar **22**
veniagar **188**
ventanear **250**
ventanejar **62/99**
ventar **62/265**
ventilar **9**
ventoinhar **55**
ver * **281**
veranear **250**
verbalizar **278**
verberar **22**
verbetar **129**
verdascar **98**
verdecer **61/165**
verdejar **61/99**
verear **250**
vergalhar **275**
vergar * **282**
vergastar **14**
vergontear **250**
verificar **169**
vermelhar **8**
vermelhear **250**
vermelhecer **165**
vermelhejar **99**
vermicular **212**
verminar **267**
vernaculizar **278**
verrinar **267**
verrumar **146**
versar **29**
versejar **99**
versificar **169**
verter * **283**
verticalizar **278**
vesguear **250**
vesicar **169**
vessar **73**
vestir * **284**
vetar **129**
vexar **129**
vezar **237**
viabilizar **278**
viajar **93**
viandar **57**
viaticar **169**
vibrar **34**
vicar **64**
vicejar **99**
viciar **183A**
vidar **9**
vidrar **34**

[1] Há quem o considere defectivo, atribuindo-lhe apenas as formas em que se conserva o *i*, ou em que este se substitui por *e*.

vigar 162
vigarizar 278
vigiar 41
vigilar 9
vigorar 171
vigorizar 278
vilescer 88
vilificar 169
vilipendiar 41
viltar 43A
vinagrar 245
vincar 49
vincular 212
vindicar 169
vindimar 267
vingar * 285
vinificar 169
violar 180
violentar 265
vir * 286
virar 269
viravoltar 255
virginalizar 278
virginizar 278
virgular 212
virilizar 278
visar 205
viscondizar 278
visgar 162
visibilizar 278
visionar 183
visitar 9
vislumbrar* 287
vispar 224
vistoriar 41
vistorizar 278
visualizar 278
vitalizar 278
vitaminar 267
vitaminizar 278
vitimar 267
vitoriar 41
vitralizar 278
vitrificar 169
vitriolar 180
vitriolizar 278
vitualhar 275
vituperar 22
viuvar 248
vivar 174
vivenciar 210
viver * 288
vivificar 169
vivisseccionar 183
vizinhar 55
vizo-reinar 95
voar 198
vocabulizar 278
vocalizar 278
vociferar 22
voejar 61/99
vogar 240
volatear 61/250
volatilizar 278
volitar 61/9
voltar * 289
voltear 250
voltejar 99
volumar 146
voluptuar 259
volutar 176
volutear 250
volver 231
vomitar 9
vortilhonar 183
vosear 250
votar 180
vozear 250
vozeirar 139
vulcanizar 278
vulgar 106
vulgarizar 278
vulnerar 22

x

xaboucar 274
xadrezar 237
xairelar 129
xalavar 93
xaquear 250
xaropar 180
xeretar 129
xerocar 83
xicarar 69
xilogravar 93
xingar 285
xocar 83
xotar 180
xurdir* 290

z

zabumbar 296
zagaiar 120
zagunchar 292
zalumar 146
zampar 6
zangar 56
zangarilhar 190
zangarrear 250
zangorrear 250
zanzar 291
zaragatear 250
zaranzar * 291
zarelhar 8
zargunchar * 292
zarolhar * 293
zarpar 264
zebrar 195
zerar 22
zelar 129
zichar 2
ziguezaguear 250
zimbrar * 294
zincar 49
zincografar 93
zincogravar 93
zingar 285
zingarear 250
zingrar 164
zinguerrear 250
zinir 61/135
zirrar 130
zizaniar 41
ziziar 61/41
zoar 198
zoirar 185
zombar 271
zombetear 250
zonar 183
zonchar * 295
zonear * 250
zonzear 250
zonzonar 183
zoografar 93
zorragar 188
zortar 85
zucar 109
zuir 82
zumbaiar 120
zumbar * 296
zumbeirar 139
zumbir 261
zumbrir 89
zunir 61/219
zunzunar 146
zupar 176
zurpilhar 190
zurrar 61/176
zurzir * 297

PARTICÍPIOS DUPLOS

Possui a língua portuguesa um número relativamente reduzido, mas mesmo assim considerável, de verbos com mais que um particípio vivo ou, pelo menos, potencialmente utilizável. Com efeito, a par de um particípio que se poderá dizer regular, alguns verbos apresentam uma forma erudita ou de carácter vernáculo. Por vezes, esta forma contracta funciona como simples nome ou adjectivo, tornando-se difícil a determinação rigorosa do seu emprego e existência como particípio: *cinto, colheito, despeso*, etc., de *cingir, colher, despender,* caíram em desuso. Outras vezes, é a forma «regular» que se torna insólita, em proveito da «irregular»; assim, a língua contemporânea parece vir restringindo os particípios de *ganhar, gastar, matar, pagar*, etc., às formas *ganho, gasto, morto, pago,* etc.. Por outro lado, estabelecer paralelismo de significação entre *absoluto* e *absolvido, cego* e *cegado, ignoto* e *ignorado,* etc., pode redundar em incongruências ou desfasamentos com a prática linguística [1].

Embora os autores divirjam quanto ao seu número e emprego, genericamente poder-se-á dizer que, quando coexistentes, as formas «regulares» (em *-ado* ou *-ido*) se usam nos tempos compostos da voz activa, enquanto as outras se empregam na passiva e com os verbos copulativos.

Tendo em conta as devidas ressalvas, apresenta-se uma lista mais ou menos completa desses verbos e seus particípios:

absolver	absolvido	absolto
absorver	absorvido	absorto
abstrair	abstraído	abstracto
aceitar	aceitado	aceito(-e)
acender	acendido	aceso
aderir	aderido	adeso
afligir	afligido	aflito
anexar	anexado	anexo
apreender	apreendido	apreenso
aspergir	aspergido	asperso
assentar	assentado	assente
assumir	assumido	assumpto
atender	atendido	atento
benzer	benzido	bento
cativar	cativado	cativo

[1] Note-se que os verbos *abrir, cobrir, dizer, escrever, fazer, pôr, ver* e *vir* apenas conhecem um particípio «irregular» — *aberto, coberto, dito, escrito, feito, posto, visto e vindo.*

cegar	cegado	cego
coagir	coagido	coacto
coarctar	coarctado	coarcto
coligir	coligido	colecto
completar	completado	completo
concluir	concluído	concluso
confundir	confundido	confuso
consumir	consumido	consumpto
contactar	contactado	contacto
convencer	convencido	convicto
converter	convertido	converso
corromper	corrompido	corrupto
cultivar	cultivado	culto
defender	defendido	defeso
descalçar	descalçado	descalço
despertar	despertado	desperto
difundir	difundido	difuso
digerir	digerido	digesto
diluir	diluído	diluto
dispersar	dispersado	disperso
distinguir	distinguido	distinto
eleger	elegido	eleito
emergir	emergido	emerso
empregar	empregado	empregue
entregar	entregado	entregue
envolver	envolvido	envolto
enxugar	enxugado	enxuto
erigir	erigido	erecto
esconder	escondido	escuso
escusar	escusado	escuso
exaurir	exaurido	exausto
expelir	expelido	expulso
expressar	expressado	expresso
exprimir	exprimido	expresso
expulsar	expulsado	expulso
extinguir	extinguido	extinto
extrair	extraído	extracto
fartar	fartado	farto
findar	findado	findo

fixar	fixado	fixo
frigir	frigido	frito
ganhar	ganhado	ganho
gastar	gastado	gasto
imergir	imergido	imerso
imprimir [1]	imprimido	impresso
incluir	incluído	incluso
incorrer	incorrido	incurso
induzir	induzido	induto
infectar	infectado	infecto
inquietar	inquietado	inquieto
inserir	inserido	inserto
isentar	isentado	isento
juntar	juntado	junto
libertar	libertado	liberto
limpar	limpado	limpo
livrar	livrado	Iivre
manifestar	manifestado	manifesto
matar	matado	morto
morrer	morrido	morto
murchar	murchado	murcho
nascer	nascido	nado
ocultar	ocultado	oculto
omitir	omitido	omisso
oprimir	oprimido	opresso
pagar	pagado	pago
perverter	pervertido	perverso
prender	prendido	preso
pretender	pretendido	pretenso
prostituir	prostituído	prostituto
refranger	refrangido	refracto
repelir	repelido	repulso
repreender	repreendido	represo
restringir	restringido	restrito
revolver	revolvido	revolto

[1] No sentido de «infundir», «provocar movimento», só tem o particípio *imprimido*. Por exemplo: *Foi imprimida grande velocidade ao veículo.*

romper	rompido [1]	roto
safar	safado	safo
salvar	salvado	salvo
secar	secado	seco
segurar	segurado	seguro
sepultar	sepultado	sepulto
situar	situado	sito
soltar	soltado	solto
submergir	submergido	submerso
submeter	submetido	submisso
sujeitar	sujeitado	suleito
surgir	surgido	surto
surpreender	surpreendido	surpreso
suspeitar	suspeitado	suspeito
suspender	suspendido	suspenso
tingir	tingido	tinto
torcer	torcido	torto
usucapir	usucapido	usucapto
vagar	vagado	vago

[1] Atente-se no uso de *rompido* com o auxiliar *ser*. Assim: *Foi rompido o acordo estabelecido há dois anos.*

ÍNDICE GERAL

Págs

PREFÁCIO 5

INTRODUÇÃO

O VERBO

CONSIDERAÇÕES PRELIMINARES 9

Relevância do verbo na estrutura da frase 10

Caracterização dos verbos 11

FLEXÃO VERBAL 13

1. **Modos e tempos** 13
2. **As pessoas e os números** 14
3. **Aspecto** 15
4. **Voz** 16

ESTRUTURA DA FORMA VERBAL 16

Radical e tema, característica e desinência 16

Formas rizotónicas e formas arrizotónicas 17

Conjugação 17

Formação dos tempos simples 18

VERBOS AUXILIARES 32

Conjugação perifrásica 32

Voz activa 22

Voz passiva 30

IRREGULARIDADE VERBAL 36

CONJUGAÇÃO PRONOMINAL 36

VERBOS CONJUGADOS (modelos) 39

OS VERBOS PORTUGUESES — Índice alfabético 343

PARTICÍPIOS DUPLOS 423